프로젝트 수업, 배움을 디자인하다

(행복한 수업을 위한 교육과정 재구성의 모든 것)

[행복한 교과서®] 시리즈 No.29

지은이 | 이현정, 최무연, 임해정
발행인 | 홍종남

2017년 3월 1일 1판 1쇄 발행 | 2017년 5월 27일 1판 2쇄 발행
2017년 11월 13일 1판 3쇄 발행 | 2018년 3월 1일 1판 4쇄 발행
2018년 8월 8일 1판 5쇄 발행 | 2019년 4월 19일 1판 6쇄 발행
2022년 2월 22일 1판 7쇄 발행(총 14,000부 발행)

이 책을 만든 사람들
책임 기획 | 홍종남
북 디자인 | 김효정
교정 교열 | 주경숙
제목 | 구산책이름연구소
출판 마케팅 | 김경아

이 책을 함께 만든 사람들
종이 | 제이피씨 정동수·정충엽
제작 및 인쇄 | 천일문화사 유재상

펴낸곳 | 행복한미래
출판등록 | 2011년 4월 5일. 제 399-2011-000013호
주소 | 경기도 남양주시 도농로 34, 301동 301호(다산동, 플루리움)
전화 | 02-337-8958   팩스 | 031-556-8951
홈페이지 | www.bookeditor.co.kr
도서 문의(출판사 e-mail) | ahasaram@hanmail.net
내용 문의(지은이 e-mail) | realedunet@naver.com
※ 이 책을 읽다가 궁금한 점이 있을 때는 지은이의 e-mail을 이용해 주세요.

ⓒ 이현정 외, 2017
ISBN 979-11-86463-22-2
〈행복한미래〉 도서 번호 053

프로젝트 수업, 배움을 디자인하다

|이현정 외 지음|

행복한미래

프로젝트 수업,
행복한 수업을 디자인하다

교사에게 '행복한 수업'이란 무엇일까요?

행복이란 주관적인 것이라 '행복한 수업' 역시 사람마다 다르게 정의될 것입니다. 어떤 교사는 아이들 주변의 삶 속에 있는 지식을 그들의 흥미와 관심을 반영하여 가르치는 수업이 '행복한 수업'이라고 이야기합니다. 어떤 교사는 교과서 내용을 하나하나 차근하게 가르치는 것이 '행복한 수업'이라고 말하기도 합니다. 또 어떤 교사는 자신의 교육 철학을 반영하여 통합적으로 가르치는 것이 '행복한 수업'이라고 말하기도 하지요. 교사가 되는 순간부터 행복한 수업에 대해 고민하기 마련입니다.

몇 해 전 한 선생님으로부터 특별한 수업 이야기를 들었습니다. 교육과정을 재구성하여 자신만의 수업을 만들어간다는 이야기였습니다. '교사의 철학을 담아 아이들의 삶을 이야기하는 내용으로 재구성하라'는 그때의 메시지는 저의 교직생활을 뿌리째 흔들어 놓았습니다. 새로운 수업을 시작하고 싶으나 어디에서 어떻게 시작해야 할지 망설이고 있던 저에게 운명 같은 수업 이야기는 매력적이기까지 했습니다.

바꾸어보리라 다짐하고 시작한 수업이 바로 '프로젝트 수업'입니다.

처음에는 혁신학교 교육과정을 무작정 따라해보았습니다. 혁신학교 모델을 통째로 가져오고 거기에 일반학교의 시스템을 입혔습니다. 그러나 수업을 할 때마다 뭔가 몸에 맞지 않는 옷을 입고 있는 듯 불편했습니다. 우선 교과 내용 중 성취기준만을 가르치려니 나머지 교과 내용들이 눈에 밟혀 버리지도 못하고 쓰지도 못하는 상황이 되어 버렸습니다. 또한 수업 시간도 자유롭게 조정할 수 없고 전담 시간표도 건드릴 수 없는 일반학교 시스템에서는 혁신학교 교육과정을 실현시키는 것 자체가 불가능했습니다. 동학년 선생님과 교감, 교장 선생님도 혁신적인 수업에 회의적인 반응을 보였습니다. 그러나 이대로 주저앉을 수는 없었습니다.

다시 새로운 판을 짜기 시작했습니다. 동학년 선생님과 일반학교 시스템에 맞는 프로젝트 수업에 대해 고민했습니다. 혁신학교에서 아이디어를 가져오고 우리 학교 실정에 맞는 교육과정을 넣었습니다. 새로운 프로젝트 수업을 위해 교육과정 재구성 연수도 듣고 늦은 시간까지 연구실에 남아 동학년 선생님과 머리를 맞대고 연구했습니다.

프로젝트 수업을 이끌어가는 중에도 여러 가지 어려움이 있었습니다. 일반적인 교과 수업과는 달리 활동적인 수업이므로 아이들이 활동할 수 있도록 새로운 재료와 환경을 조성해주어야 했습니다. 그러다 보니 학교 밖으로 나가는 일이 많아지고, 안전사고에 대한 걱정과 우려의 목소리가 많았습니다. 특히 다른 학년 선생님들의 곱지 않은 시선을 감내해야 했습니다. 그러나 이러한 우려와 경계의 시선은 프로젝트 수업이 하나씩 하나씩 마무리되면서 행복과 보람으로 바뀌어갔습니다.

학교라는 제한적인 공간에서 할 수 없다는 편견을 깨고 새로운 시도를 보여주는 프로젝트 수업은 교사와 학생, 그리고 학부모에게 많은 호응을 얻었습니다. 교실에서 동물도 키워보고, 주말농장에서 텃밭도 일구어보고, 학교 운동장에서 캠핑도 하면서 교과서에서는 배울 수 없는 동물에 대한 무한 사랑과 자연의 경이로움, 친구와의 우정을 배웠습니다. 아이들은 직접 다문화체험 부스도 운영해보고 나만의 책도 만들어가면서 나 스스로 무언가를 해냈다는 자기 주도적인 배움을 경험했습니다. 그 결과 배움에 대한 아이들의 마음이 변화되었습니다. 교과 수업에 관심이 없던 아이도 프로젝트 수업에는 즐겁게 참여하고, 서로 싸우고 남 탓하기 바쁘던 아이들이 서로 협력하고 배려하는 마음을 갖게 되었습니다. 일명 '주통(주제 통합 프로젝트 수업)'이라고 불리는 시간이 되면 아이들은 언제나 책상을 뒤로 밀고 수업 시간을 즐겁게 기다렸습니다. 아이들은 배움의 주체가 자기 자신이라는 것도 알게 되었습니다. 교사인 저 역시 프로젝트 수업을 통해 점점 열정적이고 능동적인 교사로 변했습니다. 교과서의 내용을 분석하기 시작했고 의미 있는 내용을 가르치기 위한 덕목도 뽑아내었습니다. 아이들에게 교육적으로 의미 있는 활동이라면 동학년 선생님과 관리자를 설득하며 추진해갔습니다. 프로젝트 수업을 기획하고, 이끌어가기 위한 물리적 시간과 육체적인 고달픔이 있었지만 그다지 힘들게 느껴지지 않았습니다. 아이들과 함께 호흡하고 소통하는 이 시간들이 '의미 있는 개고생'이었기 때문입니다.

어떤 교사는 업무가 너무 과중하여 새로운 수업을 할 수 있는 시간적 여유가 없다고 합니다. 또 어떤 교사는 잘 만들어진 교과서와 교사용지도서가 있는데 왜 복잡한 수업을 해야 하냐고 되묻습니다. 또 어떤 교사는 아이들이 산만한 원인이 교육과정 재구성을 통해 이루어지는 활동적인 수업 탓이라고 말하기도 합니다. 실제로 많은 교사는 프로젝트 수업에 대해 유능한 몇몇 교사만 할 수 있는 수업이라고 생각합니다. 그러나 프로젝트 수업은 혁신학교의 전유물도 아니고 특별한 능력이 있는 일부 교사의 소유물도 아닙니다. 이 책에 소개된 프로젝트 수업 사례의 대부분은 특별하지 않은 지극히 평범한 교사들이 시행착오를 거치며 만들어간 수업입니다. 물론 여기에 수록된 프로젝트 수업이 정석도 아니고 무조건 실행에 옮겨야 한다고 생각하지도 않습니다. 다만 저희와 같이 일상적인 가르침에서 벗어나 행복하고 특별한 가르침을 갈망하는 선생님들에게 작은 희망이 되길 바랍니다.

이 책의 내용이 다소 부족하더라도 선생님들의 고민과 열정으로 새롭게 디자인되어 재구성되길 바라며 선생님들의 프로젝트 수업 시작을 위한 스모킹건이 되었으면 합니다.

3부. 프로젝트 수업, 교과로 시작하다

4부. 프로젝트 수업은 담임 교사가 이끈다

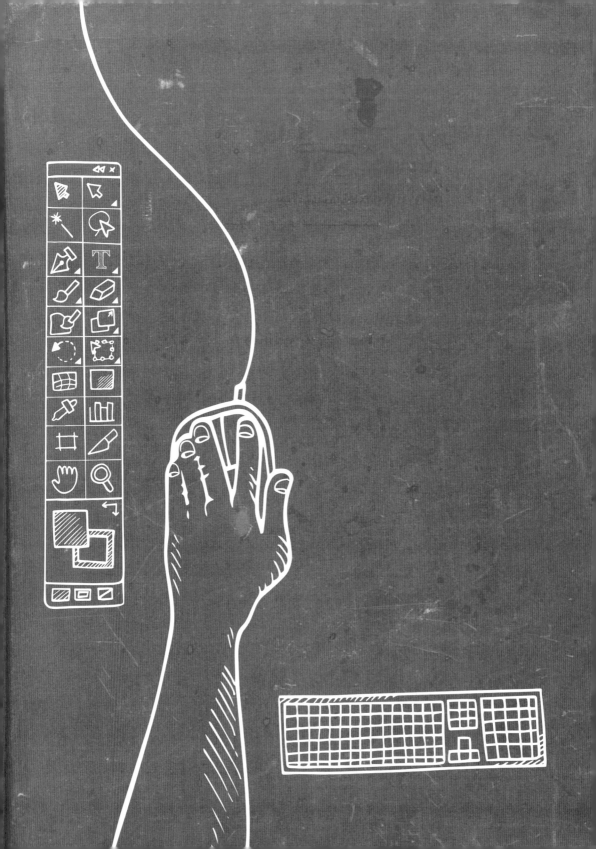

1부

꿈꾸자!
프로젝트 수업

프로젝트 수업, 그것이 알고 싶다

다음 프로그램들의 공통점은 무엇일까요?

〈무한도전〉, 〈1박 2일〉, 〈삼시세끼〉, 〈꽃보다 할배〉, 〈런닝맨〉

다들 알겠지만 리얼 버라이어티 예능 프로그램입니다. 이 프로그램들의 공통점은 프로듀서를 비롯한 제작진이 출연진에게 어떤 과제를 부여하고, 출연진은 주어진 과제를 해결한다는 것입니다. 일종의 프로젝트를 수행하는 것이라고 볼 수 있습니다. 가장 대표적인 프로그램이 바로 MBC 〈무한도전〉이라고 할 수 있겠지요. 〈무한도전〉은 한 프로그램 안에서 많은 프로젝트가 진행됩니다. 무한도전 멤버들은 서로 협동하기도 하고 경쟁하기도 하면서 그들에게 주어진 프로젝트를 수행합니다. 〈무한도전〉의 대표적인 프로젝트는 '나비 효과', '오토로 마을', '프로레슬링', '강변북로 가요제' 등이 있지요. 〈무한도전〉에서 수행한 프로젝트는 그 교육적 가치까지 인정되어 수업 시간에 수업 자료로도 자주 사용됩니다. 다른 프로그램 역시 조금씩 다르긴 하지만 일정한 프로젝트를 수행한다는 점에서 그 형식은 모두 같다고 할 수 있습니다.

리얼 버라이어티 프로그램의 제작 방식은 기존 예능 프로그램의 제작 방식과는 다릅니다. MBC의 〈명랑 운동회〉나 KBS의 〈출발드림팀〉 같은 프로그램은 출연자에게 일정한 코스를 정해주고, 그 정해진 코스를 따라가며 일어나는 몸짓이나 행동 등에서 재미있는 장면을 찾는 방식입니다. 출연자들은 서로 협력하기보다는 주어진 코스를 누가 더 빨리 도달하는지 어떤 실수를 하는지가 더 중요하지요. 프로그램 제작진은 단지 프로그램을 제작할 뿐 직접 프로그램에 출연하거나 출연자와 대화하지 않습니다. 이들은 출연자에게 거의 영향을 끼치지 않습니다. 그러나 〈무한도전〉의 제작 방식은 다릅니다. 제작진이 프로그램에 직접 출연해 출연자에게 수행할 과제를 주고 프로그램의 전반적인 흐름을 주도합니다. 이들 프로그램에서는 제작진의 노출이 자연스럽고 실제로도 자주 화면에 나타납니다. 특히 프로듀서는 이제 제2의 출연자라고 해도 과언이 아닙니다. 출연자에게 적당한 미션을 주기도 하고, 때론 출연진과 협상하는 등 직접 출연하는 것이 당연한 것처럼 되었습니다. 프로듀서는 프로그램을 만드는 동시에 출연진도 되고 조력자도 되는 것입니다. 예전 같으면 프로듀서나 제작진이 방송에 노출되면 '방송사고'라고 생각했을 것입니다.

프로젝트 학습이란 무엇일까요?

프로젝트 수업을 이해하기 위해서는 먼저 프로젝트 '학습'에 대한 이해가 필요합니다. 요즘은 프로젝트로 일처리를 하는 것이 모든 분야의 일반적인 추세로 자리를 잡았습니다. 특정 주제를 중심으로 서로 다른 장점을 가지고 있는 사람들이 모여 각각의 장점을 발휘하며 주어진 프로젝트를 수행합니다. 학교에서도 이와 같은 방식으로 수업을 진행하는 방법이 있는데 그것이 바로 '프로젝트 기반 학습(Project Based Learning)'입니다. 줄여서 '프로젝트 학습'이라고 말합니다. 영어로 간단히 'PBL'이라고도 하지요.

> "프로젝트 학습이란 학습자가 스스로 문제를 찾아내고 해결방안을 기획하며 협력적인 조사 탐구를 통해 과제를 해결하고 결과를 공유하는 일련의 과정에서 배움이 일어나는 수업 형태이다. 프로젝트 학습은 교사가 교육과정을 구성하고 수업을 기획함으로써 학습자와 조력할 뿐 아니라 학습자와 상호작용하여 역동적 배움의 장을 형성하는 것이다."
>
> - 『프로젝트 수업, 교육과정을 만나다』, 이성대 외.

프로젝트 학습은 앞에서 말한 〈무한도전〉 같은 리얼 버라이어티 프로그램과 여러 면에서 닮았습니다. 출연자는 어떠한 목적을 가지고 프로젝트를 수행합니다. 이들은 서로 협력하거나 경쟁하면서 주어진 프로젝트를 수행하려고 노력합니다. 그 과정에서 조사도 하고 여러 가지 탐구활동도 합니다. 출연진의 이러한 모습은 마치 프로젝트 학습을 하는 학생의 모습을 보는 듯합니다. 프로듀서는 프로그램을 전적으로 책임지며, 출연자를 도와 프로젝트를 공동으로 진행합니다. 프로젝트 학습에서 교사의 역할도 이와 같습니다. 교사가 단지 수업을 진행하는 사람으로 머물 수는 없는 것이지요. 교사는 프로듀서가 되어 프로젝트 학습을 진행하고 학생과 조율하는 역할을 합니다. 잘 짜인 대본대로 진행하는 〈명랑운동회〉나 〈출발 드림팀〉이 전통적인 수업 방식에 가깝다면 〈무한도전〉은 프로젝트 학습에 더 가까울 것입니다.

프로젝트 학습? 프로젝트 수업?

프로젝트 수업에 관심을 가지다 보면 자연스럽게 다음과 같은 용어를 마주하게 됩니다. '프로젝트 수업, 프로젝트 학습, 프로젝트', 그리고 'PBL'이 바로 그것입니다. 비슷하게 느껴져 혼란스럽기 때문에 가장 먼저 이 용어들에 대한 정의가 필요할 것 같습니다.

첫 번째, '프로젝트 학습'입니다. 프로젝트 학습은 앞에서 말한 것처럼 '프로젝트 기반 학습(Project Based Learning)'을 말합니다. 줄여서 'PBL'이라고도 합니다.

두 번째, '프로젝트 수업'입니다. 사실 '프로젝트 수업'이라는 용어에 관해 명확하게 '프로젝트 수업이란 무엇이다'라는 정의가 따로 있지는 않습니다. 다만 교사 입장에서 편의적으로 사용하는 용어로 '프로젝트 학습(Project Based Learning)으로 수업을 하는 교수 방법'을 지칭하는 것 같습니다. 엄밀히 말하면 프로젝트 수업은 '프로젝트 학습을 기반으로 한 수업'이라고 말할 수 있을 것입니다.

우리나라에서는 수업을 교수와 학습으로 엄격하게 분리하여 보려는 경향이 있습니다. 프로젝트 수업은 이러한 우리나라의 수업 문화에서 탄생한 신조어가 아닌가 생각됩니다. 결국 '프로젝트 학습'은 학생 입장에서, '프로젝트 수업'은 교사 입장에서 말하는 것으로, 교수와 학습이 분리된 한국의 상황이 낳은 용어라고 볼 수 있습니다. 수업을 하는 교사의 입장에서는 '프로젝트 학습'이라는 말보다는 아무래도 '프로젝트 수업'이라는 용어가 더 편하게 느껴지니까요. 따라서 이 책에서는 '프로젝트 학습'과 '프로젝트 수업'은 같은 의미로 사용하고자 합니다.

세 번째, '프로젝트'입니다. 프로젝트의 사전적 의미는 '같은 특정한 목적을 달성하기 위해서 조직적으로 수행되는 일련의 작업'입니다. 프로젝트 수업에서 프로젝트는 학생들이 프로젝트 학습을 수행하기 위하여 하는 계획이나 구상, 탐구활동, 또는 이와 관련된 여러 가지 활동 주제를 종합적으로 이르는 말입니다.

PBL은 두 가지다?

앞에서 프로젝트 학습을 줄여 PBL(Project Based Learning)이라고 한다고 했습니다. 그런데 문제 중심 학습(Problem Based Learning)도 PBL이라고 불립니다. PBL이 영어 약자다 보니 프로젝트 기반 학습과 문제 중심 학습이 모두 PBL이 되는 것입니다. 당연히 PBL이라는 용어에 혼선이 오기 마련입니다. 더구나 PBL이라는 용어뿐만 아니라 학습 방법 또한 비슷해 더 혼란스러울 수 있습니다.

문제 중심 학습은 프로젝트 학습과 달리 실생활에서 접하게 되는 실제적인 문제나 이와 유사하게 제시되는 문제를 학습자들이 해결해가는 학습 방법입니다. 학생들이 필요한 지식과 정보를 스스로 탐구하고 적절한 해결책을 찾는 과정에서 학습이 이루어집니다. 교사를 튜터(Tutor)라고 부르기도 하지요.

프로젝트 기반 학습과 문제 중심 학습은 학생 중심의 탐구활동을 프로젝트로 수행하는 모습과 문제해결을 위해 스스로 학습을 구성한다는 공통점이 있는 것이 사실입니다. 그러나 프로젝트 기반 학습은 문제 중심 학습에 비해 모둠 작업의 성격이 더 강하다고 할 수 있습니다. 프로젝트 수업은 모둠원의 역할 분담을 통하여 공동의 목표를 달성하기 위해 탐구하는 활동이 주를 이룹니다. 텔레비전 프로그램으로 말한다면 프로젝트 학습은 〈무한도전〉이나 〈삼시세끼〉쯤에 가깝고, 문제 중심 학습은 〈1박 2일〉이나 〈런닝맨〉쯤에 더 가깝지 않을까 싶습니다.

프로젝트 수업은 교사와 학생이 함께 만든다

예전에 SBS에 〈패밀리가 떴다〉라는 텔레비전 예능 프로그램이 있었습니다. 유재석, 이효리, 윤종신 등이 출연한 리얼 버라이어티 프로그램으로 출연자들이 시골로 찾아가 할아버지, 할머니를 여행 보내드리고 대신 집을 봐주며 벌어지는 에피소드들을 다루었습니다. 출연자들은 할아버지, 할머니가 부탁한 일을 하고 또 두 팀으로 나누어 게임을 하는 등 1박 2일 동안 벌어지는 일들을 '리얼'로 보여줍니다. 이 프로그램이 한창 주가를 올리고 있을 때 대본이 공개되어 비판을 받은 적이 있습니다. 리얼 버라이어티를 표방한 이 프로그램에 사실은 따로 대본이 존재한다는 내용이었는데, '설마 리얼인데 대본대로 하겠느냐'며 반신반의했지만 인터넷에 〈패밀리가 떴다〉의 대본이 떠돌아다니면서 대본이 존재한다는 것이 사실로 밝혀졌습니다.

이 소식을 접한 시청자들은 심한 배신감을 느꼈습니다. '리얼'이라고 해 놓고는 정해진 대본대로 연기를 하는 것이라면 '리얼'이 아니라 '드라마'라며 흥분했습니다. 대본 논란의 불똥은 다른 예능에까지 튀었습니다. 다른 리얼 예능 프로그램에도 역시 대본이 존재한다는 것이었지요. 논란이 모든 예능 프로그램으로까지 확산되자 제작진은 급히 다음과 같은 해명을 내 놓았습니다. "어느 예능에나 대본은 존재한다. 그러나 게임의 종류나 상황 형식만 주어질 뿐 실제로 일어나는 일은 주어진 대본에 따라 하는 것이 아니라 출연자의 즉흥적인 결과에 의해 결정되는 것이다."라고 말이지요. 방송사 측은 만약 이런 대본이 필요 없다면 방송작가가 존재할 이유도 없다고 했습니다. 또 프로그램을 기획하고 상황을 설정하기 위해서는 어느 정도의 대본은 필요하다고 강변했습니다. 제작진의 이러한 해명이 나온 후에도 한동안 리얼 예능을 표방한 프로그램들의 대본 논란이 지속되었으나 시간이 지나자 예능 프로그램에서의 대본도 어느 정도 인정하는 분위기로 바뀌었습니다. 이 사건 이후 아무리 리얼 프로그램이라고 하더라도 그 프로그램을 이끌어가는 대본의 필요성은 인정하게 되었습니다.

프로젝트 수업에도 이와 비슷한 논쟁이 있습니다. '프로젝트 수업에서 교사가 어디까지 관여해야 하는 것인가'에 관한 것입니다. 프로젝트 수업은 학생 중심 수업이기 때문에 프로젝트의 주제 선정이나 학습할 내용 등을 모두 학생이 정해야 한다고 하는 주장이 있습니다. 이러한 생각은 리얼 버라이어티니 대본은 필요 없다는 생각과 맞닿아 있습니다. 교사가 프로젝트 수업을 주도한다면 앞에서 말한 것처럼 대본대로 하는 리얼 프로그램과 다를 게 없다고 생각하는 것이지요.

반면 프로젝트 수업이긴 하지만 학생이 모든 것을 결정할 수 없고 수업이 구체적으로 드러나지 않기 때문에 교사의 관여를 어느 정도 인정해야 한다는 주장도 있습니다. 이 경우는 대본을 인정하자는 쪽과 생각이 같습니다.

실제로 프로젝트 수업을 하려고 하면 이 부분에서 많은 교사들이 어려움을 느낍니다. 프로젝트 수업을 전체적으로 이끌어가야만 하는 교사 입장에서는 학생에게 모든 것을 맡긴다는 것이 막막하기만 합니다. 수업의 모든 것을 학생에게 넘긴다면 어떤 수업이 될지도 모르겠고, 또 현실적으로 '애들이 하자는 대로 다 할 수도 없는 것'이지요. 특히 우리나라에서처럼 교과 진도 위주로 수업을 진행하는 한 이러한 막막함과 답답함은 더할 수밖에 없을 것입니다. 답답한 마음에 프로젝트 수업에 관한 사례를 소개하는 책이나 연수를 찾아보면 대부분의 프로젝트 수업은 학생 주도형 수업입니다. 이에 교사는 크게 실망을 하지요. 다른 학교 아이들은 주제 선정도 잘하고, 탐구질문도 잘하고, 조사 발표도 잘만 합니다. 아무리 생각해보아도 우리 학교, 우리 반 아이들은 그렇게 하지 못할 것 같은데 말이지요. 이런 사례를 들을 때마다 교사는 주눅이 들면서 고민만 깊어집니다. 그리고 그 고민의 깊이만큼 프로젝트 수업을 망설이게 됩니다.

교사의 이러한 망설임은 수업의 여정을 알 수 없고 결과를 장담할 수 없게 만듭니다. 결국 프로젝트 수업 자체에 대한 확신이 부족하여 자신이 잘하고 있는지에 대해 의문을 가질 수밖에 없습니다. 교사는 불확실성과 실패에 대한 두려움을 갖기 마련입니다. 이러한 불확실성과 두려움은 교사가 프로젝트 수업을 시도조차 하지 못하게 하는 걸림돌이 됩니다.

프로젝트 수업을 꼭 학생과 함께 계획해야 하는지에 대하여 많은 프로젝트 수업 전문가들은 함께 할 것을 권합니다. 심지어는 학생이 함께 하지 않으면 아무 의미가 없으며 프로젝트 수업이 아니라고까지 말합니다. 가짜 프로젝트 수업이라고 공격하기도 합니다. 그러나 저는 조금 다르게 생각합니다. 프로젝트 수업을 시작하는 초기 교사의 현실적인 어려움을 고려하지 않은 경직된 시선을 버리고 조금 더 유연하게 접근했으면 합니다. 마치 위의 〈패밀리가 떴다〉 같은 리얼 예능 프로그램에서의 대본이나 작가 같은 역할을 교사가 해줘야 한다는 생각입니다. 학생들이 모든 것을 주도할 수 있으면 정말 좋겠지만 사실상 매우 어렵기 때문입니다.

특히 처음 프로젝트 수업을 시도하는 교사라면 더더욱 유연하게 접근할 필요가 있습니다. 프로젝트 수업에서 교사의 역할을 좀 더 높이고, 복잡하지 않고 단순한 형태의 프로젝트 수업부터 시작하는 것이 좋습니다. 앞에서 말한 리얼 버라이어티 프로그램도 처음에는 대본에 의지하는 비중이 높았겠지만 시간이 지남에 따라 대본보다는 출연진의 즉흥적인 진행 비중이 높아진 것처럼 말이지요.

프로젝트 수업은 다양합니다

'프로젝트 수업'하면 무엇이 떠오르나요? 아마도 떠오르는 그 무엇인가가 있을 것입니다. 교육과정 재구성이나 프로젝트 수업을 도입하면서 이를 위한 각종 연수가 늘어나고 있습니다. 이 연수들에 참가해보면 프로젝트 수업에 대한 이미지가 어떤 하나의 형식으로 고착화되고 있다는 느낌이 듭니다. 이것은 아마 수업에 관한 일반적인 현상일 것입니다.

『수업』에서 이혁규 교수는 대학 입시제도가 바뀌지 않는 것을 '경로 의존성'이라는 용어로 설명하고 있습니다. '경로 의존성'이란 쉽게 말하면 우연한 초기 사건으로 인해 하나의 관행이 제도화되면 이를 바꾸기가 쉽지 않다는 것입니다.

프로젝트 수업이 우리나라에 도입된 후 해석하고 적용하는 과정 중 우연히 좋은 방법을 찾게 되었고, 그것이 하나의 원칙처럼 굳어져 그대로 또 하나의 형식이 탄생했습니다. 그러나 이러한 형식주의는 경계해야 합니다. 프로젝트 수업은 매우 자유롭고 다양해보이지만 이러한 형식주의가 그 자유로움을 경직시킬 수 있기 때문입니다.

25년간 프로젝트 학습에 대한 연구 및 워크숍을 실시한 미국의 벅(Buck) 교육연구소에서 발간한 『프로젝트 학습: 초등교사를 위한 안내』, (Sara Hallermann 외)를 보면 프로젝트 수업에 대한 다음과 같은 내용이 있습니다.

> "PBL이 아닌 것(예를 들어, 종합적인 지적 탐구로부터 동떨어진 학습지)을 설명하기는 쉽지만, 'PBL은…이다'라고 한 문장으로 정의하기는 쉽지 않다.
> 프로젝트 기반 학습(PBL)에는 포괄적으로 문제 기반 학습, 도전적 과제 설계, 현장 기반 학습(Place-based Learning), 복합적인 사회 시뮬레이션의 활용, 그리고 안내된 탐구와 같은 유사한 수업 방법들이 포함된다."

프로젝트 수업은 다양합니다. 앞에서 텔레비전 예능 프로그램의 형식은 모두 다르지만 우리는 그것을 한데 묶어 '리얼 예능 프로그램'이라고 하는 것처럼 말입니다. 요즘 많이들 관심을 가지는 이해 중심 교육과정(Understanding by design, UbD)이나 주제 통합 재구성 역시 프로젝트 학습의 개념을 구조화할 수 있는 효과적인 방법일 수 있습니다.

따라서 '프로젝트 수업이란 이런 것이다'라고 먼저 단정 짓지 말고 조금 더 넓게 접근할 필요가 있습니다. 프로젝트 수업이 가지고 있는 기본적인 생각, 즉 학생들이 폭넓게 사고하고 복합적이고 실질적인 접근을 통하여 학생 주도적으로 탐구할 수 있으면서 그 과정에서 의사소통 능력이나 협동력, 비판적 사고력이나 문제해결력을 학습할 수 있다면 모든 것이 프로젝트 수업이라고 할 수 있을 것입니다.

수업의 모습이 다양하듯 프로젝트 수업도 다양합니다. 하나의 이론이 고착화되면 다른 이론은 배척하려는 경직된 경향을 지양하고 프로젝트 수업이 최고라든가, 이것만이 프로젝트 수업이라고 고집하기보다는 변화와 포용을 바탕으로 다양성을 인정해야 할 것입니다.

프로젝트 수업의 레시피를 공개합니다

프로젝트 수업을 하다 보면 이것이 진짜 프로젝트 수업인지 의문이 생기고 확신이 들지 않을 때가 있습니다. 이럴 때 프로젝트 수업을 충족시켜줄 수 있는 주요 요소를 살펴보면 조금 더 프로젝트 수업에 가까이 다가갈 수 있을 것입니다. 프로젝트 수업을 프로젝트 수업답게 해줄 주요 학습 요소는 다음과 같습니다.

첫 번째, 프로젝트 수업의 주요 요소는 학습할 내용입니다. 학습할 내용은 학생이 프로젝트 수업을 통해 얻을 수 있는 내용입니다. 학습 내용은 프로젝트 수업을 하기에 적합한 것으로 선택해야 합니다.

두 번째, 학생들이 해결해야 할 임무 또는 탐구 과제입니다. 즉, 학생이 수행해야 할 프로젝트 주제가 있어야 합니다.

세 번째, 심층적인 탐구 과정이 있어야 합니다. 즉 프로젝트 수행 방법입니다. 학생은 프로젝트를 심층적으로 탐구하기 위하여 과제에 대한 도전의식과 목표의식을 가져야 합니다. 학생들은 질문하고, 자료를 찾고, 찾은 자료를 활용하여 해결책을 발견하는 등 심층적인 탐구 과정을 거치게 됩니다.

네 번째, 이러한 과정에서 학생의 자기 주도성이 필요합니다. 학습자는 주도적으로 의견을 주고받으면서 서로 협력하며 프로젝트를 해결해 나갑니다. 프로젝트 수업에서 학생은 자유롭게 의견을 낼 수 있어야 합니다. 구체적으로는 어떻게 작업할지, 어떤 결과물을 만들지, 어떻게 탐구할지 등의 의견을 내고 선택할 수 있어야 합니다.

다섯 번째, 학생은 프로젝트를 진행하면서 비판적 사고력, 문제해결력, 협동력, 의사소통 능력 등을 습득하거나 활용해야 합니다. 학생은 프로젝트를 수행하면서 이를 배우기도 하고, 배운 것을 다시 프로젝트에 활용하기도 합니다.

여섯 번째는 탐구 결과물입니다. 프로젝트를 진행한 최종적인 종착지에는 어떠한 형태로든 탐구 결과물이 나타나야 합니다.

위의 내용을 종합해보면 프로젝트 수업에서 학생의 역할이 매우 중요하다는 것을 알 수 있습니다. 결국 학생은 자기 주도성을 가지고 스스로 특정한 주제나 문제를 설정하고 해결하기 위하여 노력하며, 모둠원끼리 서로 소통하며 협력해야 합니다. 주어진 문제를 해결하기 위해 기존의 질서를 비판적으로 바라보며 문제해결력을 체득하는 과정에서 자연스럽게 미래사회에서 필요로 하는 것을 배우게 될 것입니다.

프로젝트 수업, 오해와 진실

"나는 이미 인터넷에서 한 학기 수업을 다 다운로드받아서 아무 걱정이 없는데, 뭐 하러 어렵게 그런 걸 하니?"

프로젝트 수업을 시작한 지 얼마 되지 않은 한 교사가 다른 학교 선생님을 만나 자신의 프로젝트 수업에 대하여 이야기하자 되돌아온 대답입니다. 이 이야기는 프로젝트 수업에 대한 교사들의 일반적인 생각이 어떤지를 잘 말해주는 것 같습니다. 실제로 많은 교사들은 프로젝트 수업에 대하여 이러저러한 이유로 부정적인 생각을 가지고 있습니다. 이러한 부정적인 생각은 프로젝트 수업에 대한 여러 오해를 낳기도 하고, 프로젝트 수업을 교실에서 활용하지 못하게 하는 원인이 되기도 합니다.

오해 1. 프로젝트 수업은 아이들의 학력을 떨어뜨린다

'시험은 어떻게 하지? 괜히 애들 학력만 떨어지게 하는 거 아니야?'

프로젝트 수업에 대한 가장 큰 오해가 바로 학력을 떨어뜨린다는 것입니다. 아마도 교과서를 잘 안 가르치고 활동 중심으로 수업이 이루어지다 보니 이러한 오해가 생긴 게 아닌가 싶습니다. 일부이기는 하겠지만 프로젝트 수업을 보여주기식 이벤트 행사로 여기기도 하지요. 이 경우 프로젝트 수업은 단순한 이합집산이나 산만하고 무질서한 수업으로 보입니다. 학생의 배움은 사라지고 이벤트의 화려함만 남아 지켜보는 사람을 허전하게 만듭니다. 이러한 모습을 보면 당연히 '공부는 언제 하지?' 하는 걱정을 하게 됩니다.

그러나 제대로 된 프로젝트 수업을 하려면 '가르칠 것'은 가르쳐야 합니다. 프로젝트를 제대로 수행하기 위해서는 기초적인 학습과 지식이 필요하기 때문입니다. 교과서 수업을 안 한다고 하여 성취기준과 기초 지식을 배제하라는 것이 아닙니다. 기초적인 지식이 있어야만 프로젝트 수업에 흥미를 느끼며 잘 수행할 수 있습니다. 프로젝트 수업에서 지식은 필요충분조건입니다. 기초 지식을 통하여 또 다른 지식을 탐구하는 과정이 프로젝트 수업입니다. 프로젝트 수업은 수업의 방법이 다를 뿐 교육과정상에서 가르쳐야 할 내용은 동일합니다.

기초 지식을 가르치는 방법은 다양합니다. 프로젝트 수업에 꼭 필요한 지식이라면 프로젝트에 들어가기 전에 미리 강의식으로 가르치는 방법도 있을 수 있습니다. 프로젝트 수업을 마친 후 그 경험과 결과를 이용하여 기초 지식을 학습하는 것도 또 다른 방법이 될 수 있겠지요. 프로젝트 진행 중간에라도 학생들에게 필요한 것이라면 프로젝트를 잠시 멈추고 기초 지식에 대한 수업을 진행할 수도 있을 것입니다. 프로젝트 과정을 통해 학생 스스로 기초 지식을 발견한다면 더할 나위 없이 좋겠지만 꼭 그렇지 않은 경우도 많습니다. 따라서 교사는 프로젝트의 성격이나 진행과정 등을 두루두루 고려하여 적절한 방법을 선택해야 합니다. 기획 단계에서부터 기본적으로 가르쳐야 할 것을 어떻게 가르칠 것인가, 또 프로젝트 수업에는 어떻게 반영할 것인가를 염두에 두고 수업을 기획해야 할 것입니다.

오해 2. 프로젝트 수업은 교육과정을 무시한다

교사가 프로젝트 수업을 기획할 때 성취기준을 도외시하거나 너무 광범위하게 해석하여 적용하는 경우가 종종 있습니다. 교육과정과 프로젝트 수업 간의 연결고리가 약해서 무엇을 배우는 것인지 모르거나 교육과정과 전혀 다른 내용을 배운다는 생각이 들 때도 있습니다.

이러한 오해의 중심에는 무엇을 가르칠 것인가에 대한 해석의 차이가 있는 것 같습니다. 성취기준을 가르칠 것인가, 아니면 교사의 철학을 가르칠 것인가에 대한 해석 차이 말입니다. 교육과정을 교사 중심으로 해석하여 가르치고 싶은 내용 중심으로 재구성하다 보니 이러한 오해가 더해집니다.

프로젝트 수업에서는 교육과정의 성취기준을 가르치는 것이 먼저입니다. 교육과정 성취기준을 교사의 철학으로 가르치는 안목이 필요합니다. 만약 성취기준이 프로젝트 수업에 적합하지 않다면 프로젝트 수업으로 하지 않으면 그만입니다. 성취기준에 대한 해석은 다양할 수 있으나 이를 무시하거나 지나치게 확대 해석하는 일은 경계해야 합니다.

오해 3. 프로젝트 수업은 관리하기가 어렵다

프로젝트 수업을 하다 보면 종종 교실이 엉망이 되기도 합니다. 아이들은 산만하고 통제가 제대로 되지 않습니다. 이럴 때면 교사는 '내가 이러려고 프로젝트 수업을 시작했나?'라는 생각에 자괴감이 드는 것도 사실입니다. 프로젝트 수업을 하다 보면 학생들의 행동이 예측되지 않을 때가 많습니다. 구체적인 수업의 모습이 그려지지 않으니 교사 입장에서는 학생들을 통제하기가 어렵기 마련이지요.

프로젝트 수업이 다른 수업에 비해 불명확하고 통제하기가 힘든 것은 교사도 학생도 프로젝트 수업에 적응되어 있지 않아 발생하는 현상입니다. 처음부터 너무 길고 복잡한 프로젝트 수업을 한다면 관리가 더 어려울 것입니다. 만약 처음 프로젝트 수업을 시도한다면 간단하고 쉬운 것부터 적용해보세요. 학생들도 짧고 단순한 프로젝트 수업을 통해 프로젝트 수업이라는 것에 익숙해질 시간이 필요합니다. 교사 역시 마찬가지일 것입니다.

오해 4. 프로젝트 수업은 저학년에게는 힘들다

저학년, 특히 1학년은 프로젝트 수업을 하기 어렵다는 오해가 있습니다. 무언가 계획하고 실천하기에는 아직 어리기 때문이겠지요. 프로젝트 수업은 학년 특성을 파악하고 그것에 맞는 계획을 하는 것이 중요합니다. 저학년은 읽기, 쓰기, 수학의 기초적인 것을 배우는 중요한 시기입니다. 프로젝트 수업도 이를 고려하여 계획해야 할 것입니다. 무엇보다도 저학년에서는 문해력이 중요합니다. 글을 읽을 수 있고 그것을 이해하고 자기 나름대로 해석하고 이를 표현할 수 있어야 합니다. 따라서 저학년은 문해력을 향상시키는 방향으로 프로젝트 수업을 구성할 필요가 있습니다. 이 책에 소개된 〈그림책+자연, 자연과의 공존〉 프로젝트 수업은 저학년의 이러한 특성과 학습 요소를 반영해 동화책을 중심으로 구성되었습니다. 저학년이라고 해서 프로젝트 수업이 안 될 것도 없지만 그렇다고 무리해서 학력을 떨어뜨리면서까지 프로젝트 수업을 할 필요도 없습니다. 교사의 판단에 따라 적당한 형태의 수업을 하면 됩니다. 저학년일수록 학년 특성을 고려한 프로젝트 수업 계획이 더 필요할 것입니다.

오해 5. 프로젝트 수업은 특정 교과목에서만 할 수 있다

프로젝트 수업을 하다 보면 교과목에 대한 오해가 생깁니다. 전 과목을 모두 포함해야 한다고 생각하는 사람이 있을 수 있고, 수학 같은 특정 교과는 프로젝트 수업에 적당하지 않다고 생각하기도 합니다.

프로젝트 수업은 융통성을 요구합니다. 특히 교사의 융통성이 중요하지요. 학교 문화를 돌아보면 종종 모든 것을 같은 방법으로 해야 한다는 생각이 팽배해 있다는 생각을 하게 됩니다. 연구시범학교라든가 공개수업 발표회에 가보면 하나의 교수법으로 모든 수업에 대처하려고 하는데, 마치 만병통치약 같습니다. 이런 분위기 때문인지 모든 것을 다 프로젝트 수업으로 해야만 성공적인 프로젝트 수업이라는 오해가 있는 듯합니다. 우리는 한 번도 실패한 연구시범학교를 본 적이 없으니까요.

그러나 수업에 만병통치약은 없습니다. 특정 과목을 배제하거나 특정 과목을 고집할 필요도 없습니다. 모든 과목을 완전 통합해서 운영할 수도 있고 일부만 통합해서 운영할 수도 있습니다. 교과뿐만 아니라 한 교과 내에서도 마찬가지입니다. 한 단원 전체를 프로젝트 수업으로 구성할 수도 있고, 단원 중 일부만을 프로젝트 수업으로 진행할 수도 있습니다. 같은 단원이나 성취기준 내에서도 앞부분은 강의식으로 수업하고 이를 기초 지식으로 활용하여 후반부에는 프로젝트 수업으로 구성할 수도 있을 것입니다. 적용 가능한 범위에서 적용 가능한 만큼만 적용하면 됩니다. 이 책의 수학 프로젝트 수업 〈건축학 개론: 수학으로 풀다〉는 그렇게 탄생한 수업입니다.

오해 6. 프로젝트 수업은 혁신학교에서만 할 수 있다

"그거 혁신학교에서 하는 거 아니야? 우린 혁신학교도 아닌데…"

프로젝트 수업에 관한 오해 중 하나가 바로 '혁신학교의 전유물이 아니냐'는 것입니다. 지금까지 교육과정 재구성이나 프로젝트 수업 등이 혁신학교를 중심으로 이루어지다 보니 이런 오해를 받는 듯합니다. 그러나 프로젝트 수업이 어떤 특정한 학교의 전유물이 될 수는 없습니다. 이 글을 쓰는 저자들은 모두 혁신학교에 근무하는 교사가 아닙니다. 이 책에 소개된 프로젝트 수업 또한 모두 일반적인 학교에서 실천한 내용들입니다. 일반학교에서도 주어진 여건에 맞게 기획하기만 한다면 프로젝트 수업이 불가능한 것은 아닙니다.

오해 7. 프로젝트 수업은 뭔가 특별한 수업일 것이다

프로젝트 수업은 다른 수업과는 다른 뭔가 특별한 수업이라는 생각도 있습니다. 프로젝트 수업이 특별한 수업이라고 생각하게 되면 특별한 기대감 또한 갖게 되는 것이 사람 마음입니다. 특별한 기대감을 받는 교사는 특별한 그 뭔가를 찾기 위해 서두르게 되고 무리수를 두게 됩니다. 교사의 이런 기대감은 욕심을 낳게 되고 힘이 들어가는 수업을 하는 결과를 가져오기도 합니다. 프로젝트 수업도 일반 수업과 같다는 생각이 중요합니다. 수업 방식만 다를 뿐이지 교육과정에서 제시된 수업을 하는 것은 마찬가지입니다. 교사는 프로젝트 수업에 대한 주위의 특별한 기대감을 반영하여 서두르기보다는 프로젝트를 점진적으로 향상시킨다는 생각을 가져야 할 것입니다.

공감(共感)

: 수업, 프로젝트 수업으로 진화하다

"선생님, 저 사회 수업을 프로젝트 수업으로 하고 싶어요. 어떻게 하면 좋을까요?"

여름 방학이 끝나자마자 신규교사가 저에게 한 말입니다. 방학 동안 프로젝트 수업에 관한 연수를 받았다고 하더니 아마도 그 연수가 꽤나 인상 깊었나 봅니다. 교사가 연수를 받는다고 해서 꼭 그것을 수업으로 실천하는 것은 아닐 것입니다. 대다수의 경우 단순히 연수를 듣는 것으로 끝나고 말 텐데 이 신규교사는 프로젝트 수업을 한 번 해보겠다고 나섰습니다. 남들은 다 어렵다고 하는데 프로젝트 수업에 어떤 매력이 있어서 개학하자마자 이렇게 달려와서 프로젝트 수업을 하자고 제안했을까요? 아마도 프로젝트 수업이 가지고 있는 장점에 공감했기 때문이 아닐까요? 교사의 현장 경험을 바탕으로 프로젝트 수업에 대한 공감을 정리해보았습니다.

첫 번째, 프로젝트 수업은 분절된 지식을 하나로 통합할 수 있습니다.

교과서로 대변되는 우리 교육과정은 분절된 교육과정입니다. 각각의 교과목으로 나누어져 있음은 물론이고 같은 교과 내에서도 단원과 단원이 서로 나누어져 있기는 마찬가지입니다. 우리는 이러한 분절된 교육과정에 익숙해져 있습니다. 그러나 많은 사람들이 분절된 교육과정에 대하여 우려의 목소리를 냅니다. 미래사회는 분절된 지식이 아니라 융합이나 통합을 통한 개인의 역량이 중심이 되는 사회가 될 것이라고 이야기합니다. 교육과정 또한 이러한 역량을 강화하는 방향으로 나아가고 있습니다.

만약 세계 유명 건축물을 만드는 활동으로 수업을 한다면 그것은 단순한 미술 활동에 머물 테지만, 세계 건축물 테마파크를 만드는 프로젝트라면 그 수업의 모습이 달라질 것입니다. 테마파크 계획에서 설계, 완성에 이르기까지 다양한 생각과 지식들이 모여야만 가능합니다. 당연히 한 사람의 지식만으로는 부족하니 함께 협력하고 통합해야 합니다.

두 번째, 프로젝트 수업은 공부하는 방법을 배우는 활동입니다.

프로젝트 수업에서 학생은 프로젝트를 수행하기 위하여 자기 주도적인 활동을 합니다. 스스로 탐구질문을 하고, 이를 해결하기 위해 스스로 필요한 것을 찾아내고, 자신의 생각을 입증하거나 재생산해야 합니다. 학생의 주도적인 사고와 경험이 중요하며, 이러한 과정에서 자연스럽게 스스로 공부하는 방법을 배우게 될 것입니다.

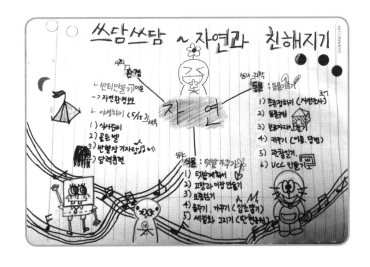

세 번째, 프로젝트 수업은 재미있고 의미 있는 활동을 하는 수업입니다.

학생이 원하는 수업은 어떤 것일까요? 6학년 담임을 하며 설문조사를 해본 결과 학생들은 지루하지 않고 재미있는 수업을 원했습니다. 그러나 현실적으로 교과 의미를 전달해야 하는 교사가 매번 모든 수업을 재미있게 할 수는 없는 노릇입니다. 지금처럼 바쁜 교사의 일상에서라면 더더욱 쉬운 일이 아닐 것입니다. 그러나 프로젝트 수업은 학생의 흥미를 고려한 주제 선정이 가능합니다. 여기에 소개된 〈쓰담쓰담, 자연과 친해지기〉는 동물 기르기를 주제로 한 프로젝트 수업입니다. 학생들의 흥미를 끌기에 충분한 소재입니다.

네 번째, 프로젝트 수업은 학생의 삶을 반영하는 실제적인 수업입니다.

누구나 한 번쯤 소꿉놀이를 한 기억을 가지고 있을 것입니다. 소꿉놀이를 통해 때로는 엄마도 되고, 아빠도 됩니다. 또 경찰이 되기도 하고, 선생님이 되기도 합니다. 엄마, 아빠가 되어 아이를 기르기도 하고, 밥을 짓고 케이크를 만들기도 합니다. 비록 소꿉놀이였지만 아이들은 실제 엄마, 아빠처럼 행동하고, 경찰이 된 것처럼 그 역할에 최선을 다합니다. 놀이를 통하여 현실의 삶을 배우는 것이지요. 프로젝트 수업 역시 이러한 소꿉놀이와 다르지 않습니다. 프로젝트 수업은 실제적이며 현실에 가까운 주제를 수행합니다. 삶과 관련된 여러 현상을 주제로 가지고 옵니다. 학생이 흥미를 느끼는 현재의 삶이 프로젝트의 주제가 됩니다. 따라서 프로젝트 수업은 현실을 중요하게 생각하며 이것을 학생의 삶과 연결하고자 합니다. 자신의 삶과 연결된 수업에서 학생은 자신이 하는 것에 대한 의미를 부여하고 찾게 될 것입니다. 실제로 1학년에서 병원 놀이를 해보면 학생들이 얼마나 진지하게 활동하는지를 알 수 있습니다. 프로젝트 수업을 계획할 때 교사는 학생의 흥미를 고려하여 현실적인 이슈를 수업으로 끌어들이려는 노력을 해야 할 것입니다.

다섯 번째, 프로젝트 수업은 초등학교 수업에서 진가를 발휘합니다.

　　초등학교는 담임 교사가 모든 교과를 담당하기 때문에 교과를 통합하여 운영하기에 적합합니다. 또 초등학교는 같은 교실에서 담임 선생님과 하루 종일 같이 생활합니다. 따라서 프로젝트 수업을 생활지도나 학급 경영과 연계하여 진행할 수도 있고, 이럴 경우 그 효과 또한 큽니다.

　　여섯 번째, 프로젝트 수업은 교사와 학생이 함께 성장하는 수업 방법입니다. 6학년 수학 단원에 '농도'에 관한 내용이 있습니다. 수업을 진행한 선생님은 이 시간에 학생들이 가장 좋아하는 초코나 딸기, 커피 우유의 농도를 찾는 프로젝트 수업을 진행했습니다. 그 반에서 가장 맛있는 초코, 딸기, 커피 우유를 찾아내고, 시중에서 판매되는 우유와 비교해보는 시간도 가졌습니다. 또한 가공 우유와 저지방 우유, 보통 우유 등에 대하여 알아보는 시간도 가졌습니다. 이 수업을 진행하면서 교사도 몰랐던 사실을 많이 알게 되었습니다. 교사와 학생이 서로 경험을 주고받으며 수업을 완성해 나간 것입니다. 교사와 학생이 단순히 지식의 전달자와 전수자가 아닌 독립된 인격체로 만나며, 프로젝트를 함께 수행해 나가는 과정에서 교사와 학생이 함께 성장하고 함께 공유하는 만남의 공간입니다.

　　프로젝트 수업은 학생뿐만 아니라 교사에게도 새로운 도전입니다. 교사는 프로젝트 수업을 하면서 스스로 교사로서의 의미를 부여하고 그 의미를 찾으려고 노력할 것입니다. 새로운 도전을 통하여 자신만의 수업을 한다는 자부심과 도전에 대한 희열도 생깁니다. 프로젝트 수업을 통해 학생뿐만 아니라 교사도 성장한다는 느낌을 받을 수 있습니다.

프로젝트 수업을 빛나게 하는 10가지 아이디어

"프로젝트 수업, 나도 한번 해볼까?"

프로젝트 수업이 점차 보급되면서 프로젝트 수업에 대하여 들어보았거나 한 번 쯤 실천해보고 싶다는 생각을 하는 교사가 늘고 있습니다. 그러나 막상 프로젝트 수업을 하려고 하면 어디서 어떻게 시작해야 할지 막막하기만 합니다. 잡힐 듯 잡히지 않는 프로젝트 수업을 시작하려는 선생님에게 프로젝트 수업을 빛나게 하는 10가지 아이디어를 제안합니다.

01. 일단 시작하라

바닷물에 발을 담그기 전에는 물에 들어가는 것이 두렵지만 일단 발을 담그게 되면 온몸을 적실 용기도 생기게 됩니다. 프로젝트 수업도 마찬가지일 것입니다. 모든 것을 갖추어 놓은 상태에서 프로젝트 수업을 하는 경우는 없습니다. 이것저것부터 해보는 용기가 필요한 것이지요. 모든 프로젝트 수업이 어마어마할 필요는 없습니다. 한 단원 몇 차시로도 프로젝트 수업은 가능합니다. 작은 것부터 행동으로 옮기고 조금씩 수정해간다는 마음가짐으로 프로젝트 수업을 시작해보세요.

02. 선택과 집중하라

교과서 내용에 집착하여 모든 것을 다 가르치려 하지 말아야 합니다. 교과서는 바이블이 아닙니다. 교과서는 국가에서 내려준 참고서에 불과합니다. 가르칠 것은 온전히 가르치고 중복되거나 쓸데없는 내용은 과감히 버려야 합니다.

학교행사 등으로 시간을 허비하지 말고 학년 중심의 교육과정 재구성에 집중해야 합니다. 그래야 업무과중으로 인한 신체적, 정신적, 시간적 소모를 줄일 수 있습니다. 정성식 저자의 『교육과정에 돌직구를 던져라』를 보면 '교육적인 것과 교육이 아닌 것', '교육은 아니지만 해야 할 것'과 '교육을 위해서 해서는 안 될 것'을 기준으로 학교 업무를 구별하라고 제안했습니다. 프로젝트 수업에서 선택과 집중은 어렵지만 중요한 일입니다.

03. 당신만의 스타일을 만들어라

우리는 종종 무엇을 시작하기 전에 다른 무엇과 비교하곤 합니다. 프로젝트 수업에서도 혁신학교와 일반학교를 비교하기도 하고 잘 짜인 모범적인 프로젝트 수업과 비교하기도 합니다. 잘 짜인 모범 프로젝트 수업안을 보면 때론 기가 죽어 실행할 엄두조차 안 나기도 합니다. 혁신학교와 비교하며 그들의 조건과 환경을 부러워하기도 합니다. 그러나 교사 개인이 처한 상황은 모두 다릅니다. 혁신학교와 일반학교의 물적, 인적 조건이 다르고 모범 프로젝트 수업안을 작성한 교사와 나의 조건도 다릅니다. 우리는 이러한 차이를 인정하고 나에게 맞는 프로젝트 수업을 고안하여 우리 학교 실정에 맞는 프로젝트 수업을 기획해야 합니다. 무조건 따라하면 망합니다!

04. 교육과정-수업-평가를 일치시켜라

교육과정, 수업, 평가 일체화는 교육과정 재구성을 기본 전제로 하고 있습니다. 재구성된 교육과정을 바탕으로 이것이 수업과 평가로 이어지는 것이지요. 프로젝트 수업도 교육과정 재구성을 기본 전제로 합니다. 따라서 교사는 실천 가능한 내용으로 교육과정을 재구성하고 이를 수업으로 실천해야 합니다. 기존의 교육과정과 수업이 따로 이루어지는 관행에서 탈피해야 하는 것이지요.

프로젝트 수업을 기획하다 보면 상대적으로 평가를 소홀히 하는 경우가 종종 발생합니다. 그러나 프로젝트 수업이 성공적으로 진행되려면 평가 역시 매우 중요합니다. 평가를 어떻게 구체적으로 계획하느냐에 따라 프로젝트 수업의 성패가 갈리기도 하지요. 전통적인 평가 방법에 의존하기보다는 프로젝트 수업에 알맞은 평가 방법을 찾아야 합니다. 학생 중심, 과정 중심 평가를 위한 다양하고도 균형 잡힌 평가 방법을 개발해야 합니다.

교육과정을 작성하다 보면 지금까지 관행처럼 이루어지던 일들이 있습니다. 수업 시수를 맞추고 일률적인 평가 기준안이 담긴 종이 교육과정이 바로 그것입니다. 프로젝트 수업을 구상할 때는 과감하게 이러한 관행에서 벗어날 필요가 있습니다. 교육과정 따로, 수업 따로, 평가가 따로따로 노는 따로국밥은 이제 그만 먹어야 합니다. 프로젝트 수업 구상 단계에서부터 교육과정, 수업, 평가 일체화에 대한 구상을 함께 해야 하고, 이에 해당하는 시수 또한 확보해야 합니다.

05. 계획 수정에 유연해져라

프로젝트 수업을 하다 보면 예기치 못한 상황에 부닥치게 됩니다. 택배로 주문한 수업 준비물이 안 오는 경우도 있고, 계획했던 수업 차시보다 수업 시수가 늘어나는 경우도 있습니다. 이때 대부분의 교사는 미리 다 맞춰 놓은 교육과정 시수에 칼을 대는 것을 좋아하지 않습니다. 학기 초 사투를 벌이며 맞추어 놓은 나이스와 이지* 듀의 시수를 건드린다는 것은 정말 복잡하고 귀찮고 힘든 일이지요. 그러나 '만들어가는 교육과정'이라고 하지 않았나요? 계획한 시간이 38시간에서 45시간으로 늘어났다면 창의적 체험활동 시간을 끌어다 쓸 수도 있고 다른 교과 시수를 조정하여 사용할 수도 있습니다. 도착해야 할 준비물이 오지 않으면 시기를 늦추거나 직접 학교 카드를 들고 나가서 구매해도 됩니다.

프로젝트 수업에 있어 꼼꼼히 계획을 세워 실천하는 것은 매우 중요한 일입니다. 그러나 계획이라는 틀에 갇혀 유연해지지 못하면 계획이라는 형식에 갇히게 되고, 형식적인 프로젝트 수업으로 변질되는 오류를 범하게 됩니다. 아이들과 활동하면서 일어나는 여러 상황 변화에 유연해질 필요가 있습니다. 계획 수정에 유연해지세요. 변화를 두려워하지 말고 변심을 두려워하세요!

06. 당신이 꿈꾸던 학교를 상상하라

학창시절 〈죽은 시인의 사회〉라는 영화 속 주인공 키팅 선생님을 간절히 소망했던 때가 있었습니다. 틀에 박히고 숨 막히는 교육제도 속에서 아이들에게 꿈과 희망을 이야기해주며 책상 위로 멋지게 올라가던 키팅 선생님의 열정을 상상해보세요. 교사는 이처럼 학창시절에는 이루어질 수 없을 것만 같은 것을 현실에서 이룰 수 있는 유일한 존재입니다. 학창시절에 배우고 싶었던 것, 이상적인 수업의 모습을 자신의 프로젝트 수업에 적극 반영해보세요. 자신이 만들고 싶었던 교실, 해보고 싶었던 수업을 구상해보세요. 그리고 그것을 실천하세요.

07. 다양하게 생각하라

프로젝트 수업에 대한 편견 중 하나가 '학생이 주제를 하나 정하고 거기에 맞는 결과 보고서를 만들어 발표하는 것'이 전부라고 생각하는 것입니다. 그러나 프로젝트 수업은 하나의 활동으로만 귀결되지 않습니다. 프로젝트 수업은 다양한 교육 방법을 재구성한 교과과정과 접목하여 창의적인 결과물을 얻을 수 있는 교육 방법입니다. 수업 방법과 내용을 다양하게 연결해보세요. 프레젠테이션, 토의, 토론, 연극, UCC, 그림, 전시회, 발표회 등 주제에 맞는 다양한 방법을 버무려 하나의 맛있는 요리로 완성시켜가는 과정이 바로 프로젝트 수업입니다.

08. 소통하고 공감하라

프로젝트 수업의 특성상 교사 혼자서 모든 것을 구성하기는 쉽지 않습니다. 나 홀로 교육과정은 결국 종이문서로 남아 교실 한쪽의 책꽂이에 고이 모셔두게 되는 경우를 종종 발견하게 됩니다. 동학년과 적극적으로 이야기하고 교육 철학도 공유하면서 동학년 학년목표를 세워보세요. 성공한 프로젝트 수업은 동학년 교사가 함께 고민하고, 함께 공유하고, 함께 실천하면서 얻어지는 경우가 많습니다. 먼저 동학년 선생님들에게 힘들고 어려운 점을 솔직하게 이야기하고 공감을 얻어내는 것이 중요합니다. 자신의 것을 기꺼이 내주고 남의 것을 겸허하게 받아들일 준비가 되어 있다면 이미 절반은 성공한 것입니다. 여럿이 모여 많이 고민한 수업은 질과 수준이 다릅니다.

09. 배우는 방법을 배우게 하라

최근 이슈가 되고 있는 빅데이터나 인공지능(AI) 등의 발전은 인류의 생활양식을 송두리째 바꿔 놓을지도 모를 만큼 큰 파괴력을 지녔습니다. "미래는 미래를 준비하는 자들의 것이다."라는 말처럼 다가올 변화에 적응하고 미래를 준비해야 합니다. 이시도 나나코의 『미래교실』을 보면 "현재의 지식은 금방 옛것이 되고, 오늘의 상식은 10년 후의 비상식이 될지도 모른다."라고 했습니다. 이제 교육의 방법도 달라져야 합니다. 미래를 살아가야 할 우리 아이들에게는 예측 불가능한 상황 속에서도 사회변화에 유연하게 대처하는 능력을 길러주어야 합니다. 지금 아이들에게 필요한 것은 배우는 방법을 배우는 것입니다. 아이들은 스스로 목표와 주제를 정하고 그것에 필요한 자료를 찾고 해답을 찾아가는 과정을 통해서 스스로 배우는 방법을 익히고 터득해야 합니다. 이럴 때 교사가 아이들에게 해줄 수 있는 것은 배움의 동기를 제공해

주고 배움의 환경을 갖추어주는 것입니다. 그리고 아이들의 활동을 지지하고 성장을 도모하는 조력자가 되어주세요.

10. 기다려라

프로젝트 수업을 하다 보면 수업의 결과보다는 과정이 더 중요하다는 것을 알면서도 눈에 보이는 성과에 조바심을 내는 경우가 많습니다. 프로젝트 수업에서 결과물도 물론 중요합니다. 하지만 단기간에 교사가 의도한 완벽한 결과물이 나올 것이라고 기대하지 말고 조금 더 기다려주는 미덕이 필요합니다. 그래야 아이들이 자신 속에 있는 능력을 최대한 발휘할 수 있고 창의적인 결과물도 얻어낼 수 있습니다. 또 교사는 프로젝트 수업을 하면서 발생하는 교실 안의 시끄러운 소음이나 너저분함 등은 눈을 감고 참아내야 합니다. 잘 기획된 프로젝트 수업에서 소란하고 너저분하다는 것도 결국 각자 나름대로의 배움 목표를 향해 뭔가 열심히 활동하고 있다는 것을 의미하기 때문입니다. 기다릴 줄 아는 사람은 바라는 것을 가질 수 있다고 했습니다.

교사의 강점을 스타일링하다

프로젝트 수업에서 교사는 수업을 전체적으로 조율하는 지휘자와도 같습니다. 수업 기획에서 마무리까지를 이끌어가는 원천적인 힘은 교사에게서 나온다고 해도 과언이 아닐 것입니다. 결국 프로젝트 수업이 어떤 방향으로 진행되느냐는 교사에게

달려 있다고 할 수 있겠지요. 이처럼 교사는 수업에 지대한 영향을 미칩니다. 교사가 어떤 성향을 가지고 있느냐에 따라 프로젝트 수업의 모습이 달라질 수 있습니다. 따라서 교사가 자신의 성향이나 교수 유형을 알고 수업을 기획한다면 나에게 적합한 프로젝트 수업을 만날 수 있을 것입니다.

『수업성숙도, 교사의 강점을 담다』에서는 교사의 유형을 탐험형, 관리형, 분석형, 외교형 등 네 가지로 분류합니다. 탐험형 선생님은 교사로서의 열정이 넘쳐나

탐험형(덤블도어, 출처: 네이버)
대범하게 경험을 통해
지식을 얻는 자유로운 영혼

관리형(맥크미온느, 출처: 네이버)
의무와 책임을 다하는
성실한 원리원칙주의자

분석형(해리포터, 출처: 네이버)
고집스럽게 지적 도전을
추구하는 순수한 열정주의자

외교형(론 위즐리, 출처: 네이버)
관계에 예민하고 상상력이
뛰어난 이상주의자

출처: 『수업성숙도, 교사의 강점을 담다』, 정민수

기 때문에 수업을 통해서 그 에너지가 고스란히 표출된다고 합니다. 대범하게 경험을 통해 지식을 얻는 자유로운 영혼의 소유자입니다. 관리형 선생님은 원칙과 절차를 수립하고, 수업준비를 꼼꼼하게 잘하고, 수업 계획을 치밀하게 세우는 편이며, 의무와 책임을 다하는 원리원칙주의자입니다. 분석형 선생님은 합리적인 것을 좋아하며 수업을 분석의 대상으로 삼아 그 속에 논리성과 예술성을 반영합니다. 고집스럽게 지적 도전을 추구하는 순수한 열정주의자입니다. 마지막으로 외교형 선생님은 관계에 집중하면서, 자아실현 욕구가 강해 자신이 믿고 있는 신념을 수업 시간에 적용하려고 합니다. 아이들과의 상호작용에 능숙하고, 의사소통을 통해 좋은 수업을 만들어가려는 경향을 보입니다. 관계에 예민하고 상상력이 뛰어난 이상주의자입니다.

만약 이들이 '지역사회의 발전'이라는 동일한 수업 주제로 사회 수업을 한다면 어떻게 진행될까요? 이 책에서는 다음과 같이 소개하고 있습니다.

먼저 탐험형 선생님은 아이들을 인솔하여 학교 근처 주민 센터를 찾아 지역 현황과 최근 이슈 등을 듣고, 지역문제 해결을 위해 주변의 관공서나 상가 등을 방문해 의견을 들으며 인터뷰를 하는 등 체험 위주의 수업을 합니다. 관리형 선생님은 아이들에게 지역 정보를 정확하게 제공하고 지역 특성에 따른 자세한 설명을 합니다. 교실에 아이들을 바르게 앉혀 놓고 지역의 상징물을 하나하나 보여주면서 우리 지역의 특성에 대해 자세히 설명하지요. 분석형 선생님은 어릴 적 자신이 꿈꾼 미래의 모습을 아이들에게 들려주며 현재 우리 지역과 비교해 상호 분석해보도록 이끌어줄 것입니다. 외교형 선생님은 따뜻한 사회를 만들기 위해 지역에서 헌신하는 지역주민에 대한 영상을 준비해서 우리 지역에도 이런 아름다운 사람들이 있다는 사실을 알려줄 것이라고 소개합니다.

파커 J. 파머의 『가르칠 수 있는 용기』를 보면 "우리는 우리의 자아를 가르친다."라는 말이 있습니다. 교사로서 어떤 자아를 형성하고 있는가는 매우 중요한 일입니다. 아무리 좋은 수업 방법이라도 교사에게 맞지 않는 것이라면 그 의미가 줄어들겠지요. 교사는 자신을 살펴보고 자신에게 알맞은 수업을 선택하여 그것을 발전시켜 나가야 할 것입니다. 자신의 자아를 바탕으로 자신에게 알맞은 수업을 설계해야 합니다.

"다른 진정한 인간의 행동이 그렇듯이 가르치는 행위도 좋든 나쁘든 인간의 내면에서 흘러나오는 것이다. 나는 가르치면서 학생, 학과, 나와 학생이 함께 엮어지는 방식에 나의 영혼을 투영한다. 내가 교실에서 경험하는 이런 엮임은 나의 내면적인 생활의 엮음, 그 이상도 이하도 아니다. 이런 측면에서 볼 때, 가르침은 자신의 영혼에 거울을 들이대는 행위다."

― 『가르칠 수 있는 용기』, 파커 J. 파머.

우리 교실 환경은 생각보다 복잡합니다. 학교가 있고, 학년이 있고, 학생이 있지요. 특히 동학년이 어떤가에 따라 교사의 수업도 그 영향을 받습니다. 아마 프로젝트 수업은 일반적인 수업보다 영향력이 더 클 것입니다. 교사 개인이 아무리 노력한다고 해도 동학년이라는 학년 공동체를 벗어나서 개인적으로 활동하기는 쉽지 않습니다. 그렇기에 프로젝트 수업을 기획할 때 교사 개인의 성향뿐만 아니라 동학년 또한 무시할 수 없는 존재이지요. 교사가 동학년을 어떻게 보느냐에 따라, 또 동학년에서 어떤 위치에 있느냐에 따라 교사의 역할이 달라지고 이것은 고스란히 프로젝트 수업에도 영향을 미치게 됩니다.

프로젝트 수업을 시작하기 전에 자신의 성향을 먼저 확인해보세요. 교사 개인의 성향과 동학년의 성향 등을 잘 파악해보세요. 그리고 이를 바탕으로 자신에게 적합한 프로젝트 수업 방법을 찾아보세요. 교과별 프로젝트를 진행할 것인지, 아니면 동학년 전체가 함께하는 프로젝트 수업을 할 것인지, 담임 혼자 할 수 있는 프로젝트 수업을 할 것인지 등을 말이지요. 자신에게 주어진 여건이나 교사 자신의 성향을 알아보고 자신에게 맞는 프로젝트 수업을 계획한다면 보다 쉽게 프로젝트 수업에 접근할 수 있을 것입니다.

프로젝트 수업, 넌 어느 별에서 왔니?

"좋은 건 알지만 학기 초 업무도 바쁜데 언제 교육과정을 재구성하나…."

"올해는 지난번 연수에서 들었던 프로젝트 수업 사례를 꼭 적용해보고 싶었는데 시간이 안 나서 마음뿐이었어요. 내년에는 가능할지…."

프로젝트 수업을 접하면서 평범한 수업을 해오던 교사라면 누구나 한 번쯤은 해봄직한 생각입니다. 교사로서의 위기감과 국가에서 권장하는 프로젝트 수업을 피할 수 없을 것 같아 관련 연수를 찾아다니며 그때마다 깨알 같은 정보가 담긴 사례집을 수집합니다. 연수를 통해 프로젝트 수업을 접하면서 많은 업적과 실천을 해온 선생님들에게 존경의 눈길과 박수를 보내면서도 한편으로는 마음이 참 부담스럽습니다.

특별한 교사만이 할 수 있을 것 같은 프로젝트 수업, 넌 어느 별에서 왔니?

프로젝트 수업의 전개

프로젝트 수업은 어느 날 갑자기 하늘에서 뚝 떨어진 것은 아닙니다.

1920~1930년대 미국에서는 당시 구성주의 학습법의 하나로 듀이(Dewey)와 킬패트릭(Kilpatrick) 같은 진보주의자들에 의해 프로젝트 학습법이 제안되었습니다. 교사

주도의 지식 전달식 수업에서 학생들이 능동적으로 수업에 참여하여 주변의 삶과 관련된 주제를 탐구하고 다양한 경험을 할 수 있는 학습 상황이 제공되는 프로젝트 활동을 제안하였던 것이죠.

우리나라에는 1990년대 초 미국의 카츠(Katz)와 차드(Chard)에 의해 프로젝트 학습 이론에 기반을 둔 프로젝트 접근법이 소개되었습니다. 그로부터 벌써 20년이 훌쩍 넘었다고 볼 수 있네요.

교육적 접근의 잦은 변경으로 혼란스러운 것은 비단 우리나라 교육계의 일만은 아닌 것 같습니다. 카츠(Katz)와 차드(Chard)는 그들의 저서 『프로젝트 접근법(Engaging children's minds: The Project Approach)』에서 미국의 교육도 특정 접근법이 열광적으로 도입되어 적용되다가 몇 년 후 반대운동이 나타나 반대 방향으로 변경되고, 다시 몇 년이 지나면 되살아나는 반복되는 혁신(recurring innovations)을 지적하고 있습니다.

우리에게는 열린교육의 뼈아픈 시행착오가 있었기에 특정 교육접근법이 강조되면 반감이 드는 것도 사실입니다. 그래서 초기에는 일부 교육학자와 유아를 대상으로 한 교육과정에서 많은 연구와 실천이 이루어졌습니다. 그러다가 점차 초등학교에서 주제 통합 중심으로 교육과정을 재구성하고, 일부 혁신학교나 열정을 가진 교사가 교과서와 지식 전달 위주의 수업에서 벗어나 학생 주도의 협력적 수행과제를 운영하기 위해 노력해왔습니다. 최근에는 일선 학교에까지 프로젝트 수업이 꾸준히 확산되면서 교사의 교육과정과 교과에 대한 전문성과 기획력이 매우 중요하게 되었습니다.

미래사회의 역량과 프로젝트 수업

최근 프로젝트 수업이 강조되고 관심을 끄는 데는 미래사회에 필요한 역량도 한 몫을 한다고 볼 수 있습니다. 현대 사회는 인공지능과 로봇과학의 발전, 아날로그와 디지털 융합의 가속화가 빠른 속도로 진행 중이며 그 여파는 상상력을 초월할 것입니다.

　사실 많은 교사들이 매스컴이나 언론에서 그리고 있는 미래사회의 모습을 보며 왠지 모를 위기감을 느끼고 있습니다. 앞으로 아이들이 살아가야 할 사회는 어떤 사회일까? 교사로서 우리는 아이들에게 무엇을 가르쳐야만 하는가? 미래사회에 필요한 역량이 있다고 하는데 어떻게 가르쳐야 하는가? 등 교사로서의 책무성은 커지기만 합니다.

　지구상의 어떤 두 사람도 평균 다섯 사람을 거치면 서로 아는 사이가 된다는 것처럼 우리는 서로 복잡하게 얽혀 있는 네트워크 속에서 살고 있습니다. 카이스트의 정하웅 교수는 그 네트워크 속에서 마당발(Hub) 즉 많은 연결선을 가진 인물, 매개자(Linker) 즉 많이 거쳐 가게 되는 인물, 중심자(Center) 즉 가장 중심에 두는 인물을 언급하며 이런 네트워크 인간형이 미래사회에 필요하다고 했습니다. 네트워크형 인간은 한마디로 빅데이터를 가진 인물일 것입니다. 많은 미래학자들은 이러한 네트워크형 인간이 가질 핵심역량으로 다양성과 사회성을 언급하고 있습니다.

　다양성은 서로 다른 다양한 영역의 분야 즉 과학, 경제, 문화, 예술에 관심을 갖고 이들의 결합을 시도하여 새로운 가치를 만들어내는 능력입니다.

　사회성은 다른 사람과의 협업을 통해 생각의 시너지를 만들고 엮어내는 능력을 말합니다.

　한 조사기관에 따르면 2020년의 사회에서 요구되는 기술 중 가장 필요한 것이 문제해결능력이라고 합니다. 이제 학교에서의 배움 목표도 좋은 대학과 직업을 위한 것이 되어서는 안 됩니다. 교사가 다양한 유형의 학습상황들을 제시하면 학생들은 자신들이 하게 될 활동을 계획, 전개, 평가하는 데 능동적으로 참여할 수 있어야 합니다. 프로젝트 수업은 바로 많은 정보와 지식 속에서 상황과 문제해결에 필요한 유용한 정보를 가려내고 이를 조합하여 다양한 문제해결 가능성을 만들어내는 수업입니다.

프로젝트 수업으로 나의 수업에 작은 변화를 꿈꾸다

배움의 과정은 한 사람보다는 두 사람이 낫고, 두 사람보다는 세 사람이 모였을 때 가치 있고 유의미한 해결 가능성을 찾기에 유용할 것입니다. 삶 속에서 탐구문제를 찾고 다른 사람과 협력하여 한 가지 해답만이 아닌 여러 가지 해결가능성을 찾으며 서로의 다양성을 인정하는 학습의 과정. 바로 이것이 프로젝트 수업이며 미래 사회를 살아갈 우리 아이들이 받아야 할 교육입니다.

교사의 수업이 학생들에게 의미가 있으려면 학생들도 수업 속에 주도적으로 참여해 지식과 경험을 공유하고 소통을 통해 자신의 다양한 가능성을 찾아나가야 합니다. 카츠(Katz)와 차드(Chard)가 제안한 것처럼 지금 하고 있는 교육과정 내에서 실험적으로 프로젝트를 적용해봅시다. 교사의 적절한 계획과 지도가 필요한 체계적 수업과 학생 자신의 지식과 경험, 흥미와 관심사에 기반을 둔 프로젝트 활동이 적절히 균형을 이루어 상호 보완적으로 이루어질 수 있다면 프로젝트 수업에 대한 부담은 줄어들 것이라 생각합니다.

'프로젝트 수업은 특별한 학교에서 특별한 교사만이 할 수 있는 특별한 수업이다'라는 생각을 바꾸어 학생들과 함께 조금씩 프로젝트 수업을 실천하면서 평범한 나의 수업에 작은 변화를 꿈꿔보면 어떨까요.

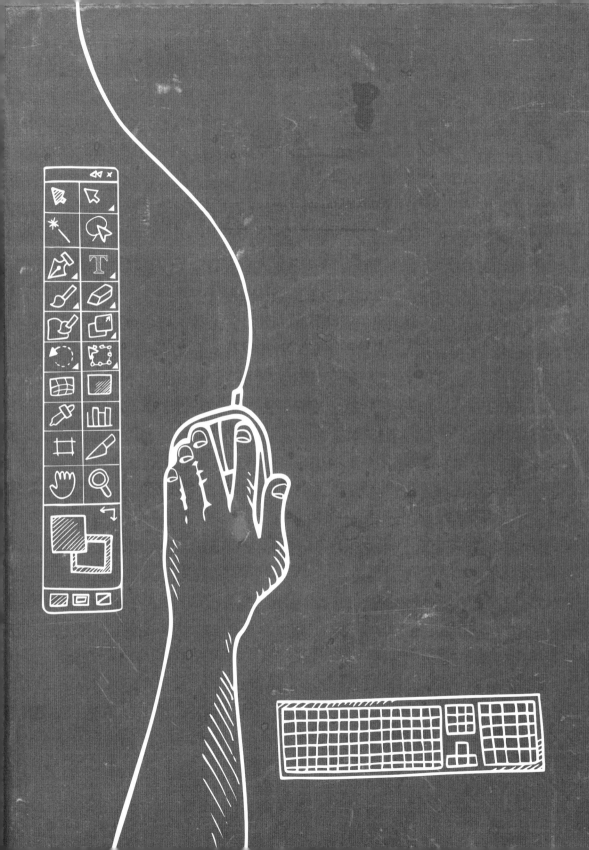

2부

프로젝트 수업, 교육과정을 재구성하다

프로젝트 수업의 출발점
: 교육과정 재구성

　우리나라의 교육과정은 모두 알다시피 국가 주도형입니다. 국가 수준의 교육과정은 '교과서'라는 이름으로 그 실체를 구체적으로 볼 수 있습니다. 교과서는 국가에서 제시하는 표준 교육과정이며, 교사 입장에서 보면 어떻게 가르칠지에 대한 기준점이 됩니다. 그러나 아쉽게도 이 '기준'이나 '표준'이라는 말에 역설이 숨어 있습니다. 교과서는 표준이기 때문에 다음과 같은 모순을 가지고 있습니다.

　교과서는 공간적으로 현실과 멀리 떨어져 있습니다. 표준을 따르다 보니 교사나 학생 주변에서 멀리 떨어져 있는 것이지요. 교과서에서 다루는 이야기는 교사나 학생 주변의 생생한 이야기가 아니라 먼 나라 이야기입니다. 자연스럽게 현장성이 떨어지기 마련입니다.

　공간적인 거리뿐만이 아니라 시간적으로도 멀리 있습니다. 교과서가 아무리 최신의 정보를 담는다고 해도 그것을 공부하는 학생에게는 언제나 과거의 일일 뿐입니다. 학생은 현재를 살아가는데 교과서는 이를 반영하지 못하고 언제나 후행합니다.

　교과서는 이렇듯 시간과 공간에서 학생과 멀리 떨어져 있기 때문에 생생한 현장을 살릴 수 없습니다. 이른바 '표준화의 덫'에 걸려 있는 것이지요. 따라서 많은 교사들은 교육과정을 재구성하여 현장성을 보완하려고 합니다. 교과서의 시간과 공간을 현재의 삶과 공간으로 이끌어 생생한 배움이 일어나도록 말이지요. 교육과정 재구성은 이렇게 시간과 공간을 과거의 어느 시점에서 현재 배움이 일어나고 있는 공간으로 돌려놓는 작업이라고 봐도 무방할 것입니다. 프로젝트 수업을 하기 위해 필요한 기본 전제는 바로 교육과정 재구성입니다. 따라서 우리는 교육과정 재구성에 관하여 먼저 생각해볼 필요가 있습니다. 프로젝트 수업도 이 과정에서 크게 벗어나지 않을 테니까요. 일반적으로 교육과정을 재구성하기 위해서는 다음과 같은 과정을 거칩니다.

먼저 국가 수준의 교육과정을 분석합니다. 다음으로 학교 교육 목표와 학년별 교육과정을 분석합니다. 이 과정에서 학교 혹은 학년 단위의 교육과정 협의가 이루어집니다. 마지막으로 학급별, 교과별 교육과정을 재구성합니다.

일반적으로 교육과정 재구성은 이러한 과정을 거치는 것이 순서에 맞을 것입니다. 그러나 학교 현장의 경험이나 학교의 현실을 살펴보면 교육과정 재구성이 꼭 이 과정을 거치는 것은 아닙니다. 학교 단위의 교육과정 협의가 형식적이거나 그저 요식행위에 머물러 있는 경우도 있고, 동학년 단위의 학년 교육과정 협의 역시 단순한 협의에만 그치는 경우가 많습니다. 학교나 학년 교육과정 협의가 제대로 이루어진다 해도 학기 초에 완벽하게 교육과정 재구성을 할 수도 없습니다. 수업을 진행하다 보면 그때그때 상황에 맞게 재구성할 필요가 생기기도 하지요. 따라서 교사는 위와 같은 일반적인 절차를 따라가려고 노력하되 처한 상황에 맞게 유동적으로 재구성해야 합니다.

교육과정 재구성은 과정이나 형식, 내용면에서 매우 다양합니다. 단 하나의 차시를 재구성할 수도 있고, 주제를 통합하여 교과 간의 벽을 허물 수도 있을 것입니다. 다양한 교육과정을 구상하는 것은 어디까지나 교사의 몫입니다. 교사의 생각이나 경험, 의도에 따라 다양하게 구성할 수 있기 때문에 교육과정 재구성에서 교사가 차지하는 비중은 절대적이라고 해도 과언이 아닐 것입니다. 그러면 교육과정 재구성을 위해 교사에게 요구되는 것은 무엇일까요?

먼저 교사가 자신의 교육과정을 얼마나 잘 알고 있느냐가 중요할 것입니다. 교육과정을 잘 알고 있다는 것은 무엇을 어떻게 가르쳐야 할지에 대한 생각이 확실하다는 것을 의미합니다. 따라서 교사는 텔레비전을 보면서도, 쇼핑을 하면서도 교육과정과 관련된 것을 보면 그것을 수업으로 연결시키려 노력합니다. 주말에 본 영화에서 아이디어를 얻어 월요일 수업에 반영할 수 있는 것은 교육과정을 잘 알고 있기 때문에 가능한 일이지요. 무엇을 가르칠지 어떻게 재구성할지에 대한 확고한 방향이 있다면 수업에 적용할 좋은 소재를 무심코 지나치지는 않을 테니까요. 교육과정을 알고 있다는 것은 교사의 삶과 경험을 수업으로 연결할 수 있는 중요한 열쇠가 될 것입니다.

다음으로 교육과정을 보는 교사의 안목이 필요합니다. 주위를 둘러보면 같은 내용을 보았는데 그것을 수업 적재적소에 잘 활용하여 좋은 수업으로 연결하는 교사가 있습니다. 수업을 보는 안목이 뛰어난 교사입니다.

"수업에 대한 안목은 교과에 대한 본질이나 특성에 대한 이해를 바탕으로, 어떤 수업이 교과 교육의 철학이나 목적에 부합하는지, 가르치는 내용이나 방법이 적절한지 등을 분석하고 비판할 수 있는 눈을 말합니다."

- 『초등 국어과 교수·학습 방법』, 신헌재 외.

교육과정을 재구성하기 위해서는 교육과정에 대해 잘 알고 있어야 하며 그것을 교사의 안목으로 꿰뚫어 보고 수업으로 연결할 수 있는 눈을 가져야 할 것입니다. 최무연 저자의 『나는 수업하러 학교에 간다』를 보면 '교육과정 재구성은 자신의 수업을 만드는 과정이고, 자신의 수업을 찾아가는 여행의 최종 목적지'라고 했습니다. 또 교육과정 재구성은 '수업 안목, 수업 체력, 수업 설계를 이끌어가는 힘뿐만 아니라 재해석하는 능력까지 수업의 종합예술이자 수업 정체성의 결정체'라는 말도 있습니다.

프로젝트 수업이라는 말 속에는 이미 교육과정 재구성이라는 의미가 포함되어 있습니다. 프로젝트 수업은 교육과정 재구성을 기본으로 한다고 볼 수 있습니다. 늘 교육과정에 관심을 가지고 교사로서의 삶을 살아간다면 생활 어디에서든 프로젝트 수업을 위한 교육과정 재구성의 아이디어를 찾을 수 있을 것입니다.

프로젝트 수업의 설계

: 교과서? 성취기준? 그것이 문제로다!

  프로젝트 수업을 기획하려면 먼저 프로젝트 주제를 선정하기 위한 기준이 있어야 합니다. 뭔가를 선정하기 위해서는 그것을 선택할 기준이 필요하기 마련인 것이지요. 그럼 프로젝트 주제를 선정하기 위한 기준은 무엇일까요? 교과서? 아니면 성취기준?

  프로젝트 수업은 교육과정을 기반으로 하는 수업입니다. 프로젝트 수업을 기획하기 위해서는 먼저 교육과정을 잘 살펴보아야 합니다. 프로젝트 수업의 주제는 교육과정에서 벗어날 수 없습니다. 교육과정을 표현하는 두 가지가 바로 교과서와 성취기준이기 때문입니다. 따라서 주제 선정을 위한 기준점은 교과서나 성취기준에서 찾아야 합니다.

  먼저 성취기준을 볼까요? 성취기준이란 '학교 교육의 각 시점에서 학생들이 학습의 결과로서 일반적으로 나타내야 하는 학습의 정도'를 말합니다. 국가교육과정정보센터(ncic.go.kr)에서 성취기준을 비롯한 교육과정에 관한 모든 정보를 확인할 수 있습니다. 교과서는 이 성취기준을 중심으로 구체적으로 활용할 수 있는 자료로 만들어진 하나의 표준화된 자료입니다. 교과서는 그 뿌리를 성취기준에 두고 있습니다.

  그럼 교사는 프로젝트 수업을 기획하기 위해 교과서를 분석해야 할까요? 아니면 성취기준을 살펴보아야 할까요? 성취기준과 교과서는 각각 다른 장단점을 가지고 있습니다.

먼저 성취기준입니다. 성취기준은 주제가 넓게 설정되어 있습니다. 주제가 넓다 보니 다양한 해석이 가능하고, 그만큼 다양한 수업 아이디어를 구상할 수 있습니다. 교사의 역량에 따라 다양한 수업을 설계할 수 있는 장점이 있는 것이지요. 교사의 자율성이 많은 학교에 유리합니다. 반면에 단점은 주제가 넓다 보니 구체적이지 않다는 것입니다. 성취기준만 가지고는 수업을 어떻게 해야 하는지 실제 모습을 그리기가 쉽지 않습니다. 수업의 소재와 내용 등 수업의 실체를 구체적으로 볼 수 없기 때문에 막막하고 추상적이라고 느낍니다.

다음은 교과서입니다. 교과서는 성취기준과는 반대로 매우 구체적이고 실체적인 수업 자료입니다. 어떻게 가르쳐야 하는지는 물론 가르치는 순서와 차시까지 알 수 있습니다. 일종의 기성품이라고 볼 수 있겠습니다. 또 교과서를 분석하면 교육과정 상의 성취기준이 어떻게 수업으로 구현되는지도 알 수 있습니다. 그러나 성취기준에 비해 선택의 폭이 좁아 다양한 주제를 반영하지 못한다는 단점이 있습니다. 이미 주어진 뭔가를 보았기 때문에 다른 주제를 찾아내려는 노력을 하지 않을 수도 있습니다. 교사가 교재연구를 게을리 하는 원인이 교과서라고 주장하는 사람도 있고, 단순한 참고자료로만 보는 사람도 있는 등 교과서를 바라보는 시각은 교사에 따라 차이가 많습니다.

일반적으로 프로젝트 주제 선정을 위해 교육과정을 재구성을 할 때 성취기준을 참고하라고들 합니다. 성취기준이 가지는 다양성과 자율성에서 그 이유를 찾을 수 있습니다. 프로젝트 수업의 기본전제가 교육과정 재구성이기 때문에 성취기준을 중심으로 한다면 교사의 생각을 더 자유롭게 기획할 수 있을 것입니다.

그러면 프로젝트 주제 선정을 할 때 성취기준만 보면 그만일까요? 저는 그렇게 생각하지 않습니다. 주제 선정을 위해서는 다양한 자료를 참고해야 합니다. 성취기준과 교과용 지도서, 교과서 등을 복합적으로 살펴보아야 한다고 생각합니다. 교사는 이러한 복합적이고 입체적인 교육과정 분석을 통해 프로젝트 수업에 적합한 주제를 찾아 적절한 후보군으로 압축시켜야 합니다.

성취기준뿐만 아니라 교과서까지 복합적으로 참고해야 하는 다른 이유도 있습니다. 교사는 모든 과목의 모든 차시를 프로젝트 수업으로 할 수는 없습니다. 일반적으로 교과를 보면 프로젝트 수업에 적합한 단원이 있고, 그렇지 않은 단원이 있습니다. 이럴 경우 교과서를 완전히 버릴 수는 없습니다. 교과서와 프로젝트 수업을 자연스럽게 병행하거나 연계시켜야 합니다.

결국 프로젝트 주제 선정은 자신의 경험과 교육관을 바탕으로 교사용 지도서나 교과서, 성취기준 등을 모두 참고하는 것이 좋을 것입니다. 처음부터 교과서는 안 된다는 생각을 가지거나 성취기준만 참고해야 한다고 생각하면 다양한 방법을 배척하는 꼴이 됩니다. 프로젝트 수업을 기획할 때는 그것이 무엇이든 교사는 열린 마음으로 다양한 주제를 탐색해야 할 것입니다. 교사의 열린 생각이 다양한 프로젝트 수업을 만든다는 것을 잊지 마세요.

프로젝트 수업의 아이템
: 주제를 선정하는 최고의 비법은 따로 있다

프로젝트 수업에서 프로젝트 주제를 선정하는 것만큼 중요한 것이 또 있을까요? 프로젝트 주제를 어떤 것으로 하느냐에 따라 프로젝트 수업의 성패가 좌우된다고 해도 과언이 아닙니다. 그만큼 주제 선정은 프로젝트 수업의 중요한 열쇠입니다. 큰 마음먹고 프로젝트 수업을 시도하려다 망설이게 되는 이유 역시 대부분 프로젝트 주제 선정에 어려움을 겪기 때문입니다. 프로젝트 주제 선정을 위해 가장 먼저 할일은 적합한 주제 영역인지를 확인하는 것입니다. 『프로젝트 학습: 초등교사를 위한 안내』, (Sara Hallermann 외)에서는 다음과 같은 사항을 프로젝트 수업에 적합한 주제라고 소개하고 있습니다.

- '건전한 공동체란 무엇인가?' 같은 철학적인 질문에 대한 탐색
- 역사적 사건, 특정 시대, 자연 현상에 대한 조사
- 실제적인 또는 가상의 문제해결 상황
- 논쟁적인 문제에 대한 검토
- 실제적인 또는 컴퓨터에 기반한 인공물을 디자인하거나, 설계하거나, 사건을 만들어내는 도전 과제

- 작문, 멀티미디어, 예술 작품을 만들어내는 도전 과제

프로젝트 주제를 선정할 때 고려해야 할 점

첫 번째, 프로젝트 주제를 선정할 때는 학생의 흥미를 고려해야 합니다.

프로젝트 수업은 학습자 주도로 이루어지는 수업입니다. 학습자가 적극적으로 프로젝트 수업에 참가하려면 무엇보다도 흥미가 중요할 것입니다. 학습자 중심의 수업에서 학습자가 흥미를 잃는다면 수업을 끌고 가기가 쉽지 않습니다. 일반 수업과 달리 전체 기간도 길기 때문에 교사는 더 힘겨워질 수 있습니다. 따라서 프로젝트 주제 선정을 위한 고려 사항에서 학생의 흥미는 매우 중요합니다.

학생들이 관심을 가지고 있는 생활 주변에서부터 출발하는 것도 좋은 방법입니다. 올림픽이나 월드컵 같은 스포츠 이벤트, 학생들이 좋아하는 애완동물이나 자동차 등을 프로젝트 주제와 연결할 수도 있을 것입니다. 당연히 학생의 실생활과 관련된 것인가에 대한 고민과 평소 학생들이 무엇에 흥미를 보이는지를 관찰하는 교사의 노력이 필요합니다. 그러나 학생의 흥미를 고려하는 것이 자칫 이벤트성 행사나 전시용으로 흐르는 것은 경계해야 합니다. 아무리 흥미를 끄는 주제라 할지라도 그것이 교육과정과 연계되지 않는다면 프로젝트 주제로 적당하지 않으니 선택하면 안 됩니다.

두 번째, 지역사회에 일어나고 있는 문제점이나 현상, 이슈를 살펴보는 것이 좋습니다. 지역사회에서 발생하고 학생이 관심을 가질 만한 문제를 프로젝트 주제로 선택하는 것입니다. 따라서 학생과 교사 모두 문제의식을 가지고 지역사회를 바라볼 필요가 있습니다. 또 이러한 지역사회의 문제를 어떻게 교육과정과 연계시킬 수 있을

지에 대한 고민도 필요합니다. 예를 들면 층간 소음이나 길고양이 문제, 환경과 생태계, 안전 등 우리 주변에서 흔히 겪을 수 있는 문제와 교육과정의 성취기준을 분석하여 연결시킬 수 있습니다.

세 번째, 사회 문제에 관심을 가질 필요가 있습니다.

사회 문제를 해결하거나 방향을 잡는 것은 좋은 주제가 될 수 있습니다. 학생의 생활에서부터 출발하여 사회적인 문제를 찾아오는 것입니다. 미디어의 발달 덕분에 사회 문제는 바로바로 전달됩니다. 정치적인 문제나 기후변화, 환경 문제나 주거 교통 문제와 같은 현재의 뉴스 거리를 적극 활용하는 것도 좋은 방법입니다. 또 삶의 가치나 봉사 같은 사회적으로 실천해야 할 덕목에 관심을 가지는 것도 좋습니다. 실제 삶이 수업과 연결되면 좀 더 많은 흥미와 관심을 보이며 수업에 몰입할 수 있을 것입니다.

사회적인 관심사를 수업에 끌어들일 경우 반드시 주의할 점이 있습니다. 교사 개인의 정치적, 종교적, 사회적인 주장을 학생에게 강요해서는 안 된다는 것입니다. 사회적 의견이 불일치하는 주제를 선택했을 때 몇몇 학생은 부정적인 입장을 보일 수도 있고, 일부 학생은 강요받는 느낌을 받을 수도 있기 때문입니다. 사회적인 문제는 사회적 실천으로 이어져 배움이 삶에 어떻게 적용되고, 어떤 의미를 갖는지 사고하고 실천하는 과정이 되어야 합니다. 따라서 사회 문제를 프로젝트로 연계하기 위해서는 조금 더 정교한 계획이 필요합니다.

네 번째, 프로젝트 주제는 구체적인 것일수록 좋습니다.

프로젝트 주제를 너무 넓은 것으로 선택하면 교사나 학생 모두 막막하게 느껴집니다. 누구나 크고 거창한 프로젝트를 꿈꿀 수는 있지만 그만큼 손에 잡히기 어려운 법입니다. 프로젝트는 가능한 한 구체적으로 기술해야 하며, 그러기 위해 주제를 최대한 좁히려는 노력이 필요합니다. 성취기준 역시 2~3개 정도로 적게 선택할 필요가 있습니다.

프로젝트 결과물 역시 구체적이어야 합니다. 학교 안전 지도가 프로젝트 주제라면 안전을 위한 학교 지도(地圖), 광고, 포스터, 동영상 등 학생들이 확인할 수 있는 구체적인 결과물이 나와야 합니다. 특히 처음 프로젝트 수업을 기획한다면 주제를 더 좁히고 구체적으로 기술하는 것이 좋습니다.

프로젝트 수업에서 학생의 역할도 구체적으로 정합니다. 예를 들어 '신문 만들기'라면 학생들이 기자가 되어서 기사를 쓴다든지, 밭작물을 기르는 프로젝트라면 학생들이 '농부'가 되어서 실제로 뭔가를 기른다든지, '과학자'가 되어 주변 생물을 탐구하는 식으로 구체적인 역할을 지정해주는 것입니다. 또한 학생은 무엇을 탐색하는지, 해야 할 일은 무엇인지, 모둠활동에서의 역할과 담당할 일은 무엇인지, 언제까지 자신이 담당한 일을 해야 할지 등을 구체적으로 정합니다. 물론 학생과 교사의 협력을 통해 이루어져야 더 효율적입니다.

다섯 번째, 교사의 흥미와 능력을 참고해야 합니다.

제아무리 훌륭한 프로젝트 주제라고 해도 교사 능력 밖의 일이라면 실천하기 어렵습니다. 교사가 할 수 있는 것, 교사가 흥미를 가지고 있는 것을 주제로 선택해야 성공 확률도 더 높아지고 수업도 더 효율적으로 운영되겠지요. 따라서 프로젝트 주제를 선택하기에 앞서 자신의 능력과 흥미를 파악하고 그것에 맞는 주제를 선택할 수 있어야 합니다.

여섯 번째, 학급 환경을 살펴보아야 합니다.

학급당 학생 수는 몇 명인지, 컴퓨터나 프린터 등 학교의 교육공학적인 환경은 어떤지, 교실 환경은 어떤지 등을 살펴봅니다. 특히 유휴 교실이 있는 학교라면 프로젝트 수업에 효율적으로 활용할 수 있을 것입니다. 체육관이나 발표 공간이 있다면 더 없이 좋겠지요. 4학년 정치 관련 프로젝트 수업을 할 때 〈이것저것 온갖 발표회〉 프로젝트를 기획한 적이 있었습니다. 체육관도 없는 학교라 7월 운동장 땡볕에서 발표를 하느라 고생을 했는데, 만약 교실 환경, 시기와 장소 등 학교 환경을 고려하여 시기를 조절하고 빈 교실 등을 이용할 수 있었다면 이런 고생은 하지 않아도 되었을 것입니다.

프로젝트 아이디어를 얻는 다양한 방법

프로젝트 아이디어를 구상하는 출발점은 다양합니다. 어떤 교사는 성취기준을 보거나 교과서 분석을 통해 좋은 아이디어를 얻을 수도 있고, 어떤 교사는 영화를 보다가, 또 동학년 연구실에서 수다를 떨다가 문득 생각날 수도 있습니다. 다음은 이 책에 소개되는 프로젝트 주제들이 선택되었던 계기들입니다.

– 'NO' 라는 생각을 'YES'라는 관점에서 생각해보기

교실에서 동물을 키우자고 하면 어른은 대부분 고개를 절레절레 흔들며 반대할 것입니다. 그러나 아이들의 입장이라면 어떨까요? 아마 열의 아홉은 두 손을 들고 찬성할 것입니다. 교실에서 동물 키우기는 이렇게 모두가 'NO'라고 생각하는 것을 아이들 입장에서 본 'YES'라는 관점으로 탄생된 수업입니다.

처음에는 저 역시 절대로 교실에서 동물을 키우면 안 된다고 생각했습니다. 동료 교사들도 마찬가지였습니다. '냄새가 심하다, 징그럽다, 교육법에 어긋난다, 건강에 나쁘다, 구입하기 번거롭다' 등의 이유를 들며 많은 사람들이 반대했습니다. 하지만 생각을 바꾸어 이번에는 교실에서 키울 수 있는 이유를 생각해보았습니다. '실과 교육과정에 들어 있다, 아이들이 좋아한다, 귀엽다, 내가 못 만지면 아이들이 만지면 된다, 건강에 해롭지 않은 동물을 키운다' 등의 이유를 찾을 수 있었습니다. 이러한 생각을 구체화하여 탄생한 수업이 〈쓰담쓰담, 자연과 친해지기〉입니다.

– 연구실 잡담에서 건진 프로젝트 수업

동학년 선생님 중에 자녀를 대안학교에 보낸 선생님이 있었습니다. 동학년 연구실에서 그 선생님을 통해 대안학교 생활 이야기를 자주 듣고는 했습니다. 그 당시 저는 실과 프로젝트 주제를 무엇으로 할까 한창 고민하고 있을 때였습니다. 학교에서 실시하는 반완제품 선반세트에 진저리가 난 상태에서 새로운 노작활동을 찾고 있을 때였는지라 그 선생님에게서 대안학교 노작활동에 대해 듣게 되자마자 동학년 선생님께 같이 한 번 해보자고 제안했습니다. 동학년 선생님들은 일반학교에서는 실현하기 쉽지 않을 거라며 손사래를 쳤습니다. 그러나 비록 공립학교지만 학교 실정에 맞게 교육과정을 재구성하여 하나의 프로젝트로 완성했습니다. 그것이 바로 미니어처 집 만들기 프로젝트인 〈내가 꿈꾸는 집〉입니다.

– 학창 시절 꿈꾸던 수업 실천해보기

역지사지라고 할까요? 저는 프로젝트 주제를 선정할 때 과거 학창시절 하고 싶고 꿈꾸었던 일들을 떠올려보는 버릇이 있습니다. 학기 초 신규선생님 2명과 함께 연구실에서 프로젝트 주제를 찾기 위해 머리를 쥐어짜고 있을 때 우연히 신규선생님에게 이렇게 물어보았습니다. "선생님, 혹시 초·중·고등학교를 다닐 때 해보고 싶었던 공부가 있었나요?" 이때 대뜸 한 선생님이 "저는 국어 선생님을 좋아했는데 그 선생님이 시나 수필을 쓰는 것을 좋아하셨어요. 그래서 저는 매일 시나 수필을 쓰고 싶었어요." 그 말이 떨어지자마자 갑자기 아이들에게 글을 쓰게 하자는 생각이 들었습니다. 교과서 내용과는 다르게 아이들 주변의 경험과 소재를 넣어서 글을 쓰는 시간,

기존 글쓰기와는 다른 나만의 글쓰기 프로젝트를 해보고 싶다는 생각이 들었습니다. 그래서 탄생한 프로젝트 수업이 〈표.창.감: 표현하고, 창작하고, 감상하라〉입니다.

프로젝트 수업의 구상
: 9가지 단계를 실천하라

여행은 실제 여행보다 계획할 때가 더 즐겁다는 말이 있습니다. 프로젝트 수업을 구상하는 일도 마찬가지입니다. 프로젝트 수업을 구상하는 것은 자신이 추구하는 교육을 실천으로 옮기는 과정이자 프로젝트의 구체적인 모습을 설계하는 과정이기 때문입니다. 이 장에서는 프로젝트 수업 구상에 필요한 모든 것을 종합적으로, 입체적으로 생각해볼까 합니다. 따라서 앞에서 언급했던 내용이 이곳에서 중복될 수 있습니다.

[단계 1] 프로젝트 주제를 선정하라

주제 선정하기는 앞에서 이야기한 것과 같이 프로젝트 수업에서 가장 중요한 일 중 하나입니다.

[단계 2] 성취기준을 선정하라

주제가 정해지면 프로젝트 주제와 교육과정을 연계하기 위하여 프로젝트 목적에 부합하는 성취기준을 결정합니다. 성취기준을 선정할 때 대부분 많은 성취기준을 프로젝트 수업에 연계하려고 하는 경향이 있습니다. 그러나 하나의 프로젝트에 너무 많은 성취기준을 선정하면 그 프로젝트를 깊이 있게 다루기 어렵고, 프로젝트의 초점도 흐려지기 쉽습니다. 또한 하나의 프로젝트에 여러 성취기준이 있기 때문에 평가 역시 어려워집니다. 따라서 교사는 적절한 수의 성취기준을 선택할 필요가 있습니다. 특히 처음 프로젝트 수업을 하려는 교사라면 더더욱 성취기준을 단순화시켜야 합니다.

[단계 3] 활동 내용을 뽑아라

성취기준과 주제를 결정하였다면 이제는 구체적으로 어떤 활동을 할 것인가를 결정해야 합니다. 위의 1, 2단계가 구상을 위한 것이라면 3단계는 실천을 위한 단계라고 할 수 있습니다. 프로젝트 주제를 구체적으로 어떻게 수행할지를 결정하려면 프로젝트를 수행하기 위한 일반적인 지식은 무엇이고, 심화할 지식은 무엇인지를 판단해야 합니다. 교육과정의 계열성을 살펴보고, 학년별 수준 등을 고려하여 적절한 활동을 선택합니다. 학생의 흥미와 실천 가능성 역시 활동 선정에 중요한 고려 요소입니다.

프로젝트 수업을 하다 보면 항상 시간이 부족하다는 생각이 듭니다. 늘 계획했던 시간보다 더 많은 시간이 있었으면 좋겠다는 생각을 하게 되지요. 따라서 활동 내용은 꼭 필요한 필수 요소 중심으로 선별하여 선택하고 불필요하다고 생각되는 것은 과감히 버려야 합니다. 선정된 활동은 수업을 하면서 프로젝트 주제와 맞게 진행되는 것인지 수시로 체크합니다. 활동과 활동 사이에 연관성 등을 고려하여 피드백을 주고받아야 합니다.

[단계 4] 자기만의 스토리보드를 만들어라

프로젝트 수업에서 어떤 활동을 어떻게 구성할까 하는 것은 굉장히 중요한 문제입니다. 그래서 저는 프로젝트 수업을 전체적으로 조망할 수 있는 스토리보드를 만들어볼 것을 권합니다. 네이버 '시사상식사전'에 따르면 스토리보드(storyboard)는 영화, 애니메이션, 광고, 게임 등 각종 영상매체를 만들기 전에 주요 시퀀스를 일러스트나 사진을 이용하여 시각적으로 정리해 놓은 것을 말한다고 설명되어 있습니다. 즉, 각종 영상 제작에 들어가기 전에 작품의 줄거리나 화면 구성 등 작품의 흐름을 시각적으로 그려 놓은 일종의 연출을 위한 삽화라고 이해하면 될 것입니다.

프로젝트 수업도 마찬가지입니다. 프로젝트 수업을 하기 전에 머릿속으로 프로젝트 수업이 어떻게 진행될지를 미리 그려보는 것이 필요합니다. 프로젝트 수업을 기획할 때 교사가 먼저 자신만의 스토리보드를 만들면 수업이 더욱 구체적으로 다가옵니다. 일종의 프로젝트 수업 흐름도라고 할 수 있습니다.

일반 수업은 그날그날 준비할 수도 있고, 한 시간 한 시간씩 준비할 수도 있지만 프로젝트 수업 준비는 일반 수업 준비와 다릅니다. 프로젝트를 통합적으로 보고 전체적으로 조망하면서 수업 준비를 해야 하기 때문입니다. 급하게 프로젝트 수업을 준비하다 보면 이러한 전체 프로젝트의 틀이 깨지기 쉽습니다. 각 차시의 수업이 프로젝트의 전체 구조 안에서 조직화되어 움직이기 때문에 프로젝트를 전체적으로 조망하고 구제적인 수업 진행과정을 생각할 수 있는 자신만의 프로젝트 수업 스토리보드가 필요합니다.

저는 스토리보드를 만들 때 프로젝트 주제를 어떻게 구체적인 활동으로 구성해 나갈지 이야기의 라인을 만들었습니다. 물론 중간중간 수업을 진행하면서 달라질 수도 있지만 이처럼 기본적인 틀을 완성해 놓으면 막막한 프로젝트가 구체적으로 그려집니다.

[단계 5] 학습 내용이나 목표에 따라 기본 개념을 가르치는 범위와 순서를 정하라

프로젝트를 수행하기 위해서는 기초 지식이 많이 필요합니다. 무작정 활동 중심으로 하면 이런 내용을 놓치기 쉽습니다. 가르치지도 않고, 배우지도 않고, 스스로 탐구하지도 않은 내용을 무작정 하는 황당한 경우가 발생하지요. 또 5학년에서 배울 내용을 3학년에서 가르치는 일도 생깁니다. 따라서 프로젝트 수업에 필요한 기본 개념을 학년 특성에 맞게 재구성해야 합니다. 같은 '환경 보호'라도 3학년에서 다루는 기본 개념과 6학년에서 다루는 기본 개념이 다릅니다. 따라서 교사는 단원을 분석하고 학습 내용이나 기본 개념의 계열성과 범위를 결정합니다. 만약 교사가 설정한 범위를 벗어난 주제로 학생들의 탐구활동이 진행된다면, 적절한 안내를 통해 교사가 설정한 범위 안에서 탐구활동을 할 수 있도록 조절해야 합니다.

프로젝트 스토리보드를 만들었으면 여기에 맞는 교과와 성취기준을 적용하고 차시를 배분합니다. 관련 교과, 차시 및 활동을 결정하고, 이를 위해 필요한 기본 개념이나 필요한 지식은 무엇이며, 어느 차시에 가르칠 것인가를 결정합니다.

[단계 6] 이지*듀 입력 작업을 가능한 한 늦게 하라

교육과정 진도표를 2월에 작성하는 학교가 많이 있습니다. 일부 학교 관리자들은 2월 혹은 3월 초에 완벽한 교육과정 입력을 원하기도 합니다. 그러나 2월에 프로젝트 수업을 구상하여 교육과정에 입력하기란 현실적으로 쉬운 일이 아닙니다. 시간에 쫓겨 급하게 작성한 계획표는 아마도 컴퓨터 하드 디스크 저 구석 어딘가에서 잠들 가능성이 높습니다. 이지*듀 작업을 가능한 한 뒤로 미루고 2월의 진도표에 너무 얽매이지 마세요. 그리고 관리자에게 교육과정 편성의 자율을 요구해야 합니다. 프로젝트 수업은 관리자가 아니라 교사가 하는 것이니까요.

[단계 7] 평가 시간을 확보하라

프로젝트 수업을 하다 보면 자칫 수업에만 매몰되어 평가를 소홀히 할 수 있습니다. 평가 계획만 있고 실제로는 평가하지 않거나 몰아서 한꺼번에 실시하는 경우도 많습니다. 따라서 교사는 학년 평가 계획이 프로젝트 안에서 이루어질 수 있도록 평가 요소를 추출하여 평가에 반영하고 평가 시수를 확보해야 합니다. 요즘은 교사별 상시 평가가 자리를 잡아가고 있는 분위기라 프로젝트 수업 평가에는 좀 더 좋은 환경입니다. 평가 영역에서 교사의 자율성이 더 많이 보장되기 때문이지요.

[단계 8] 결과와 반성을 위한 성찰의 시간을 확보하라

모든 프로젝트를 마칠 때는 그동안의 활동에 대한 감상, 생각을 나누고 표현할 수 있는 성찰의 시간을 갖도록 합니다. 이러한 성찰의 시간은 학생뿐만 아니라 교사에게도 꼭 필요합니다.

[단계 9] 결과물에서부터 거꾸로 구상하라

프로젝트 최종 결과로부터 거꾸로 프로젝트를 계획하는 것도 프로젝트를 구상하는 방법이 될 수 있습니다. 프로젝트 수업에서 최종 결과물을 미리 구상하고 그것을 하기 위해서는 어떤 활동이 필요하며 알아야 할 것은 무엇인지 등을 거꾸로 거슬러 올라가며 생각하는 것입니다. 이 방법은 구체적인 결과 혹은 최종적인 결과에서부터 출발하기 때문에 오히려 더 쉬울 수도 있습니다.

사람은 누구나 자신만의 고유한 사고 체계를 가지고 있습니다. 사람마다 생각하는 과정이 모두 다릅니다. 프로젝트를 어디에서 어떻게 시작할지 생각의 실마리를 풀어가는 방식과 프로젝트를 고안하고 계획하는 과정도 교사에 따라 모두 다를 것입니다. 위의 구상 단계에 얽매일 필요도 없습니다. 위에서 제시한 구상 단계는 서로 보완적인 관계입니다. 서로 피드백을 주기도 하지요. 2단계가 3단계에 영향을 주고, 때로는 5단계가 1단계에 영향을 주기도 합니다. 어느 것이 먼저라고 할 수 없습니다. 교사의 성향이나 상황에 따라 결정하면 될 것입니다. 경험상 프로젝트 구상 순서보다는 서로 입체적으로 따져보고, 피드백을 주고받으며 생각을 보태고 덜어내는 과정이 더 중요했습니다.

프로젝트 수업을 계획할 때 수업은 현실임을 잊지 말아야 합니다. 교사가 아무리 좋은 아이디어로 프로젝트 수업을 구상했다고 하더라도 그것이 현실에서 실현될 수 없다면 아무 소용이 없을 것입니다. 교실 안에서 구체적으로 구현될 수 있을 때 비로소 프로젝트 수업으로서의 의미를 가질 것입니다. 따라서 교사 입장에서는 현실을 고려하여 현실에서 실현할 수 있는 프로젝트를 구상해야 합니다.

프로젝트 수업을 구상할 때 과욕은 금물입니다. 처음부터 너무 거대한 프로젝트 수업을 구상하기보다는 적당한 것이 더 효과적일 수도 있습니다. 특히 교사와 학생 모두 경험이 없는 첫 번째 프로젝트 수업이라면 더더욱 욕심을 부리면 안 됩니다. 기간도 2주 이내로 짧게 잡고, 교육과정 영역도 하나의 교과로 초점을 맞출 필요가 있습니다. 복잡하지 않게 한 과목의 한 단원 정도에만 초점을 맞춥니다. 학생의 결과물 또한 적절하게 조절하여 결과물 수를 최소화합니다. 프로젝트 활동 장소도 야외 활동이나 외부 체험학습과 연계하지 않고 교실에서 하는 것으로 배치하면 프로젝트 수업의 실패 요소를 줄일 수 있습니다. 이러한 경험이 점점 쌓여 가다 보면 자신만의 프로젝트 수업이 완성될 것입니다.

프로젝트 수업과의 첫 만남

: 유.비.무.환!

'다른 선생님들은 잘만 하는데 왜 우리 반은 잘 안 될까?'

저는 프로젝트 수업을 정신없이 시작하곤 했습니다. 4월, 5월 심지어 6월에 시작하기도 했고, 우리 반의 프로젝트 수업은 늘 산만했으며 결과도 그다지 좋지 않았습니다. 다른 반 아이들은 선생님 말씀도 잘 듣고 프로젝트 결과물도 근사하게 잘만 내놓는데 같은 프로젝트 수업을 하는데도 옆 반과 이렇게 차이가 나는 이유가 뭘까? 그렇게 시간이 흐르다 우연히 옆 반 선생님의 프로젝트 수업을 보고서야 그 차이를 알 수 있게 되었습니다. 선생님의 비결은 〈첫 만남 프로젝트〉였는데 시작할 때의 작은 차이가 전혀 다른 결과를 가져온 셈입니다.

무조건 시작하지 말고 준비하고 의논하라

무작정 프로젝트 수업을 시작한 저와 달리 옆 반 선생님은 〈첫 만남 프로젝트〉라는 것을 운영했습니다. 〈첫 만남 프로젝트〉는 3월 첫 주에 실시하는 일종의 프로젝트 수업을 위한 워크숍 같은 과정입니다. 선생님은 과감하게 2주 정도 워크숍을 진행했습니다. 주로 창체, 도덕, 국어 중심으로 관련 단원을 수업 시간으로 배정하여 시수를 확보했습니다.

　프로젝트 수업을 하기 위해선 준비가 필요합니다. 교사뿐만 아니라 학생도 마찬가지입니다. 계획과 준비 없이 달려들면 기대했던 만큼의 결과를 얻을 수 없지요. 〈첫 만남 프로젝트〉는 프로젝트 수업을 위한 기본 역량을 키우고, 교사와 학생, 학부모 사이에 심리적인 유대 관계를 맺을 수 있도록 도와줍니다. 프로젝트 수업을 시작하기에 앞서 준비할 수 있는 시간을 가짐으로써 앞으로 진행할 프로젝트 수업에 대한 이해와 심리적 준비에 도움이 됩니다. 이런 시간은 프로젝트 수업뿐만 아니라 일반적인 학급 운영에도 매우 유용하며, 학교 상황이나 교사 재량에 따라 합리적으로 그 기간과 내용을 조정하여 재구성할 수 있습니다.

　〈첫 만남 프로젝트〉에는 두 가지 목적이 있습니다.

　첫 번째는 3월 초 '학급 세우기'입니다. 학급 구성원끼리의 의사소통, 학생과 학생, 학생과 교사 사이의 유대감 강화, 학급 규칙 세우기, 학부모와의 원만한 관계 형성 등을 목적으로 합니다. 기존의 학급 경영과 같은 역할입니다.

〈첫 만남 프로젝트〉 예시(1주)

날짜 시간	3월 2일	3월 3일	3월 4일	3월 5일	3월 6일
1교시	개학식	『나는 나의 주인』 책 소개			
2교시	환영합니다. – 선생님 소개 (OX퀴즈) – 김춘수의 〈꽃〉 시 읽기	나에 대해 이야기하기	경청의 기술 익히기 – 나 전달법	학급 규칙 세우기	학년 다모임 학년 규칙 세우기

시간 \ 날짜	3월 2일	3월 3일	3월 4일	3월 5일	3월 6일
3교시	학급친교놀이 – 내 이름 소개 – 친구 이름 빙고 – 학급놀이	나의 명패 만들기 (비주얼 씽킹)	마음 다스리기	학급노래 만들기	모둠 구성하기
4교시		타임캡슐 만들기			모둠규칙 만들기
5교시		시작을 위한 나만의 책 만들기	공동체 놀이	학급회의 방법 정하기	함께 지켜요 (함께하는 행복한 학년 만들기)
6교시					

두 번째는 프로젝트 수업 역량 강화입니다. 앞으로 진행될 프로젝트를 위해 준비하는 시간으로 프로젝트 수업에 필요한 여러 가지 기술을 익히는 과정입니다. 발표하기, 협동하여 학습하기, 모둠활동 등 프로젝트 수업에 필요한 기본적인 학습 역량을 이 기간에 키우거나 프로젝트 수업에 대한 안내를 합니다.

교사는 자신의 프로젝트 수업에 필요한 기본 요소를 분석하여 어떤 내용의 기본 개념이 필요한지를 사전에 파악합니다. 그렇게 추출된 내용을 미리 가르쳐 나중에 본격적인 프로젝트 수업을 할 때 아이들이 그 개념을 활용할 수 있도록 해야 합니다. 컴퓨터 활용법, 문해력, 글을 쓰고 발표하는 발표문이나 보고서 작성법 등이 이에 해당할 것입니다. 제안하는 글쓰기나 주장하는 글쓰기에 관한 것이나 토론, 토의 등에 관한 것도 미리 학습해두면 프로젝트 수업을 조금 더 원활하게 진행할 수 있습니다.

프로젝트 수업에서 발표하기, 파워포인트 파일 만들기처럼 자주 사용하는 것들에 대한 연습도 이 기간에 할 수 있습니다. 자료 조사를 위해 컴퓨터실에 갔는데 인터넷에 있는 정보를 그저 복사할 뿐인 아이들의 자료를 보면 실망스러울 것입니다. 따라서 아이들의 자료 찾기와 검색 능력 향상을 위해 노력해야 합니다. 교육과정상에 관련 단원이 있다면 3월 〈첫 만남 프로젝트〉 시간으로 가져와 연습하는 것도 효과적입니다.

학부모에게 프로젝트 수업에 대한 안내를 하는 것도 이 기간에 할 수 있습니다. 프로젝트 수업의 목적, 과정, 활동 내용, 추구하는 바, 교사의 신념과 평가 계획 등을 설명해보세요. 따로 시간을 내기가 어렵다면 대부분의 학교에서 3월 학기 초에 학부모 총회를 하니 이때 프로젝트 수업에 대한 안내를 하는 것도 좋은 방법입니다.

학부모 안내장 예시

세 가지 모델로 체험하며 배우는 초등 정치 시뮬레이션 수업 안내

교실 속으로 들어온 초등 정치

안녕하세요. 1학기 사회 시뮬레이션 수업에 대해 부모님들과 간략히 나누고자 합니다.

4학년 사회 3. 민주주의와 주민자치 단원은 학생들에게 처음 정치를 도입하는 단원이라고 할 수 있습니다. 공동의 문제를 함께 해결하는 것을 정치라고 배우고 바람직하게 해결해 나가는 **민주주의의 과정을 배우는 첫걸음**입니다.

사회과 교과가 학년이 올라갈수록 나의 지역 주변에서 나라 전체, 세계로 확대시켜 관심사를 풀어나가는 방식으로 기술되어 있으므로 4학년 정치의 첫걸음은 우리 지역의 지방자치에서 시작하게 됩니다. 하지만 학생들에게 지방자치는 더 어려울 수 있습니다.

그래서 우리학교 전문적학습공동체(교사연구프로그램)에서 4학년 학생들이 처음 시작하는 정치를 교실 속 마을활동과 연계시켜 시뮬레이션 프로그램을 활용하여 전개해보고자 합니다. 물론 정치라는 단어는 뉴스에 매일 등장하는 민감한 단어이기도 합니다. 부모님들께서 이런 부분을 걱정하시는 경우도 있으실 것입니다.

하지만 저희가 학생들과 추구하고자 하는 부분은 학생들이 미래의 발전된 정치문화의 하나의 주권자로 잘 성장하고 기쁘게 정치에 참여할 수 있는 경험의 첫 단추를 채워 주고자 함입니다. 또한 시뮬레이션 수업을 통해 사회과 교과가 추구하고자하는 지식, 이해 영역을 더 잘 이해하고, 학습 과정에서 배움의 즐거움을 느끼며, 친구들과 더 잘 상호작용하기 위함입니다. 학부모님

[유비무환 1]

최고의 팀을 구성하게 하라!

프로젝트 수업은 협력을 통한 수업이 많습니다. 당연히 프로젝트를 함께 해야 할 팀(모둠)을 어떻게 구성하느냐가 매우 중요한데, 요즘은 협동학습이나 모둠 형태의 수업이 일반화되어 있어 교사들 나름대로의 모둠 구성 방법을 가지고 있을 것입니다.

프로젝트 팀(모둠) 구성은 어떻게 할 것인가?

만약 여러분이 국가 대표 축구팀 감독이라면 11명의 선수 구성을 어떻게 할까요? 선수를 어떻게 구성하느냐에 따라 축구팀의 모습이 달라질 테니 감독은 최대한 좋은 성적을 낼 수 있도록 팀을 구성할 것입니다. 축구 선수 스스로 같이 하고 싶은 사람으로 팀을 짜라고 하지는 않겠지요. 모두 공격수나 골키퍼로만 이루어진 팀을 구성할 수도 없을 것입니다. 각자 포지션에 맞게 공격수와 수비수, 골키퍼 등 경기에서 이길 수 있는 최상의 조합을 선택해야 합니다. 프로젝트 수업도 마찬가지입니다.

많은 전문가들은 프로젝트 수업을 위한 팀 구성원의 수나 배치 등을 교사가 결정하라고 권합니다. 각자의 장점을 고려하여 팀을 구성하는 것입니다. 이를 위해서 교사는 학생이 잘 할 수 있는 것을 프로젝트 시작 전에 미리 조사하는 것이 좋습니다. 사전에 학생들의 기술과 재능 등 각자의 장점을 파악하기 위한 설문조사를 실시하는 것도 하나의 방법이 될 수 있습니다. 이를 근거로 학생의 강점에 따라 골고루 팀원을 배정하여 모둠활동을 할 수 있도록 합니다. 적어도 학생들이 프로젝트 수업에 익숙해지기 전까지는 교사가 프로젝트 팀 구성을 선택하는 것이 좋습니다. 만약 학생들이 프로젝트 수업에 능숙해졌다면 각자의 흥미에 따라 자발적으로 팀을 만들 수도 있습니다. 그러나 이때도 학생과 학생 사이의 친분보다는 재능에 따라 모둠을 구성할 수 있도록 유도해야 합니다.

모둠 구성에 대한 교사의 권위를 확인시킬 필요가 있습니다. 프로젝트 팀 구성의 목표는 프로젝트 성공을 위한 것이기 때문에, 교사는 팀 구성 결정 권한이 교사에게 있음을 학생들에게 확실하게 전달해야 합니다. 프로젝트 진행 중 구성원 간에 문제가 발생하거나 교사의 실수가 확인되면 모둠원을 교체합니다. 이때 교사의 권위가 확인되지 못하면 모둠원 교체나 선정에 필요 없는 혼란이 있을 수 있습니다. 따라서 교사는 모둠원 구성에 최대한의 권위를 확보하고 프로젝트 수업을 시작합니다.

다음은 프로젝트 수업을 시작하기에 앞서 모둠을 구성할 때 고려할 사항입니다.

- 모둠원 수는 몇 명으로 할 것인가?
- 모둠은 어떤 형식이어야 하는가?
- 모둠활동을 할 때, 교사는 어떻게 주의집중을 시킬 것인가?
- 너무 소란하다면 교사는 무엇을 할 것인가?
- 만약 한 학생이 그 모둠에서 활동하기를 원하지 않는다면 어떻게 할 것인가?
- 만약 어떤 모둠이 다른 모둠보다 일찍 활동을 끝냈다면 어떻게 할 것인가?
- 모둠활동을 얼마 동안 할 것인가?
- 만약 어떤 학생이 자주 결석을 한다면 어떻게 할 것인가?

– 학생 개개인의 강점은 무엇인가?

　　프로젝트 팀 구성은 위의 일반적인 모둠 구성의 조건과 더불어 프로젝트의 특성, 프로젝트 수업에서 필요한 기술, 학생들이 만들 프로젝트 결과물, 학생들이 프로젝트에 대하여 가지고 있는 일반적인 지식, 프로젝트를 대하는 학생의 태도, 프로젝트 수업의 친밀도 등 프로젝트 수업 특성을 같이 고려해야 합니다.

　　교사는 학생들이 가지고 있는 강점을 중심으로 팀을 구성합니다. 즉, 이질적인 팀을 만드는 것입니다. 프로젝트 수업은 기술에 의지하는 부분이 많기 때문에 부여된 과제를 고려하여 학생들의 재능이 서로 섞여 있는 것이 좋습니다. 마치 한 팀에 골키퍼만으로 꽉 차 있으면 축구가 안 되는 것과 마찬가지입니다. 서로 지원할 수 있는 학생들을 전략적으로 그룹 짓습니다. 프로젝트를 수행하는 것은 축구와 마찬가지로 팀플레이입니다. 공격수가 아무리 잘해도 중간에서 도와주는 선수가 없으면 전방에 고립되어 있기 마련입니다.

　　만약 하나의 프로젝트 안에서 다루는 주제가 달라도 된다면 학생들의 흥미에 따라 그룹을 나눕니다. 예를 들면 이 책에 소개되어 있는 〈쓰담쓰담, 자연과 친해지기〉 프로젝트의 '동물 기르기'에서 학생들이 모둠마다 자기가 좋아하는 동물을 기르도록 하는 것처럼 말이지요. 이때 교사는 학생 자신이 선호하는 동물들의 순서를 매기도록 한 후 좋아하는 동물끼리 한 팀을 이루도록 하면 됩니다.

[유비무환 2]

수업 시간에 아이들은 무엇을 할까?

    프로젝트 수업은 학습자 중심 학습입니다. 학생의 주도적인 역할이 강조되기 때문에 학습자의 역할이 매우 중요합니다. 프로젝트를 수행하는 동안 학생은 기본적으로 탐구질문을 통한 탐구활동을 하게 되며, 비록 불완전할지라도 다양한 자료를 사용해서 학생 스스로 답을 구해가는 과정이 중요합니다. 교사는 프로젝트 수업을 설계하고 운영할 때 학생이 탐구활동을 할 수 있도록 조력자의 역할을 충분히 해야 합니다. 또한 프로젝트 학습을 위한 학급 분위기 역시 조성해야 합니다. 다음은 프로젝트 학습을 촉진시키기 위한 여러 가지 방법입니다.

프로젝트 수업에서 학생의 탐구를 촉진하는 법

1. 공유: 프로젝트 주제에 맞는 책이나 기사, 사진 등 자료를 수집하고 공유합니다.

    2학년 한 교실에서 프로젝트 수업을 진행하는 모습입니다. 직업에 관한 프로젝트 수업을 준비하고 있는 교사는 학생들에게 직업에 관한 책을 집에서 가져오도록 하여 칠판에 전시했습니다. 프로젝트 수업을 시작할 때 언제나 프로젝트 주제에 맞는 책이나 자료를 전시하고 공유하도록 하여 프로젝트에 관한 학생들의 이해를 돕고 서로 공유하도록 합니다.

프로젝트 주제와 관련된 도서 전시 모습

2. 나눔: 위의 자료를 바탕으로 학생들은 읽기 활동을 합니다.

매일 5-10분 정도 읽기 활동을 합니다. 전시된(공유된) 책 중 자신이 읽고 싶은 책 앞에 앉습니다. 책을 가지고 온 학생은 의자에 앉아서 책을 읽어줍니다. 많이 읽어주지는 않고 5-10분 정도만 읽어줍니다. 학년에 따라 조절이 가능합니다. 시간을 짧게 정하는 이유는 읽어주는 사람의 피로도가 쌓이지 않게 하고, 듣는 사람의 집중력도 떨어지기 때문입니다. 읽어주는 사람은 읽어주고 싶은 부분을 읽어주거나 아니면 읽어 달라고 하는 부분만 읽어주도록 합니다. 경우에 따라서는 신호를 주어 다음 책을 읽을 수 있도록 합니다. '땡' 하고 신호를 울리면 읽고 싶은 다른 책을 가진 아이 앞에 앉아서 듣는 것이지요. 그리고 다 못 읽은 나머지 내용은 쉬는 시간이나 기타 시간을 활용하여 각자 읽습니다. 프로젝트가 진행되는 내내 학급에 전시하여 언제나 읽을 수 있도록 합니다. 이러한 읽기 활동은 프로젝트 수업에서 꼭 필요한 문해력을 기르는 데도 많은 도움이 됩니다. 책 이외의 프로젝트 관련 자료도 이와 같은 방법으로 공유할 수 있습니다.

5분 읽기 활동을 통해 프로젝트에 대한 이해를 높일 수 있다.

3. 기록: 학생들의 배움공책을 기록하고 서로 공유합니다.

프로젝트 주제와 정보, 자료 등을 서로 공유할 수 있도록 모든 학생에게 배움공책을 하나씩 준비시킵니다. 자료나 마인드맵 등을 기록하고 서로 공유할 수 있도록 합니다.

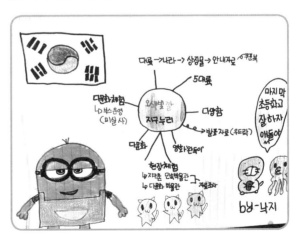

4. 개념 게시판: 주제에 관련된 용어나 개념을 알 수 있도록 용어 혹은 개념 게시판
    을 만듭니다.

　　프로젝트 내용 지식과 관련된 단어와 이해가 필요한 개념을 기록하여 전시해두
면 학생들은 프로젝트 학습을 할 때 참고자료로 사용할 수 있습니다. 질문 게시판
을 만들어 전시회를 여는 것도 프로젝트에 필요한 지식을 전달하는 좋은 방법입니
다. 질문을 하면 포스트잇으로 댓글을 달 수 있도록 게시판을 꾸며 놓을 수도 있습
니다. 프로젝트 최종 결과물에도 마찬가지로 질문을 달아 놓으면 거기에 댓글을 달
수 있도록 포스트잇을 준비해둡니다. 이것은 일종의 지식 거래소 혹은 질문 거래소
같은 역할을 할 것입니다.

5. 인터넷: 인터넷을 적극적으로 활용합니다.

　　필요한 자료를 얻기 위해 인터넷을 활용하거나 자료 공유를 위해 온라인 카페 등
을 적극적으로 활용합니다. 특히 고학년의 경우 카페를 통한 자료 공유가 활발하게
이루어지도록 합니다.

　　프로젝트 수업에서 학생의 역할이 매우 중요하다는 것은 모두가 알고 있는 사실
입니다. 그러나 그것이 생각보다 쉽지 않을 수도 있습니다. 현실적으로 프로젝트를
처음 시작하는 단계라면 경험이 없기 때문에 학생이 주도적으로 뭔가를 하기가 어
려운 경우가 많습니다. 이런 경우라면 교사가 주도적으로 수업을 이끌어가면서 정해
진 주제 내에서 세부적인 활동이나 과제에 학생이 참여하도록 하는 것도 하나의 방
법이 될 것입니다. 경험이 조금씩 쌓이게 되면 학생들 역시 적극적으로 참여하게 됩
니다. 실제로 많은 교사들이 처음에 계획했던 프로젝트보다 학생들의 제안으로 바
뀐 프로젝트가 더 좋은 결과를 얻는다고 말합니다. 경험이 쌓이면 프로젝트 수업에
서의 학생의 역할도 더 커지고 스스로 프로젝트 학습을 주도해 나갈 것입니다.

[유비무환 3]

수업 시간에 교사는 무엇을 할까?

한 선생님이 '세계의 건축'이라는 주제로 프로젝트 수업을 했습니다. 사회, 미술, 국어 세 교과를 통합하여 진행한 이 수업의 백미는 우유팩을 이용하여 세계 유명 건축물을 만들어 전시하는 세계건축박람회였습니다. 학생들은 이 건축박람회를 준비하기 위하여 전교를 돌아다니며 매일 우유팩을 모았습니다. 그렇게 모아진 우유팩을 다시 깨끗하게 씻고 말렸습니다. 결국 몇 달에 걸친 학생들의 노력으로 '세계 유명 건축물 박람회'를 열 수 있었습니다.

그런데 문제는 건축박람회가 끝난 후였습니다. 전시된 작품을 어떻게 처리하느냐가 문제가 된 것입니다. 학생들이 애써 만든 작품을 부숴 버리기가 너무 아까운 것이

었지요. 이때 선생님은 학생들에게 우유팩을 휴지로 바꾸자고 제안합니다. 이 선생님은 동사무소에 빈 우유팩을 가져가면 휴지로 바꿔준다는 사실을 알고 평소에도 꾸준히 실천해왔었기 때문에, 아이들에게 이런 제안을 할 수 있었고 학생들은 우유팩을 모두 뜯어 휴지로 바꾸어 왔습니다.

자칫 공들여 어렵게 만든 작품이 허무하게 뜯겨 버려질 수도 있었는데 선생님의 제안으로 이것을 재활용 휴지로 멋지게 재탄생시켰습니다. 이뿐만이 아닙니다. 선생님은 이 프로젝트 수업 내용을 유네스코 신문에 투고할 것을 제안합니다. 학생들은 이 과정을 글로 써서 유네스코 신문에 투고했고 결국 신문에 실렸습니다. 학생들은 자신들의 이야기를 신문기사로 읽으면서 훈훈하게 프로젝트 학습을 마무리할 수 있었습니다.

몇 달 후 같은 학교 다른 학년 복도 한쪽에서 조용히 또 다른 첨성대가 쌓이고 있었습니다. 다른 학년에서도 프로젝트 수업을 시작한 것입니다. 이렇게 한 교사가 시작한 프로젝트 수업이 작은 물결을 이루면서 조금씩 조금씩 퍼져 나가는 것입니다.

프로젝트 수업에서 교사의 역할

앞의 예에서 알 수 있듯이 성공적인 프로젝트 수업으로 이끄는 데 교사의 역할이 매우 중요하다는 것에는 공감할 것입니다. 그럼 교사의 역할은 구체적으로 무엇일까요?

첫 번째, 프로젝트 수업의 전반을 관리합니다.

프로젝트 수업에 필요한 내용과 지식, 결과물을 만들어가는 과정 중 필요한 기술을 학생에게 가르칩니다. 수업을 구조화하고, 수업 진행과정에서 학생들의 탐구 과정을 촉진시켜야 합니다. 또한 프로젝트의 결과물을 어떻게 만들어낼 수 있는지를 안내합니다. 프로젝트를 추진하다 보면 추진 일정이 있을 것입니다. 이 일정을 체크하면서 프로젝트 중간중간 제대로 진행되고 있는지를 점검합니다.

두 번째, 가르칠 것은 가르쳐야 합니다.

앞에서 여러 번 언급했지만 프로젝트 수업에서 교사는 기본적으로 가르쳐야 할 것은 가르쳐야 합니다. 프로젝트 수업이 학생 활동 중심인 것은 틀림없지만 그렇다고 기초적인 지식과 기본적인 것까지 가르치지 않는다는 뜻은 아닙니다. 기초 지식뿐만 아니라 프로젝트 안에 포함되어 있는 내용 지식도 반드시 가르쳐야 합니다.

세 번째, 교사는 학생을 적절히 통제합니다.

학생이 자기 주도적으로 공부할 수 있도록 적절히 통제합니다. 학생들이 하고 싶은 대로 내버려 두는 것이 아닙니다. 프로젝트 수업을 학생이 주도해야 하는 것은 맞지만 학생 통제 역시 매우 중요합니다. 학생 주도적이라는 말에 통제를 벗어난다는 의미가 있는 것은 아닐 것입니다.

네 번째, 충분한 예산을 확보합니다.

교사는 예산 사용에 굉장히 취약합니다. 대부분의 교사는 예산을 어떻게 사용할지 잘 모르는 것이 사실이며, 학교 예산과 수업은 별개의 것으로 생각하기 쉽습니다. 간혹 어떤 사업에 대한 예산이 주어지면 두려워하기까지 합니다. 그러나 프로젝트 수업을 위해서는 적극적으로 예산을 요구할 필요가 있습니다. 다음 일화는 예산을 어떻게 사용해야 하는지를 보여주는 좋은 예시입니다.

"프로젝트 수업 도중 그때그때 필요한 자료를 인쇄하거나 자료를 제공해야 하기 때문에 컴퓨터와 프린터는 필수 장비입니다. 그러나 대부분의 학교에서 프린터는 한 학년에 한 대, 많아야 두 대가 전부입니다. 보통 부장 교실에 하나, 연구실에 다른 하나가 있는데 한 장을 인쇄하기 위해 교사는 연구실을 수십 번 뛰어다니는 고충을 겪어야 합니다. 유지비용이 많이 들기 때문에 관리자들은 학교에 프린터가 많아지는 것을 탐탁지 않습니다.

프로젝트 수업을 시작한 후 프린터가 부족하여 저 또한 많은 어려움을 겪었습니다. 교장선생님은 매년 예산이 부족하다는 이유로 각 반에 모두 프린터를 사주는 것에 난색을 표했습니다. 그러나 이대로는 수업을 계속 하기가 너무 힘들었던지라 교장 선생님께 프린터 구입에 대한 진지한 고민을 털어놓았습니다. 그리고 학교 예산을 꼼꼼히 살펴보았습니다. 학교 예산서를 꼼꼼히 살펴보니 기존 레이저 프린터 토너 비용과 가정통신문 등에 쓰이는 등사기 원지 비용이 많이 나간다는 것을 확인할 수 있었습니다. 계산해보니 이 두 금액을 합하고 조금만 더 예산을 확보한다면 각 교실에 무한리필 컬러 프린터를 대여하여 설치하는 것이 가능해보였습니다. 대신 등사기 원지 비용을 절약하기 위해 등사기로 인쇄하던 각종 가정 통신문 등을 각 반 교실에서 담임 교사가 무한리필 프린터로 인쇄하기로 했습니다. 거기에 이면지 활용 등 A4 용지 절약 방안 같은 여러 대안을 제시했더니 교장 선생님도 흔쾌히 무한리필 프린터 대여를 허락했습니다. 그리하여 꿈에도 그리던, 23학급 전체에 컬러 프린터가 들어올 수 있게 되었습니다."

수업 성찰
: 프로젝트 수업을 성장시키는 힘

　모든 수업 성찰이 그러하듯 프로젝트 수업에서의 성찰 또한 무시되거나 형식적으로 흐르는 경향이 있었습니다. 그러나 요즘 성찰에 대한 중요성이 다시 강조되고 있는 추세입니다. 프로젝트 수업을 되돌아보고 다음 프로젝트 수업을 위해서라도 성찰의 시간은 매우 중요합니다. 학생들에게 있어 프로젝트 수업을 성찰한다는 것은 프로젝트의 경험을 공유하고, 핵심 개념을 다시 한 번 확인하고, 배운 내용을 다시 검토한다는 것을 의미합니다.

- 자기 자신에 관한 성찰: 배운 점, 잘된 점, 부족한 점, 가장 중요하게 생각한 점, 아쉬운 점, 시간을 더 많이 투자했으면 하는 부분 등.
- 프로젝트에 관한 성찰: 가장 즐거웠던 부분과 그렇지 않은 부분, 더 좋은 프로젝트를 위한 제안이나 바라는 점 등.

　수업 성찰은 또한 '잘못된 개념을 바로잡을 마지막 기회'입니다. 프로젝트 수업을 마쳤음에도 불구하고 학생들과 이야기하다 보면 어떤 개념은 아직 완전하게 이해하지 못하고 있다는 것을 발견하게 됩니다. 수업 진행 중에도 교사는 학생들이 아직

이해하지 못한 개념이나 미진한 부분이 있다는 것을 경험으로 알 수 있습니다. 성찰 시간에 교사는 질문을 통해 미진한 부분을 찾아내고 진단하여 바로잡을 수 있도록 해야 합니다.

교사에게도 수업에 대한 성찰의 시간은 필요합니다. 프로젝트의 여러 요소들이 잘 반영되었는지 확인하고 전반적인 아이디어나 학생 참여 정도, 학습 결과물에 대한 평가, 교육과정과의 연계 정도, 프로젝트 수행 기간, 난이도 등에 대한 성찰이 필요합니다. 이를 위하여 학생들에게 직접 설문을 하여 자료를 모으기도 하고 학생들과 토의하고 소통하기도 합니다.

교사의 수업 성찰은 다음 수업을 위한 피드백 성격이 강합니다. 교사는 성찰을 통해 자신이 진행한 프로젝트 수업을 정리하는 시간을 가집니다. 프로젝트 수업을 기록으로 남겨 다음 프로젝트 수업을 개선하도록 합니다. 이를 위하여 학생들의 프로젝트 결과물을 보관하거나 사진으로 남겨두세요. 모두는 아니더라도 견본 역할을 할 수 있는 것을 보관하면 다음 프로젝트 수업에서 활용할 수 있습니다. 이 견본은 학생들에게 성공과 실패의 예시 자료로 보여줄 수 있는 소중한 참고자료가 됩니다. 또 견본이 있으면 학생들의 동기 부여에도 도움이 될 것입니다.

프로젝트를 마치고 프로젝트 수업을 함께 한 동료교사와 프로젝트에 대한 성찰을 함께 하는 것도 의미 있는 일입니다. 교사의 눈으로 함께 한 프로젝트를 되돌아보면 미처 생각하지 못한 새로운 아이디어나 놓친 부분들이 생각나기 마련입니다. 또 프로젝트에 대한 기억을 오래 남기고 그 의미를 다시 생각할 수 있습니다. 이런 시간을 통해 교사는 프로젝트 수업과 더불어 스스로도 성장하고 있다는 것을 느낄 수 있습니다. 다음은 우리학교 동학년 선생님이 쓴 프로젝트 수업 소감문입니다.

"교사는 아이들을 사랑해서는 안 된다."

어떤 책의 구절인데, 교사의 가장 중요한 자질은 자식을 향한 부모의 절대적 사랑

도, 그저 '착한 어른'이면 보살피고 예뻐해주는 보육자적 사랑도 아닌, 교사만이 해줄 수 있는 '전문적 사랑'이라는 의미다. 다시 말해 교사는 어른이면 누구나 품을 수 있는 '아이들에 대한 사랑'이 아닌, 지식과 규범에 근거하여 아이들에 대한 사랑이 결실을 맺도록 실제적인 방법을 고안해낼 수 있는 '지적인 사랑'을 실천해야 한다는 뜻이다.

2015년, 신규발령 반년 만에 6학년 아이들과 보낸 1년. 돌이켜보면 매 순간이 뜨거웠다. 정말 다채로운 활동을 했는데 구체적으로 기억나진 않는다. 정확히 말하면 어떤 활동을 어떻게 했는지의 과정은 대략만 생각날 뿐이다. 그런데 신기하게도 당시 아이들의 표정만은 생생하게 떠오른다. 내가 예상했던 6학년 아이들의 얼굴은 '나 지금 완전 예민한 6학년이에요. 나를 건드리지 말아주세요.'였다면 6학년 사춘기 아이들에 대한 지나친 비약이었을까. 프로젝트 수업을 하며 보낸 1년의 시간 동안 내 예상이 빗나간 아이들의 얼굴을 보았다.

교실에서 직접 키우는 동물들을 바라보던 천진난만한 눈빛, 웃음, 사랑은 단지 그 순간만이 아니었다. 토끼와 기니피그를 향한 그들의 무한애정은 일시적인 호기심으로 끝나지 않고 생명체를 존귀하게 대하는 마음을 싹트게 했고, 내가 아닌 다른 존재에 대한 깊은 관심을 보여주었으며, 타인을 향한 진심 어린 배려를 실천하게 했다. 캠핑을 준비하고 마침내 밤을 지새우며 아이들은 그 어떤 프로젝트보다 주도적으로 계획하고, 자신들이 계획한 것을 과감하게 추진했다.

캠핑이 끝난 후 아이들은 "진짜 재미있었어요."가 아니라 "선생님! 저희 해냈어요."라고 말하며 엄지척을 했다. 내 대답은 "그래. 너희 엄지척이야."였는데 그때의 마음을 어떻게 설명해야 할지… '연일 뛰어다녔던 게 헛고생이 아니었구나.'라는 생각이 들었다. 프로젝트 수업은 분명 쉽지 않고, 실제 교육 현장에서 물 흐르듯이 적용되기에는 여러 가지 어려움에 부딪히기도 한다. 때로는 교사들이 의도했던 대로 결과가 나오지 않을 수도 있다. 의욕이 앞서 맹렬하게 방법을 찾다가 교사의 상처만 깊어질 수도 있을 것이다. 그래서 교사로서 부족한 전문성을 '착한 어른의 사랑'으로 감추고 싶어질 때마다 생각해보겠다. 내가 언어로 설명하지 않았지만 아이들이 느꼈던 생명에 대한 경외감, 그리고 캠핑 후 단연 첫 마디로 나올 줄 알았던 오락을 느낀 즐거움 대신에 아이들이 한마디로 표현했던 뿌듯함은 교사만이 해줄 수 있는 '전문적 사랑'일지도 모른다는 것을.

- 황룡초, 최○ 선생님

프레젠테이션을 빛나게 하는 7가지 Tip!

프레젠테이션은 프로젝트 수업을 진행할 때 학생들이 알아야 할 가장 필수적인 기술 중 하나입니다. 그러나 조사 학습 등에서 많이 사용되는 것에 비해 프레젠테이션을 직접 배우는 시간은 많지 않기 때문에, 앞에서 언급한 〈첫 만남 프로젝트〉나 관련 단원을 활용하여 프레젠테이션에 대해 구체적으로 가르칠 필요가 있습니다.

프레젠테이션 계획하기

먼저 프레젠테이션 계획서를 작성합니다. 이때 프레젠테이션의 주제는 무엇이고, 자신의 역할은 무엇인지, 청중은 누구이며, 발표자는 어떤 역할로 프레젠테이션을 할 것인지 등에 대하여 고민할 수 있도록 간단한 계획서 양식을 제공합니다. 또 프레젠테이션의 처음과 중간, 그리고 마지막 부분에는 어떤 것을 배치할 것인지에 대한 계획을 세우도록 합니다. 프레젠테이션 시간 계획과 발표할 때 청중에게 나누어줄 자료 등 당일 체크리스트도 준비하도록 지도하면 더 체계적인 프레젠테이션이 될 수 있습니다.

교사 입장에서는, 프레젠테이션이 진행되는 동안 청중이 되는 나머지 학생들을 어떻게 할 것인가는 고민이 아닐 수 없습니다. 이때 청중 피드백 학습지를 미리 준비하면 효과적입니다. 프레젠테이션을 보며 배운 것은 무엇이고, 어느 부분이 가장 좋았는지 등 느낀 점을 기록할 수 있도록 합니다. 또 학습지에 프레젠테이션 주제에 대해 질문할 수 있는 공간을 마련해 놓아도 좋습니다.

프레젠테이션은 단순한 발표가 아니라 다른 사람과 소통하는 방법 중 하나라는 점을 안내하고, 일방적인 발표로 끝나는 것이 아니라 어떻게 소통할지 고민하고 다양한 역할을 할 수 있도록 조언해야 합니다. 예를 들어 발표자는 물건을 파는 사람이고 청중은 물건을 사는 사람이라고 할 때, 파는 사람과 사는 사람 간에 질문과 답변이 오가는 것과 같습니다. 물건을 파는 사람뿐만 아니라 물건을 사는 사람도 물건에 대한 지식이 있어야 하듯 청중에게도 이에 맞는 역할을 주어야 합니다.

프레젠테이션 제작 방법

학교 현장에서는 프레젠테이션 제작에 대한 연습 없이 바로 제작에 들어가는 경우가 많은데, 연습이 없으면 교사는 프레젠테이션 내내 답답함을 느끼고 뭔가 제대로 되지 않는다는 생각을 하게 됩니다.

1. 발표자가 할 말을 그대로 반복하지 않도록 합니다.

학생들은 프레젠테이션을 하기 위해 자신이 하고 싶은 말을 그대로 프레젠테이션에 옮겨 놓습니다. 글씨도 깨알같이 작고 내용도 많습니다. 발표자는 그것을 읽으려고 머리를 숙이거나 발표지에 머리를 파묻곤 하는데, 이렇게 하면 발성이 제대로 되지 않는 데다가 그나마도 발표지에 가려서 잘 들리지 않게 됩니다. 프레젠테이션 슬라이드는 발표자가 말하는 내용을 그대로 적어 놓고 읽기 위한 것이 아니라 말하는 내용을 보충해주는 자료일 뿐이며 발표자는 이 자료를 중심으로 논리적인 발표를 하는 것이라는 것을 이해해야 합니다.

2. 글보다는 그림이나 사진, 그래프, 동영상 같은 자료에 더 많은 신경을 씁니다.

프레젠테이션은 논리적인 설득 작업입니다. 발표자는 논리적으로 설득할 수 있는 증거를 중심으로 제시해야 합니다. 자신의 생각을 입증할 수 있는 사진이나 그림, 그래프, 통계자료, 동영상 등이 도움이 됩니다.

3. 슬라이드 하나에 하나의 주제만 담아야 합니다.

간혹 학생들이 하나의 슬라이드에 너무 많은 내용을 담는 경우가 있습니다. 빽빽하게 슬라이드를 구성하는 것이지요. 슬라이드는 단순한 것이 좋습니다. 너무 많은 내용을 담지 않도록 해야 합니다. 여러 개의 사진을 한 장에 넣는 것보다 임팩트 있는 하나의 사진이 더 효과적입니다. 허승환 저자의 『수업 시작 5분을 잡아라』에서 제안한 프레젠테이션 1-7-7 법칙을 지도하면 좋습니다.

① 슬라이드당 한 개의 주제만을 다룰 것!
② 최대 7줄의 문장만을 넣을 것!
③ 각 줄당 최대 7개의 단어만 사용할 것!

4. 지나친 애니메이션이나 효과를 넣지 않습니다.

간혹 학생들이 애니메이션에 집착하는 경우가 있습니다. 지나친 애니메이션 효과는 오히려 프레젠테이션 분위기를 흐릴 뿐입니다. 화려한 애니메이션보다 효과적인 글자 크기나 슬라이드 배치 등에 더 많이 신경을 쓸 필요가 있습니다. 특히 글자의 크기를 가능한 한 크게 하도록 지도하면 자연스럽게 슬라이드가 단순해지는 효과를 얻을 수 있습니다.

5. 큐시트 같은 것을 사용하여 발표하도록 하세요.

학생들은 슬라이드에 자신의 발표 내용을 그대로 옮겨 적거나 발표할 내용을 A4

용지에 적어 갖고 나오는 경우가 많습니다. 가장 효과적인 방법은 슬라이드는 자료 위주로 간단히 핵심만을 넣어 준비하고, 발표할 내용은 큐시트에 적어오는 것입니다. 이렇게 하면 고개를 숙이거나 발표지에 얼굴이 가려지지 않고 방송 사회를 보는 것처럼 자연스럽게 발표할 수 있습니다.

6. 프레젠테이션은 한 명이 하는 것이 원칙입니다.

많은 학생이 우르르 나와서 돌림노래하듯이 연달아 하거나, 합창하듯이 발표하는 경우가 있는데 효과적인 프레젠테이션이라 할 수 없습니다. 프레젠테이션은 한 사람이 하는 것이 효과적입니다. 만약 다른 사람의 발표가 필요한 상황이라면 프레젠테이션을 주관하는 사람이 그 사람을 찬조 발표자로 불러 그 내용만 발표하도록 하면 될 것입니다.

7. 프레젠테이션 평가 기준표를 만들어 제시합니다.

프레젠테이션을 위한 평가 기준표를 미리 제시하면 학생들에게 피드백이 될 수 있습니다. 발표자의 자세나 신체 동작의 자연스러움, 말의 속도나 크기, 내용은 어떻게 조직되어 있는지 등에 관한 기준표를 미리 제시하면 학생들은 그 기준에 맞게 프레젠테이션을 준비할 것이기 때문입니다.

프로젝트 수업에서 교사의 얼굴은 여러 가지다.

수업을 구상할 때는 기획자이며,

제목을 정할 때는 카피라이터이고,

수업을 진행할 때는 감독이지만,

막상 수업 속으로 들어가면 학생들의 조력자에 머물 뿐이다.

프로젝트 수업이라는 무대에 가장 빛나야 할 주인공은 '학생'이기 때문이다.

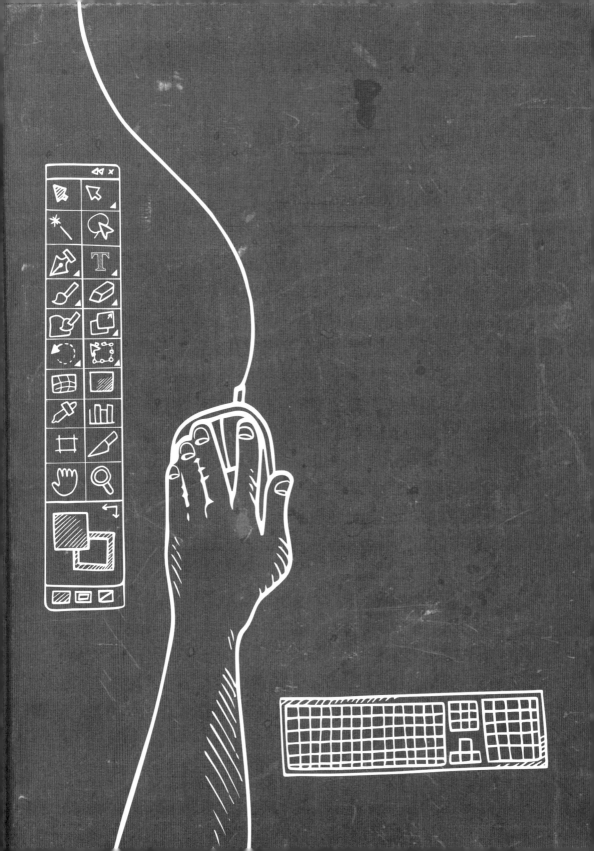

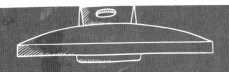

3부

프로젝트 수업,
교과로
시작하다

[국어 프로젝트 수업]

표.창.감: 표현하고 창작하고 감상하라

글쓰기는 괴로워~

인간은 본능적으로 표현의 욕구를 가지고 있습니다. 어린아이가 연필을 쥐는 시기가 되면 아무 곳에나 낙서를 하는 것도 이 표현의 욕구 때문이라고 합니다. 그러니 읽기보다 쓰기가 더 본능적인 것이라고 할 수도 있겠습니다. 이런 자연스러운 표현의 욕구가 학교라는 문에 들어서게 되면서부터 점점 줄어드는 이유가 뭘까요? 바로 글쓰기를 강요받기 때문입니다. 국어 교과에 말하기, 듣기, 읽기, 쓰기 영역이 다양하게 들어 있지만 선생님이 수업한 내용에 따라 교과서에 기계적으로 답을 다는 정도의 쓰기를 하는 아이들로서는 글쓰기가 싫은 것이 당연하다고 느껴집니다.

유시민 저자는 『표현의 기술』에서 '표현의 기술은 마음에서 나온다'고 했습니다. 맞습니다. 글을 쓴다는 것은 내 경험과 상상 속에 있는 뭔가를 끄집어내는 과정입니다. 아이들이 글쓰기를 좋아하도록 만들고 싶다면 자신을 자연스럽게 표현하는 것부터 시작해야 되지 않을까요? 마음을 담은 몇 편의 글을 통해 아이들이 글쓰기에 대한 두려움을 극복하도록 도와주고 싶은 마음에 이 프로젝트 수업을 기획했습니다.

○ 관련과목: 국어, 미술, 창의적 체험활동

○ 적용학년: 6학년

○ 수업차시: 25차시

프로젝트 수업의 흐름

주제
속으로 ⇨ 나는야
방랑시인 ⇨ 노가바
(노래 가사
바꾸기) ⇨ 네버
엔딩
스토리 ⇨ 시월의
멋진
시화전 ⇨ 무대 위에
꿈을
펼쳐라 ⇨ 내 마음의
수필

주제 주머니 활용하기

국어, 미술, 창의적 체험활동 과목으로 재구성한 이 프로젝트 수업은 시, 수필, 소설, 희곡, 감상문, 시화 등의 다양한 글쓰기를 접하게 하고 서로의 작품을 감상하며 우리 반만의 독특한 문집을 만드는 것에 중점을 두었습니다. 특히 6학년 졸업을 앞두고 초등 6년을 돌아보며 자신들의 이야기를 담은 문집을 발간하는 것이 아이들에게는 의미 있는 시간이 되었습니다. 글쓰기 주제는 아이들의 자유로운 생각을 주제 주머니에 담아 매시간 뽑기를 통해 정했습니다. 주제 주머니를 만들 때는 아이들에게 자유롭게 떠오르는 단어나 핵심어를 적어 넣게 하는 것이 글감을 더욱 풍부하게 할 수 있는 방법입니다.

주제 마인드맵 그리기

첫 활동으로 〈표현하고 창작하고 감상하라〉 프로젝트 수업에 대한 주제 마인드 맵을 그렸습니다. 어떤 순서로 어떻게 구성된 프로젝트 수업인지 대충의 흐름을 짜는 이 활동은 매우 중요한 과정입니다. 교사가 프로젝트 구성 내용을 정해 놓고 아이들과 협의하여 순서를 정하게 하는 것도 좋습니다. 아이들과 협의한 결과 '삼행시'를 가장 먼저 하고 그다음은 '노.가.바(노래 가사 바꾸기)', '이야기 바꾸어 쓰기' 등 자신들의 글쓰기 순서를 정하며 마인드맵을 완성했습니다.

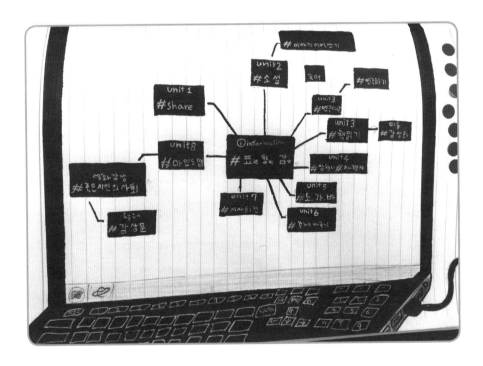

〈죽은 시인의 사회〉 영화 감상하기

지금은 고인이 된 로빈 윌리엄스 주연의 〈죽은 시인의 사회〉는 한국인이 다시 보고 싶은 영화 1위라고 합니다. 명문대에 진학시키기 위해 자유를 억압하며 아이들의 권리마저 빼앗아버린 1950년대 미국의 교육 제도에 대한 신랄한 비판이 담긴 영화이지요. 왜 우리는 이 영화에 깊이 공감하는 것일까요? 21세기 한국의 교육현실이 미국의 그때와 별반 다르지 않기 때문은 아닐까요?

〈죽은 시인의 사회〉를 이 프로젝트 수업의 동기유발 영화로 정한 까닭은 아이들에게 '카르페디움(현재를 즐겨라)'이라는 명언에 대한 깊은 공감을 전달하고 싶었기 때문입니다. 이 영화에 등장하는 키팅 선생님은 이 명언을 통해 남들이 만들어 놓은 규격화된 틀을 답습하는 것이 아니라, 온전한 '나'를 찾아 자기 주도적인 삶을 사는 한 인간으로서 자유로운 삶을 살라고 조언합니다.

영화 〈죽은 시인의 사회〉를 아이들과 함께 감상하면서 저 또한 옛날을 회상하게 되었습니다. 특히 징계를 받아 교단을 떠나는 키팅 선생님을 향해 학교의 부당함을 표현하기 위해 학생들이 당당히 책상에 올라가는 장면의 짜릿한 감동은 지금까지도 눈시울을 적시게 합니다. 아이들은 이 영화를 보고 저마다 자신의 꿈을 펼치지 못하는 영화 속 현실에 답답해하기도 하고 공부만을 강요하는 영화 속 부모에게 분노를 표출하기도 했습니다. 영화를 다 본 후 아이들에게 영화 감상평을 쓰도록 하고 서로 이야기를 공유하도록 했습니다. 아이들은 서로의 생각을 이야기하며 자유롭게 글을 지을 수 있는 이 프로젝트 수업 시간에 대한 고마움도 느끼는 듯했습니다.

나는야~ 방랑시인 김삿갓

처음 글쓰기 활동은 삼행시나 사행시로 시작했습니다. 삼행시나 사행시는 글을 쓰는 부담을 덜고 글쓰기와 친해질 수 있는 기회를 마련하는 데 안성맞춤이었습니다. 삼행시나 사행시를 지으면서 아이들은 점점 글쓰기에 대한 빗장을 풀기 시작했습니다. 특히 자신들이 발표하는 시에 대해 다른 아이들이 공감해주고 맞장구를 쳐주니 더욱 신나서 글을 썼습니다. 그다음 주제를 써서 주제 주머니에 넣도록 하고 제비뽑기를 하여 시를 짓도록 했습니다. 삼행시나 사행시보다는 조금 더 품격 있는 시가 등장했습니다. 자신이 시인이나 작가는 아니지만 글감을 충분히 생각하고 정성들여 쓰려는 마음가짐만은 더없이 진지했습니다.

작품에 대한 평가를 할 때도 친구들의 작품을 읽으며 서로에게 공감 스티커를 붙여주는 돌려 읽기 방법을 적용했습니다. 그랬더니 친구들의 작품을 신중하게 읽고 감상하는 태도가 사뭇 달라지기 시작했습니다.

가장 기억에 남는 작품은 '가을'이란 주제로 시를 짓는 활동이었는데 한 아이가 두 줄짜리 짧은 시를 지었습니다. 두 줄짜리 짧은 시라는 생각에 성의 없다고 느끼며 발표를 시켰는데 예상 외로 아이들에게 폭발적인 반응을 얻었습니다.

"나뭇가지에 달린 잎에게 떨어지는 잎이 말한다.
여보, 나 먼저 가오."

두 줄의 짧은 시지만 함축적이고 기발하지 않나요? 아이들은 이 짧은 시에 무척 공감한 모양인지 감탄의 환호성을 질렀습니다. 떨어지는 낙엽을 보며 저런 생각을 해본 적이 없는데 아이들은 전혀 다른 시각에서 바라보며 글을 쓰는 모양입니다.

노.가.바(노래 가사 바꾸기)

이 활동은 〈친구가 되는 멋진 방법〉이라는 동요를 가지고 노래 가사를 바꾸어 쓰도록 한 것입니다. '천재가 되는 멋진 방법', '가을을 보내는 멋진 방법', '관종(관심종자)을 피하는 멋진 방법' 등등 다양한 제목으로 노래 가사를 바꾸었습니다. 자신들이 바꾼 노래 가사로 크게 노래도 불러보는 시간을 가졌습니다.

네버엔딩 스토리

네버엔딩 스토리는 '이야기 바꾸어 쓰기'와 '이야기 이어 쓰기'를 통해 아이들의 창의적인 사고와 상상력을 마음껏 발휘하도록 형식에 제약 없이 글을 쓰게 하는 활동입니다.

'이야기 바꾸어 쓰기'는 전래동화나 외국동화 내용에 주인공을 바꾸어서 쓰거나 결말을 바꾸어 쓰도록 하는 활동입니다. 예를 들면 '백설공주가 흑설공주였다면 이야기의 전개가 어떻게 바뀌었을까?, 신데렐라가 왕자를 만나지 못하고 거지를 만났다면 어떤 인생을 살았을까?, 백설공주가 왕비에게 문을 열어주지 않았다면 어떤 삶으로 바뀌었을까?' 등 어렸을 때부터 무의식중에 읽었던 동화책 속 교훈에서 벗어나 우리가 가지고 있던 고정관념이나 편견을 깰 수 있는 주제를 아이들과 함께 정하여 글을 쓰는 것입니다.

'이야기 이어 쓰기'는 6명 모둠이 하나의 이야기를 함께 협력하여 만들어내는 활동입니다. 6명이 돌아가면서 앞의 내용에 이어 자신의 상상력을 총 동원하여 이야기를 만들고 결말을 맺도록 하는 것입니다. 가위바위보로 순서를 정합니다. 첫 번째 작가가 자유롭게 소재를 정하여 글을 쓰기 시작하면 다음 사람이 그 내용을 이어 창작합니다. 마지막 작가의 글이 완성되면 첫 번째 작가가 의도했던 내용과는 전혀 다른 글이 완성됩니다. 관점에 따라 글의 전개 과정이 전혀 달라질 수 있음을 경험할 수 있는 글쓰기입니다. 아이들은 완성된 글을 돌려 읽으면서 친구들의 기발한 상상력과 반전된 내용에 무척 즐거워했습니다. 이렇듯 협력하여 글을 쓰는 활동도 아이들에게는 좋은 창작의 과정일 수 있습니다.

시화전

10월 9일 한글날과 연계하여 순우리말(고유어)을 넣어 시를 짓게 했습니다. 과제로 한글 중에서 예쁘고 고운 말을 조사해오도록 하고 그 고유어를 넣어 한 편의 시를 지었습니다. 처음엔 순우리말이 시와 잘 어울리지 않는다고 투덜거리는 아이들이 있었지만 의미를 잘 보고 시를 지으라고 하니 멋지고 근사한 시가 탄생되었습니다. 자신들이 지은 시를 발표하는 시간을 마련하고 시화전을 열어주었더니 자신이 지은 시에 대한 애착이 많아졌습니다.

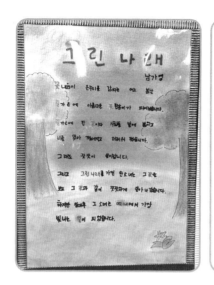

그린나래

6-1 남**

꽃내음이 온 누리를 감싸는 어느 봄날
길 가온에 아름다운 꽃 한 송이가 피어났습니다.
길 가온에 핀 꽃이라 사람들 발에 밟히고
비를 맞아 찢어지고 더러워졌습니다.
그래도 꿋꿋이 살아갑니다.
그리고 그린나래를 가진 한 소녀는 그 꽃을
보고 그 꽃과 같이 꿋꿋하게 살아나갔습니다.
하지만 얼마 후 그 소녀는 미리내에서 가장
빛나는 꽃이 되었습니다.

촌극 대본 쓰기와 수필 쓰기

촌극 발표를 위한 희곡은 모둠별로 함께 창작하도록 했습니다. 정식 희곡이라기엔 당연히 무리가 있지만 촌극을 위한 대본을 쓰는 정도로 짧은 희곡을 짓도록 했습니다. 짧은 대본을 쓴 후 촌극으로 꾸며 친구들과 공연도 해보았습니다. 주제가 '친구의 우정'에 관한 것이어서 자칫 뻔한 주제로 흐를 것을 염려했으나 아이들의 상상력은 기대를 뛰어넘어 기발한 내용을 담았습니다. '가장 친한 친구의 여자 친구가 자전거 선물을 원하는데 모아둔 돈이 없어 절망하고 있는 친구를 위해, 열심히 아르바이트를 해서 자전거를 사준다'는 내용의 촌극이 매우 인상 깊었습니다. 촌극을 위한 대본도 참신했지만 친구의 우정을 생동감 있게 표현한 초보 배우들의 연기도 재미있었습니다.

마지막으로 '우정'에 관한 수필 쓰기 활동을 했습니다. 저마다 가지고 있는 우정에 대한 정의를 내리고 친구의 존재에 대해 생각해보는 시간을 가졌습니다. 아이들에게 친구는 부모님과 선생님이 채워줄 수 없는 소중한 존재라는 사실을 서로 공감하는 시간이었습니다.

단원 및 성취기준

교과	단원 및 성취기준	배정시간
국어	– 자신이 좋아하는 문학 작품을 들고 그 이유를 말한다. – 작품의 일부를 바꾸어 쓰거나 다른 갈래로 바꾸어 쓴다. – 자신이 쓴 글을 내용과 표현을 중심으로 고쳐 쓴다.	20차시
미술	– 다양한 표현 방법의 특징을 이해하고 효과적으로 표현하기	2차시
창체	– 순우리말로 시화 짓기	3차시

평가 계획

과목	평가 기준	방법
국어	– 자신이 좋아하는 문학 작품을 들고 그 이유를 말할 수 있다. – 작품의 일부를 바꾸어 쓰거나 다른 갈래로 바꾸어 쓸 수 있다. – 자신이 쓴 글을 내용과 표현을 중심으로 고쳐 쓸 수 있다.	포트폴리오(문집발간)
미술	– 다양한 표현 방법의 특징을 이해하고 시화를 그릴 수 있다.	실기평가
창체	– 시를 짓고 시화를 전시하며 감상할 수 있다.	실기평가

프로젝트 한눈에 보기

차시	활동주제	배움 내용	비고 및 준비물
1–4차시	주제 속으로	주제 통합 오리엔테이션(마인드맵)	배움공책
		영화 감상하기	영화파일
		영화 감상문 작성하고 이야기 나누기	
5–8차시	나는야~ 방랑시인	삼행시, 사행시 짓고 친구들과 공유하며 감상하기	주제주머니
		시를 지어 친구들과 감상하고 이야기하기	공감스티커

차시	활동주제	배움 내용	비고 및 준비물
9-10차시	노.가.바 (노래 가사 바꾸기)	노래 가사 바꾸기 친구들과 공유하며 감상하기	노래 MR 공감스티커
11-14차시	네버엔딩스토리	이야기 바꾸어 쓰기	
		바꾸어 쓴 이야기를 친구들과 공유하고 감상하기	공감스티커
		이야기 이어 쓰기를 통해 친구들과 함께 이야기 만들어 감상하기	공감스티커
15-16차시	시월의 멋진 시화전	순 우리말을 활용한 시를 짓고 시화 그리기	우드락, 파스텔 유성매직
17-21차시	무대 위에 꿈을 펼쳐라~	친구들과 함께 촌극을 위한 희곡 쓰기	희곡대본
		촌극 발표 연습하기	
		조별로 쓴 희곡을 촌극으로 발표하기	
22-25차시	내 마음의 수필그림	책 읽고, 독후화 그리기	A4 용지, 색연필, 사인펜
		우정을 주제로 수필 쓰기 문집 만들기	

[수학 프로젝트 수업]

건축학 개론: 수학으로 풀다

삶 속의 수학

보통 우스갯소리로 그 어려운 미적분이나 입체도형의 겉넓이, 삼차방정식 등을 열심히 공부했건만 시험 후에는 아무 쓸모가 없다고 말하곤 합니다. 수학은 정말 우리 삶과는 아무런 관련이 없을까요?

수학은 예로부터 자연과학, 공학, 과학뿐만 아니라 사회과학, 인문학, 예술 및 체육 분야를 학습하는 기초가 되어왔습니다. 바빌로니아인들과 이집트인들은 경제활동에서 계산을, 농경 생활에 필요한 천문관찰과 토지측량에 수학을 사용했습니다. 서양에서는 물리학이나 수학이 철학자에 의해 논의되기도 했습니다. 그 대표적인 예로 그리스의 철학자이며 수학자인 피타고라스는 만물의 근원을 수(數)로 보고, 지구는 구형이며 태양 주위를 공전한다는 등 자연현상을 수학적으로 설명했습니다. 오늘날에 와서는 정보통신의 발달로 인터넷상에 이루어지는 큰 용량의 정보 전달을 위한 신호 압축이나 공개키 암호론 등이 수학이론에 기반하고 있습니다. 이처럼 수학은 우리의 실생활과 깊숙이 관련되어 있습니다.

수학과 프로젝트 수업을 언급하기 전에 조금 거창하게 시작한 데는 이유가 있습니다. 〈건축학 개론: 수학으로 풀다〉 프로젝트 수업은 바로 수학의 실용성과 수학은 왜 공부해야 하는지에 대한 고민에서 시작되었기 때문입니다.

〈건축학 개론: 수학으로 풀다〉 프로젝트 수업은, 초등학교 1학년 때 생활주변에서 볼 수 있는 여러 물건에서 입체도형 모양을 찾는 활동으로 시작한 입체도형 수업이 5·6학년이 되면 여러 가지 입체도형의 이해와 성질, 구성요소, 겨냥도와 전개도 그리기로 이어지는 내용을 건축영역으로 확장하여 미술 교과와 통합적으로 재구성해볼 수 있는 프로그램입니다.

○ 관련과목: 수학, 미술
○ 적용학년: 6학년
○ 수업차시: 10차시

프로젝트 수업의 흐름

교육과정 속 입체도형 살펴보기

수학과 교육과정에서 초등학교 수학 내용은 '수와 연산, 도형, 측정, 규칙성, 자료와 가능성'이라는 5개 영역으로 구성됩니다.

"창의융합 능력을 함양하기 위하여 새롭고 의미 있는 아이디어를 다양하고 풍부하게 산출할 수 있는 수학적 과제를 제공하여 학생의 창의적 사고를 촉진시킨다."

- 개정교육과정 중에서

개정교육과정에서 제시하고 있는 수학 교과 역량 중 '창의융합 능력'에 대한 내용입니다. 단순히 공식을 암기하고 기계적인 풀이 위주의 수업을 지양하고 실생활과 다른 교과와 연계한 통합적 지도의 필요성을 강조하고 있습니다. 건축과 도형 영역의 결합은 바로 이러한 역량과 관련이 있습니다. 특히 도형 영역은 충분한 구체적 조작활동을 통해 개념을 형성해야 공간감각을 기르고 다른 영역으로의 전이가 가능합니다.

집을 설계하여 제작하고 디테일하게 공간을 장식하고자 할 때 도형의 대칭과 합동, 비례가 적용됩니다. 평면도형의 이동을 통해 규칙을 찾아 무늬를 꾸미는 수학적 원리를 배웁니다. 쌓기 나무를 이용하여 입체도형을 만들고 앞, 뒤, 옆의 다양한 시점으로 관찰하여 모양을 추측해내는 활동은 건축물의 기본구조를 이해하는 영역으로 확장할 수 있습니다.

이처럼 건축을 활용한 수학 수업은 생활 속에서 수학적 원리가 활용된 소재들을 탐색하여 그 원리를 발견하고 적용하여 창의적인 결과물을 산출해낼 수 있습니다.

〈건축학 개론: 수학으로 풀다〉 프로젝트 수업은 학생들이 입체도형에 대한 지식을 이미 인지하고 있다는 전제하에서 심화학습으로 실생활과 관련하여 가장 친근하게 적용할 수 있는 프로그램으로 설계했습니다.

수학을 미적으로 학습한다.
과거부터 건축물은 이를 고안하고 제작했던 인물들이 대부분 건축가이자 수학자였습니다. 우리는 고대 이집트의 피라미드나 그리스의 파르테논 신전, 르네상스 시대의 건축 등을 아름답다고 말합니다. 그 이유는 무엇일까요? 건축에는 시각적인 안정감과 아름다움을 주는 중요한 수학의 원리가 내재되어 있기 때문입니다. 바로 황금비율입니다. 우리나라의 건축물도 예외일 수 없습니다. 부석사 무량수전이나 석굴암의 본존불상에도 황금비가 숨어 있습니다.

이와 함께 건축물의 기본구조에는 도형의 원리가 들어 있습니다. 예를 들어 건축에 장식되어 있는 무늬를 살펴보면 점대칭도형이나 선대칭도형의 원리가 들어 있고 타지마할 궁전은 대칭의 원리를 설명할 때 자주 이용됩니다. 3:4:5 비율로 잘 알려진 피타고라스의 직각삼각형 원리로 지어진 건축물은 우리에게 안정감을 주기 때문에 건축물을 배치할 때 이 원리가 적용됩니다. 인간이 만든 건축물뿐만 아니라 곤충이나 동물이 지은 집도 마찬가지입니다.

이처럼 건축물에 대한 탐색활동은 수학을 미적으로 학습하고 도형이 실생활에 직접 적용된 사례를 찾는 데 유용합니다.

건축물에 숨겨진 입체도형을 찾아라

– 우리 주변의 건축물 이야기하기

입체도형이 갖고 있는 구조와 성질의 이해가 우리의 실생활과 어떻게 관련되어 있는지 알아보기 위해 영화 〈건축학개론〉의 첫 장면으로 동기유발을 했습니다. 영화 속에 등장하는 건축학과 교수는 학생들에게 건축설계를 배우기 전에 먼저 내 주변에 관심과 애정을 갖는 것이 중요하다고 이야기합니다.

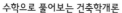
수학으로 풀어보는 건축학개론

영화 〈건축학개론〉의 한 장면

"다음 주까지 숙제가 있습니다. 자기가 살고 있는 동네를 여행해보는 거야. 평소에 무심코 지나치던 동네 골목들, 길들, 건물들. 이런 것을 자세히 관찰하면서 사진으로 기록을 남겨 놓으세요. 자기가 살고 있는 곳에 대해 애정을 갖고 이해를 시작하는 겁니다. 이것이 바로 건축학개론의 시작입니다."

아이들이 매일 오가는 학교 가는 길이나 살고 있는 동네 주변의 거리는 매우 친숙합니다. 우리 주변에 어떤 종류의 건물이 있는지, 그곳은 무엇을 파는 가게인지, 학원은 어디에 있는지, 어느 건물에 병원이 있는지 그리고 그 건물들은 어떤 모양으로서 있는지를 질문해보았습니다. 그리고 우리에게 기적의 도서관으로 유명한 건축가고 정기용 선생님에 대한 일화를 들려주었습니다.

고 정기용 선생님은 건축물을 설계하기 전에 먼저 그곳에서 생활할 사람들의 이야기를 들었다고 합니다. 시골 면사무소 설계를 맡으면서 면사무소보다는 공중목욕탕이 필요하다는 마을 사람들의 말에 1층에 공중목욕탕이 있는 면사무소를 지어주었다는 일화가 있습니다.

이렇게 건축에 대한 관심을 유발시키고 수학시간에 배운 입체도형을 이용하여 '우리들의 이야기가 담긴 건축물'을 창의적으로 만들어보기로 했습니다. 입체도

형을 건축으로 확장하는 것은 바로 아이들의 삶과 연결 짓는 것이며 가장 친근한 주
변환경에 관심을 갖게 하는 것입니다.

– 건축물에서 입체도형 찾기

주변에서 가장 많이 볼 수 있는 건물은 육면체 모양의 건물일 것입니다. 유명한
건축물 속에 숨어 있는 입체도형을 학생들과 함께 찾아보면 건축물의 기본구조를
쉽고 즐겁게 이해할 수 있습니다.

타지마할 묘당　　　　**광화문**　　　　**피라미드**

타지마할 묘당에는 원기둥과 육면체와 반구가, 광화문에는 삼각기둥과 육면체가
숨어 있습니다. 피라미드의 구조는 삼각뿔입니다. 학생들에게 건축물 사진을 제시하
고 건축물 속에 숨어 있는 입체도형을 찾아보도록 했습니다. 아이들은 건축물 속에
숨겨진 입체도형을 찾으면서 신기해했습니다. 그리고 입체도형 모형이나 집에서 가져
온 레고나 블록을 이용하여 건축물과 비슷하게 만들어보았습니다.

시중에는 세계의 유명한 건축물을 조립해서 만들 수 있는 다양한 종류의 미니어
처 건축모형 제품이 판매되고 있습니다. 조각들을 조립해서 건축물을 만드는 활동
도 나름대로 의미가 있지만 이렇듯 복잡한 모양의 건축물을 입체도형으로 단순화해
보는 활동을 통해 학생들은 건축의 구조를 쉽게 이해할 수 있었습니다.

시중에 판매되고 있는 미니어처 모형

입체도형 블록으로 만든 건축물

– 건축물 재연해보기

아이들이 사는 동네에서 멋진 건축물을 찾아 사진으로 찍어서 전시를 했습니다. 그리고 건축물 속에 숨어 있는 입체도형을 찾아보고 입체도형 모형이나 블록을 활용하여 건축물을 간단히 재연해보았습니다. 이 활동을 통하여 아이들은 주변에 있는 대부분의 건축물 기본구조가 직육면체로 이루어져 있음을 찾아내고, 좀 더 다양한 모양의 건축물이 필요하다는 의견을 말하기도 했습니다.

건물과 건축물의 차이점

건물은 쾌적하고도 안전한 생활의 영위를 위한 기술과 관련이 있습니다. 편리함과 실용적인 면이 강조되어서 미적인 면을 고려하지 않은 건물도 많습니다. 건축물은 좀 다릅니다. 무미건조한 육면체 모양의 건물과 달리 건축물에는 실용성뿐만 아니라 주변환경과의 조화를 생각하고 공간 속에 미적인 감각이 창의적으로 녹아 있습니다. 다음의 사진을 비교해보면 건물과 건축물의 차이점을 분명하게 느낄 수 있습니다. 캄보디아의 앙코르와트나 이탈리아의 콜로세움, 우리나라의 경복궁 등 주변환경과 조화를 이루며 아름답기로 유명한 세계의 건축물이 많이 있습니다.

입체도형으로 간단한 건축물 만들기

아이들에게는 반듯하게 잘 접어서 한 개의 전개도를 만드는 일이 쉽지 않습니다. 전개도를 만들어보는 것에서 끝내는 것이 아니라 이를 활용하여 기본적인 건축물을 만들어보는 활동으로 이어갈 수 있습니다. 모둠별로 삼각기둥과 육면체의 전개도를 접어서 만든 입체도형을 모아 간단한 건축물을 제작해보도록 했습니다.

– 전개도를 접어서 입체도형 만들기

4인 1조로 모둠을 구성하여 삼각기둥과 직육면체의 전개도를 접어서 입체도형을 만들었습니다. 한 사람이 여러 개의 입체도형을 만들어도 좋지만 아이들이 힘들어할 수 있으므로 삼각기둥과 직육면체를 한 개씩 만들어서 간단하게 건축물을 만들어도 좋습니다. 이 밋밋한 입체도형으로 학생들은 과연 어떤 결과물을 만들었을까요?

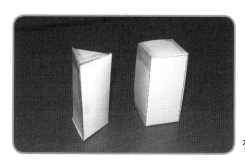

전개도를 접어서 만든 삼각기둥과 직육면체

– 기본적인 입체도형으로 건축물 만들기

모둠별로 만든 입체도형을 다양하게 합치고 변형하여 건축물을 제작했습니다. 먼저 삼각기둥과 직육면체로 가장 기본적인 집 모양을 만들어보게 했습니다.

삼각기둥과 직육면체를 활용한 가장 기본적인 건축모형

그리고 다양하게 변형하면서 창의적인 건축물을 완성할 수 있도록 안내했습니다. 학생들은 각자 만든 입체도형을 모아서 색연필과 사인펜으로 꾸미고 붙여 나름대로 멋진 건축물을 완성했습니다.

아치형의 간단한 변형으로 완성된 건축물

화이트크리스마스 풍경

재미있는 타워 모양의 건축물

기하학적 형태의 현대적인 건축물

전개도를 접어서 만든 단순한 입체도형이 멋진 건축물로 재탄생되었습니다. 처음에는 단순히 입체도형을 모아서 간단한 건축물을 제작하려고 했는데 다른 모둠에서 만든 건축물을 보고 자극을 받았는지 점점 아이들의 손길이 더해졌습니다. 완성된 작품을 보면서 입체도형이 건축물 속에 어떻게 활용되었는지 이야기해보는 시간을 가졌습니다.

입체도형의 전개도를 실생활과 밀접한 건축물로 제작해보는 경험을 하면서 흥미와 관심을 높이고 입체도형에 대한 특징과 개념을 이해하는 데 도움을 줄 수 있었습니다. 그리고 모둠원이 협력해서 전개도를 그리고 오려서 입체도형으로 조립한 후 다양한 방법으로 합체해서 새로운 건축물을 만드는 일은 아이들에게 성취감을 주기에 충분합니다. 그리고 이러한 활동을 통해 입체도형에 대한 지식은 더 명확해지고 풍부해집니다.

이야기가 담긴 건축물 만들기

– '이야기가 담긴 건축물'에 대하여 알아보기

'아이들의 이야기가 담긴 집'은 매력적인 주제라고 생각합니다. 건축물을 제작하기 전에 허삼둘 가옥에 담긴 흥미로운 이야기를 들려주었습니다. 우리나라는 대개 가장이 한 집안을 대표하는 것이 일반적이지만 허삼둘 가옥은 여자 주인인 허삼둘의 이름을 따른 것이 이색적입니다. 안주인의 의견이 존중되어 안채가 비중 있게 지어졌으며 집 중앙에 부엌이 위치하고 있는 점이 특이합니다. 허삼둘 가옥 이야기를 들려준 후 아이들에게 '이야기가 담긴 집'에 대해 질문해보았습니다. 아이들은 이야기가 담긴 집을 한 사람의 삶과 개성, 사연이 담긴 집, 그 집을 둘러싼 자연환경과 연결 지어 생각하고 있었습니다.

함양 허삼둘 가옥

- '이야기가 담긴 집' 사연 나누기

각자에게 특별한 사연이 담긴 공간이나 자기가 살고 싶은 건축물, 또는 만들고 싶은 건축물에 대해 서로 이야기를 나누어보았습니다. 세상을 자유롭게 구경하고 싶어서 신발 모양의 집을 만들고 싶어 하는 아이, 가족과의 여행에서 보았던 에펠탑을 만들어보고 싶어 하는 아이, 아이스크림을 좋아해서 아이스크림 모양의 집을 짓고 싶어 하는 아이 등 각자의 사연이 담긴 재미있고 창의적인 생각들이 많이 나왔습니다.

- '이야기가 담긴 집' 구상하기

'이야기가 담긴 집'에 대한 생각 나누기가 끝난 후 실제 집을 구상하여 만들어보기로 했습니다. 건축물을 공동으로 작업하기 위해 혼자서, 혹은 비슷한 생각을 가진 두세 명의 학생들이 옹기종기 모였습니다. 책상 위에서, 교실 바닥에, 교실 한 모퉁이에 각자 작업하기 편한 장소를 택하고 건축물의 설계도를 그리고 만들 재료와 역할을 분담했습니다.

- '이야기가 담긴 집' 제작하기

학생들은 스스로 구상하고 설계한 작품을 만든다는 것이 설레고 신나는 모양입니다. 본을 뜨고, 가위로 정교하게 자르고, 글루건으로 요리조리 조심스럽게 붙이느라 이리저리 바쁘게 움직입니다. 덩달아 교사도 바쁩니다. 준비해줄 수 있는 재료와 공구는 최대한 지원했습니다. 박스 여러 개를 쌓아서 사람 크기만 한 집을 만들기도 하고 우드락, 재활용품 등을 활용하기도 했습니다. 만드는 중간중간 설계도대로 실현하기 어렵거나 새로운 아이디어가 떠오르면 수정하기도 했습니다.

아치형 건물을 만드는 학생들   여행하고픈 마음을 담은 신발 모양 집

– 완성된 건축물 살펴보기

학생들이 구상한 설계도가 어떤 건축물로 탄생했을까요? 학생들의 '이야기가 담긴 집'을 소개합니다. 신발 모양의 집이 자동차로 바뀌고 사람과 아이스크림 모양의 집, 피사의 사탑도 보이네요. 원기둥 모양의 3층 건축물은 정교하기까지 합니다.

아이스크림 모양의 집   자동차 모양의 집   사람 모양의 집

원기둥 모양의 3층집   원기둥 모양을 활용한 집   피사의 사탑

입체도형을 변형하여 개성 있고 다양한 건축물들이 만들어졌습니다. 어느새 학생들의 얼굴은 만족감과 성취감으로 가득 찼습니다. 이제 학생들은 동네에서 볼 수 있는 건축물이나 주변환경을 미적인 안목뿐만 아니라 수학적으로 볼 수 있는 눈이 생길 것입니다.

건축박람회

완성된 건축물을 전시하여 건축박람회를 열기로 했습니다. 설계도를 다시 재정비하고 완성된 건축물을 홍보하기 위하여 다시 머리를 모았습니다.

건축물을 설계하게 된 동기와 구조, 활용한 재료, 건축의 특징 등을 친구들 앞에서 설명하고 홍보하는 활동을 하면서 다른 친구들의 작품도 감상했습니다. 그리고 마음에 드는 건축물을 추천하기도 했습니다. 학생들은 서로의 아이디어를 칭찬하며 진지하게 작품에 담긴 이야기에 집중하였고 아이디어를 실물로 재현할 때의 어려움을 토로하기도 했습니다.

"만드는 과정이 힘들고 어려웠지만 친구들과 협력해서 멋진 건축물을 만들 수 있어서 좋았어요."

"건축물을 보면 입체도형이 보여요."

〈건축학 개론: 수학으로 풀다〉 프로젝트 수업을 통하여 학생들은 수학적 언어를 건축에 자연스럽게 적용하여 작품을 설명하고 감상했습니다. 단순히 잠자고 생활하는 공간이 학생들에게 새로운 의미로 다가왔을 거라고 생각합니다.

완성된 건축물 전시   이야기가 담긴 집 감상하기

프로젝트 수업 후 이런 점이 아쉬워요

　〈건축학 개론: 수학으로 풀다〉 프로젝트 수업은 수학과 미술뿐만 아니라 실과, 국어 교과와 다양하게 통합이 가능합니다. 또 진로교육과도 연계할 수 있습니다. 예를 들어 건축업에 종사하는 분들을 초빙하여 설계 및 건축에 관한 이야기를 듣거나, 건축물을 다른 모양의 입체도형으로 창의적으로 바꾸어보기, 건축박람회 광고문 만들기, 다양한 재료를 이용하여 실내 공간 꾸미기 같은 활동도 가능합니다. 이렇게 보다 다채로운 활동으로 재구성할 수 있는 여지가 많았던 수업이었습니다. 다만 칼로 우드락이나 두꺼운 박스를 자를 때, 글루건을 사용할 때 등 주의를 요하는 활동이 많아 재료나 용구를 안전하게 다루는 법에 대한 지도가 선행되어야 할 필요를 느꼈습니다.

주제명		건축학 개론: 수학으로 풀다	
교과	영역	내용요소 및 성취기준	배정시간
수학	도형	6수02-04. 입체도형(직육면체와 정육면체, 각기둥과 각뿔, 원기둥과 원뿔, 구)을 알고, 구성 요소와 성질을 이해한다.	4
미술	표현	건축물의 기본구조를 이해하고 '나의 이야기가 담긴 건축물'을 제작한다.	6

프로젝트 한눈에 보기

〈건축학 개론: 수학으로 풀다〉 프로젝트 계획			
수업주제	활동내용	차시	결과물
건축물에 숨겨진 입체도형을 찾아라	– 우리 주변의 건축물 이야기하기 – 건축물에서 입체도형 찾기 – 입체도형 모형이나 블록으로 건축물 만들기	2	입체도형 모형이나 블록으로 만든 건축물
입체도형으로 간단한 건축물 만들기	– 전개도를 접어서 입체도형 만들기 – 만든 입체도형을 활용하여 건축물 만들기	2	전개도를 접어서 만든 입체도형 건축물
이야기가 담긴 건축물 만들기	– 이야기가 담긴 집에 대해 생각해보기 – 이야기가 담긴 집 구상하고 만들기	4	설계도 이야기가 담긴 집
건축박람회	– 내가 만든 집 전시하기 – 소개하기	2	소개문, 감상문
총 시수		10	

[역사 프로젝트 수업]

꿈꾸는 사람들: 인물로 역사를 읽다

역사 교육의 전환

얼마 전 역사 교과서 국정화 논란이 화두로 떠올랐습니다. 역사 교육을 잘 해야 하는데 어떻게 하면 잘 가르칠 수 있느냐를 두고 논쟁을 벌이다가 결국은 교과서를 정부 주도하에 만들어야 한다는 어이없는 결과가 나왔습니다. 역사 교육은 역사 교과서가 아니라 역사의식을 가르쳐야 한다는 것이 중요하다는 것을 잊은 결과가 아닌가 생각합니다. 윈스턴 처칠의 "역사를 잊은 민족에겐 미래가 없다."라는 말이 새삼 떠오릅니다.

학창시절을 회고해보면 대부분의 역사 선생님은 역사책의 한 구절 한 구절에 밑줄을 긋고 내용을 설명하는 방식의 역사 수업을 하셨습니다. 학생들이 지루해하면 살짝 숨겨진 야사 정도를 맛보기로 보여주고는 시험에 나올 내용들에 별 다섯 개를 치라고 하는 웃지 못할 수업이었습니다. 그래서 늘 그 시간을 지루해하고 싫어했던 기억이 납니다. 그렇게 싫었던 역사 교육 장면이 현재 우리 교육 현장에서도 되풀이되고 있습니다. 용어나 개념을 설명하는 역사 수업, 연도와 내용을 외우는 역사 수업은 아이들에게 역사의식을 가질 수 없도록 만들 뿐만 아니라 역사를 배우는 본연의 목적에도 부합되지 않습니다. 역사 교육은 맥락과 흐름에 대한 이해를 바탕으로 학습되어야만 합니다. 그러려면 초등 역사 교육은 사건과 연대기 위주의 학습보다는 그 시대의 위인을 통해 학습하는 것이 더 바람직할 수 있습니다. 학생들이 가장 싫어하는 과목이 역사로 전락해버린 요즘이 역사를 교육하는 방법의 전환이 필요한 때라고 봅니다.

〈꿈꾸는 사람들〉 프로젝트 수업은 조선 후기부터 현대사까지 변화와 독립, 그리고 미래를 꿈꾸는 역사적 인물들에 대한 인물탐구 형식으로 진행되었습니다. 인물을 탐구하는 과정에서 인물이 살아온 삶과 시대적 배경, 숨겨진 뒷이야기까지 맥락을 놓치지 않고 역사적 흐름을 이해하는 데 초점을 맞춘 프로젝트 수업입니다.

○ 관련과목: 국어, 사회, 창의적 체험활동
○ 적용학년: 5학년
○ 수업차시: 32차시

프로젝트 수업의 흐름

인물탐구 대상 선정 ⇨ 전기문 읽기 ⇨ 자료 수집 ⇨ 인물탐구 발표 자료 제작 ⇨ 인물탐구 발표 ⇨ 동료 평가

단원 및 성취기준 – 주제 재구성을 통한 1인 1인물 탐구

이 프로젝트 수업은 사회과에 국어 수업을 접목시킨 형식으로 1인 1인물 탐구로 진행되었습니다. 자신이 탐구하고 싶은 인물에 대한 위인전을 읽고 그 시대적 배경과 주변 인물과의 관계, 업적 등을 조사하고 발표하는 수업입니다. 아래 표를 보면

국어과 성취기준과 사회과 성취기준이 서로 주제에 맞도록 조화를 이루고 있다는 것을 알 수 있습니다. 만약 교육과정 재구성이 이루어지지 않는다면 이 두 교과 내용이 서로 중복되어 방대한 양을 가르쳐야 하는 부담이 있습니다. 이럴 때는 과감히 중복되는 내용을 버리고 배당된 차시만큼을 프로젝트 수업으로 재구성하면 아이들에게는 의미 있고, 교사에게는 효율적인 수업을 할 수 있습니다.

교과	단원 및 성취기준	배정차시
국어	– 인물의 삶과 시대 상황의 관계를 생각하며 전기문 읽기 – 당시의 현실과 사건의 관련성을 파악하며 글을 읽어야 하는 까닭 알기 – 당시의 현실과 사건의 관련성을 파악하며 글 읽기 – 인물의 성격과 사건 전개의 관계 알기 – 작품을 읽고 인물의 성격을 중심으로 사건의 전개 정리하기	12차시
사회	– 새로운 문물의 전래 모습을 알고 정조의 화성 건설과 정약용의 업적을 조사할 수 있다. – 풍속화와 민화 등을 중심으로 서민 문화의 모습을 조사하여 설명할 수 있다. – 일제 강점기에 국내외에서 전개된 민족 독립 운동을 주요 인물을 통해 탐구할 수 있다. – 광복에서 대한민국 정부 수립까지의 과정을 인물의 활동을 중심으로 설명할 수 있다.	16차시
창체	– 인물탐구 발표하기	4차시

인물탐구 계획서

주제에 대한 마인드맵을 그릴 때는 프로젝트 수업의 흐름을 이해할 수 있도록 아이들과 많은 이야기를 주고받아야 합니다. 이때 이야기의 형식은 질문으로 시작하면 좋습니다.

- 조선후기를 대표할 수 있는 단어를 떠오르는 대로 말해볼까?
- '변화' 하면 떠오르는 인물은 누구일까?
- '독립' 하면 떠오르는 인물은 누구일까?
- 변화, 독립, 미래를 꿈꾸는 인물들을 탐구하기 위해 필요한 자료에는 무엇이 있을까?
- 조선후기 역사를 잘 알 수 있는 역사적 장소는 어디일까?

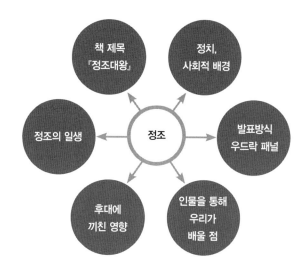

국어과에서 배워야 할 내용과 사회과에서 배워야 할 내용을 제시하고 그것들의 연관성을 생각해보게 하는 것도 좋은 접근입니다. 그래야 자신들이 해야 할 과제에 대한 방향을 설정할 수 있고 성취기준에서 벗어나지 않을 수 있습니다.

교과서를 보며 변화, 독립, 미래를 꿈꾸는 인물들의 이름을 찾게 하여 제시하는 것도 좋습니다. 탐구할 인물을 정하라고 하면 아이들은 막연히 자신들이 좋아하는 인물이나 익숙한 인물 위주로 쏠림 현상이 생기기도 합니다. 그럴 때는 탐구하려는 인물 계획서를 조금 다르게 써보도록 유도하는 것이 좋습니다.

인물탐구 계획서를 세울 때는 되도록 구체적이고 자세한 내용을 쓰도록 하고, 활동 중간중간에 변경이 가능하다는 점도 안내합니다. 만일 정조에 대해 인물탐구 계획서를 세운다면 내용을 어떻게 구성할 것인지, 당시 정치·사회적 상황은 어떠했는지, 정조가 후대에 끼친 영향은 무엇이 있는지, 우리가 배울 점은 무엇인지 등을 세부적으로 나누어 자료를 조사하도록 합니다. 탐구한 인물을 발표하는 방식도 파워포인트, 우드락 발표 자료, 대자보 등 각자 선택한 자신만의 방법으로 다양하게 표현하도록 계획을 세우면 됩니다.

전기문 읽기 및 자료 수집

전기문 읽기에서는 책 선정이 매우 중요합니다. 어떤 친구는 저학년용 위인전을 들고 와서는 10분도 채 되지 않았는데 모두 분석이 끝났다고 하는 경우도 종종 있습니다. 책은 반드시 학년 수준에 맞는 것을 골라오도록 당부하는 것이 좋습니다.

책을 읽고 책 내용 중 자신이 선택한 주제에 맞는 내용들을 선별하여 요약 정리하는 과정도 필요합니다. 전기문의 내용만으로는 인물을 탐구하기 위한 자료가 부족할 수 있으므로 인터넷 등을 통해 관련 자료들을 추가로 찾아보도록 하는 것도 중요합니다. 그러려면 학교 컴퓨터실과 도서관을 자주 이용하도록 재구성 차시를 넉넉히 할애할 필요가 있습니다. 계획된 재구성 차시가 부족할 경우 창의적 체험활동 시간을 늘려서 탄력적으로 운영하면 됩니다.

이때 주제 체험학습으로 경복궁, 서대문 형무소, 역사박물관, 실학박물관 등 역사적인 인물과 관련된 장소로 체험학습을 가는 것도 인물탐구 자료 수집에 도움이 됩니다. 인물탐구 자료 수집을 위해 떠나는 주제 체험학습은 수동적인 체험학습이 아닌 말 그대로 자기 주도적인 체험학습이 됩니다.

인물 발표 및 공유하기

인물을 발표할 때는 파워포인트, 우드락 패널, 대자보 등 다양한 형식이 가능합니다. 발표 자료를 제작할 때는 되도록 내용은 간략하게 요약하고 중요한 내용만을 큰 글자로 구성하며 지나친 애니메이션 효과는 지양하도록 지도합니다. 또 청중을 위해 목소리는 크게 하고 발표시간은 5분 이내로 제한해 원활하고 진지한 발표가 이루어질 수 있도록 합니다. 또 인물에 대한 발표 후 친구들에게 질문을 받고 대답할 자료들을 준비시킵니다. 예상 질문을 추측하고 답변을 미리 준비해두는 과정 자체가 중요합니다. 발표 후 친구들의 작품을 전시하고 작품에 대한 간단한 소감이나 칭찬 메시지를 포스트잇에 써서 붙이게 하면 좋습니다.

프로젝트 수업 후 이런 점이 아쉬워요

수업을 진행하다 보면 책 내용을 제대로 분석하지 못하거나 프로젝트 수업에 흥미를 잃어 하나 둘씩 낙오되는 아이들이 생기기도 합니다. 심지어는 계획서도 엉망으로 제출하고 끝내 발표 자료를 해오지 않는 아이들도 있습니다. 그런 아이들에게는 발표 결과물에 대한 기대감을 조금 낮추고 아이 수준에서 할 수 있는 짧은 발표 자료라도 만들 수 있도록 인내를 가지고 지도해야 합니다.

프로젝트 수업에서는 무임 승차자가 없도록 역할을 잘 나누고 단 한 줄이라도 배움이 일어나게 하는 것이 매우 중요합니다. 자료의 완성도에 집착하면 교사나 학생 모두 배움으로부터 멀어지게 됩니다. 교사는 항상 아이들의 성장과 배움에 초점을 맞추고 조력자로서의 역할을 해주어야 합니다. 프로젝트 수업의 과정이 결과물보다 더 중요할 수 있으니까요.

프로젝트 한눈에 보기

과정	활동내용	배정차시
인물탐구 대상 선정	– 주제 마인드맵 – 변화, 독립, 미래를 꿈꾸는 인물 알아보기 – 인물탐구 계획 세우기 – 탐구내용 발표 방식 정하기(우드락, PPT 등)	4차시
전기문 읽기 및 자료 수집	– 전기문 내용 파악하기(시대적 배경, 주변인물, 인물의 성격, 인물 　의 업적 등) – 인물에 대한 자료 수집(인터넷, 백과사전, 위인전) – 주제 체험학습(서대문형무소, 경복궁)	12차시
문제해결	– 인물 발표 자료 제작 – 발표 준비	8차시
인물탐구 발표	– 인물탐구 발표 – 질문받기 – 동료평가(소감이나 칭찬의 메시지 붙이기)	8차시

[미술 프로젝트 수업]

미술관 속 추상화

: 조형요소, 조형원리와 함께하는 미술 여행

조형요소와 원리로부터 추상미술로의 여행 시작하기

6학년 추상미술 수업을 할 때였습니다. 피카소 작품을 따라해볼까, 아니면 음악을 들려주고 자유롭게 선이나 색으로 표현하게 해볼까 고민 중이었죠.

'추상표현을 하려면 조형요소와 원리에 대한 이해가 우선인데 어떻게 접근하면 좋을지 막막한데…'

이 프로젝트 수업은 이런 고민에서 시작되었습니다. 추상적인 생각은 조형요소와 원리를 이용하여 시각적 이미지로 표현된다는 것을 먼저 이해할 필요가 있습니다. 조형요소와 원리에 대한 탐색이 충분히 이루어진 후 추상미술과의 연결 짓기를 통해 작가가 무엇을 표현한 것인지 단순한 형태를 보고 거꾸로 유추해보면 추상작품을 조금 더 쉽게 이해할 수 있습니다. 이처럼 점, 선, 면 등의 조형요소와 조형원리를 잘 이해하고 활용하면 작품을 멋지게 제작하고 감상할 수 있을 뿐만 아니라 추상미술 작품을 보는 안목도 자연스럽게 생기게 됩니다.

〈미술관 속 추상화: 조형요소, 조형원리와 함께하는 미술 여행〉 프로젝트 수업은 먼저 조형요소와 원리에 대한 탐색을 다양한 감각적 활동으로 체험하고 이해하는 과정부터 시작했습니다. 이어서 학생 주도의 본격적인 프로젝트 활동으로 조형요소와 원리를 활용하여 작품을 창의적으로 제작하고 학교 주변 곳곳에 대지미술 작품을 기획하고 제작하여 전시했습니다. 그리고 추상작품 속에서 조형요소와 원리를 찾아 추상작품을 감상하는 것으로 프로젝트 수업을 마무리했습니다.

○ 관련과목: 미술
○ 적용학년: 5·6학년
○ 수업차시: 15차시

프로젝트 수업의 흐름

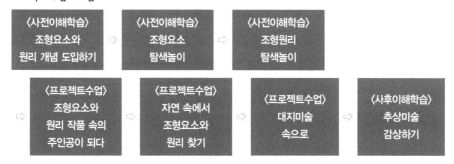

단원 및 성취기준 – 교육과정 속 조형요소와 원리 살펴보기

미술과 교육과정을 살펴보면 내용은 체험, 표현, 감상 세 개의 하위 영역으로 이루어져 있습니다. 〈미술관 속 추상화: 조형요소, 조형원리와 함께하는 미술 여행〉 프로젝트 수업에서는 조형요소와 원리의 특징에 대한 이해를 바탕으로 대지미술과 추상미술의 체험, 표현, 감상과 연계하여 5·6학년을 대상으로 총 15차시로 설계했습니다. 수업차시는 관련 단원, 예를 들어 자연환경과 미술, 색의 활용, 다양한 표현, 관찰

표현, 감상 단원 등에서 확보할 수 있습니다.

학년	영역	내용요소 및 성취기준
3·4 학년	표현	〈조형요소〉 4미02-05. 조형요소(점, 선, 면, 형·형태, 색, 질감, 양감 등)의 특징을 이해하고, 표현의도에 적합하게 활용할 수 있다.
5·6 학년		〈조형원리〉 6미02-04. 조형원리(율동, 비례, 강조, 반복, 통일, 균형, 대비, 대칭, 점증·점이, 조화, 변화, 동세 등)의 특징을 이해하고, 표현의도에 적합하게 활용할 수 있다.

사전이해학습

표현활동 위주의 미술수업으로 학생들은 조형 활동에서 알아야 할 기본 개념을 배우지 못하고 지나치는 경우가 많습니다. 여기서는 본격적인 조형 활동을 위한 프로젝트 수업에 앞서 그동안 간과해왔던 조형요소와 원리의 개념을 이해하는 활동을 소개합니다. 활동순서는 조형요소와 원리 개념 도입하기, 조형요소 탐색놀이, 조형원리 탐색놀이입니다.

– 조형요소와 원리 개념 도입하기: '거미줄을 요리하자'

먼저 '거미줄을 요리하자'에서는 조형요소와 원리의 개념을 도입하기 위한 것으로 같은 거미줄 사진이 아이들 작품 속에 다양하게 표현되는 이유를 생각해봄으로써 선, 모양, 색, 아이디어 등의 조형요소와 원리를 찾아보는 활동입니다. 아이디어는 생각으로 조형요소와 원리에 의해 작품 속에 구현되며 조형원리와 관련이 있습니다.

거미줄 사진

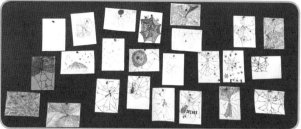

칠판에 한상 가득 차려진 거미줄 요리

거미줄 피자

나뭇잎을 곁들인 거미줄샐러드

– 조형요소 탐색놀이

[점, 선, 면, 형, 색을 활용한 조형놀이]

학생들과 함께 점, 선, 면, 형, 색 등 조형요소로 할 수 있는 놀이를 찾아보았습니다. 큰 도화지에 점을 찍어서 선으로 연결하여 모양 만들기, 유리구슬에 물감을 칠해서 굴려보기, 면봉으로 점묘화 그리기, 색깔 만들어 이름 짓기 중 학생들이 자유롭게 선택하여 탐색놀이를 했습니다.

[명암 나타내기]

빛과 명암과의 관계를 알아보는 활동으로 TV 화면에 큰 원을 제시한 후 빛을 비추면 원이 어떻

게 변할지 질문을 던졌습니다. 학생들이 다양한 추측을 하며 빛과 명암의 관계, 명암의 필요성을 발견했습니다. 이어서 손전등을 비추어서 생기는 모형 달걀의 명암을 관찰하면서 사실적이고 입체적으로 스케치해보았습니다.

[꼼지락 조물조물 질감 탐색놀이]

다양한 질감의 물체를 넣은 주머니를 이용하여 질감 탐색놀이를 했습니다. 모둠별로 질감 주머니 속 물체를 직접 만져보고 질감을 이야기해보고 선으로 표현하도록 했습니다. 선으로 시각화된 질감을 보면서 학생들은 어떤 물체인지 상상합니다. 그리고 찰흙으로 질감 표현하기 활동을 했습니다. 손으로 부드럽게 반죽하면서 아이들이 어느 정도 찰흙과 친해졌을 때 사물이나 질감을 나타내는 낱말이나 사진을 제시하고 찰흙을 이용하여 질감을 표현하게 했습니다. 이러한 과정을 거친 구체적 조작활동은 학생들의 감각을 깨워 표현 능력을 향상시키는 데 도움이 됩니다.

– 조형원리 탐색놀이

조형원리가 활용된 작품을 살펴보며 몸으로 표현해보거나 생활 주변에서 조형원리가 적용된 사례나 풍경사진 속에서 조형원리를 찾아보는 활동으로 설계했습니다.

[대칭과 균형 탐색하기]

양팔과 두 다리를 좌우로 벌린 후 두 손을 가운데로 모아서 박수를 쳐보기도 하고 한쪽 다리를 들어 무게 중심을 잡는 활동으로 대칭과 균형을 탐색했습니다. 아이들은 모빌이나 작품, 우리 주변에서 대칭을 이루는 것을 찾고, 데칼코마니 작품의 원리를 설명하고 표현해보았습니다. 그리고 색종이를 반으로 접어서 대칭 만들기, 짝과 함께 번갈아가며 대칭이 되도록 그려보기 활동을 제안하는 모둠이 있어서 같이 해보기도 했습니다.

[반복과 운동감, 율동, 리듬감 탐색하기]

세 개의 작품, 아키요시 키타오카의 〈회전하는 뱀〉과 자코모 발라의 〈끈에 매인 개〉, 마티스의 〈체스 두는 사람〉을 제시하고 공통적으로 찾아볼 수 있는 원리와 그 효과를 생각해보게 했습니다. 그리고 함께 파도타기, 패턴 그리기를 통하여 반복의 원리를 체험했습니다.

회전하는 뱀   끈에 매인 개   체스 두는 사람

[대비와 강조 탐색하기]

고흐의 작품에는 보색대비가 많아서 대비와 강조의 좋은 참고자료가 됩니다. 10 색상환표를 보고 색의 보색과 대비를 확인해보고, 아이들이 입고 있는 옷 속에서, 풍경사진에서 대비와 강조의 원리를 찾았습니다. 대비와 강조의 원리를 적용하면 좋은 사례로 포스터나 광고, 신호등, 표지판 등을 학생들과 함께 찾아보았습니다. 보색대비를 활용한 탐색활동으로 코르사주(corsage) 만들기 활동을 할 수 있습니다. 학생들은 다양한 코르사주를 만들어 패션쇼를 열기도 했습니다.

프로젝트 수업: 조형요소와 원리 작품 속의 주인공이 되다

– 조형요소와 원리를 활용한 작품 구상하고 제작하기

지금까지 탐색한 조형요소와 원리를 활용하여 다양한 표현활동을 모둠별로 계획하도록 안내했습니다. 표현방법은 평면작품, 입체작품, 역할극, 인형극 등 다양하게 열어 놓았습니다. 모둠별로 표현할 조형요소와 원리를 정하고 표현재료와 방법을 구상했습니다. 이때 강조해서 표현할 조형요소나 조형원리를 정할 수 있도록 해야 합니다. 아이들이 작품을 제작하기 전에 구상하는 시간을 사전에 충분히 주어야 창의적인 아이디어와 다양한 표현재료, 방법을 기대할 수 있습니다.

학생들은 조형요소와 원리를 주인공으로 어떻게 만들 것인지를 서로 고민하며 가지고 온 재료를 책상 위에 펼쳐 놓고 구상해온 계획서를 검토했습니다. 미리 만들어 온 배경을 세팅하고 인형극을 연습하는 모둠이 있는가 하면 패션 디자이너도 몇몇 보입니다. 두 남학생은 옷을 만든다고 4절 도화지로 붙이고 이리저리 뚫고 하더니 이내 마음에 안 들었던지 다 잘라버리고 조끼를 만들어냅니다. 그리고 대칭과 대비, 강조를 생각했다고 하네요. 여학생 네 명이 모여서 떡꼬치 모양의 작품을 만들고 있어서 아이들의 궁금증을 유발했습니다. 교실 뒤쪽에서는 여학생들이 부끄러워하는 한 남학생을 설득하며 춤을 가르치고 있었습니다.

점, 선, 면, 형을 주제로 춤을 구상하는 아이들　보색과 선을 강조한 화산분출 모형 제작모습

제작에 몰입하는 아이들   조끼를 제작하는 남학생   인형극을 연습하는 모둠

– 작품 감상하기

작품이 완성되고 드디어 모둠별 발표시간이 되었습니다. 제작 동기와 작품 제목, 활용한 조형요소와 원리, 소감 중심으로 발표할 수 있도록 했습니다. 그럴싸한 조형요소 주사위 작품, 수수깡을 이용하여 만든 화산분출 모형이 보색대비의 선으로 잘 표현된 작품도 있습니다. 학생들의 호응을 가장 많이 받은 작품은 점, 선, 면을 주제로 신나게 음악에 맞추어 춘 춤입니다. 두 여학생은 티셔츠와 천을 가지고 와서 유성 매직으로 패턴을 예쁘게 그렸는데 학생들의 칭찬이 자자했습니다. 조금 전 떡꼬치를 만든 것 같은 모둠은 어떤 작품이 완성되었을까요? 기발하게도 점이 모여 선이 되고, 선이 모여 면이 되고, 색과 합쳐서 색을 칠한 면이 되고 입체가 되는 순서를 나무 젓가락과 수수깡을 이용하여 만들었습니다. 떡꼬치의 정체는 바로 선이 모여 형이 되는 과정을 표현한 것이었습니다. 학생들의 작품 속에서 조형요소와 원리가 살아 움직이는 순간이었습니다.

학생들은 실패의 두려움에서 벗어나 여유를 갖고 도전적인 과제를 통해 창의적인 시도를 경험할 수 있어야 합니다. 학생들의 작품에 대한 격려와 칭찬은 학생들의 다양한 시도를 가능하게 하고 상상력을 발휘하는 데 큰 힘이 될 수 있습니다.

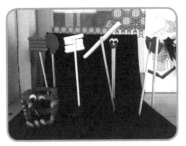

선이 모여 형이 되는 과정을 표현 　　　　인형극 무대

천사와 악마 의상 　　패턴으로 완성한 티셔츠 　　　　콜라주(collage) 작품

프로젝트 수업: 자연 속에서 조형요소와 원리 찾기

아이들은 다양한 경험으로 조형요소와 원리를 탐색한 후 교실 밖으로 나갔습니다. 학교 주변 화단이나 운동장에는 조형요소와 원리를 발견할 수 있는 자연물이 많이 있습니다. 나뭇잎에서 선과 대칭을 찾고, 화단에는 알록달록 보색대비를 이루는 예쁜 꽃들이 있으며, 까칠까칠한 나무껍질을 직접 수집하거나 그리거나 색연필로 긁어서 프로타주로 나타내보았습니다. 비오는 날에는 색다른 경험을 할 수 있습니다. 각양각색의 우산에서, 비가 내리는 모습에서, 물이 고이는 웅덩이에서 즐겁고 유쾌한 발견을 할 수 있습니다.

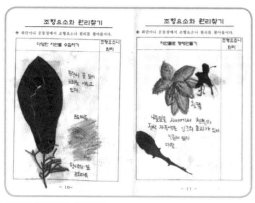

자연물 관찰하고 수집하기   자연물을 모아서 콜라주하기

프로젝트 수업: 대지 미술 속으로

– 앤디 골드워시(Andy Goldsworthy) 동영상 감상하기

조형요소와 원리에 대한 이해를 바탕으로 실제 자연 속에서 작품으로 표현하기 전에 앤디 골드워시의 작품을 감상하며 대지미술에 대해 알아보았습니다.

앤디 골드워시(1956~)는 영국의 조각가이며 대지미술가, 환경운동가입니다. 대지미술은 자연물을 소재로 하여 대지를 미술작품으로 삼는 예술을 말합니다.

앤디 골드워시의 작품과 제작과정을 담은 동영상은 인간과 자연이 하나가 되어 작품이 되는 신비로운 과정을 지켜볼 수 있어 대지미술에 대한 이해와 흥미 유발 자료로 활용하기에 손색이 없습니다. 그의 동영상은 유튜브(Youtube) 등에서 쉽게 확인할 수 있습니다.

"작가와 인터뷰를 한다면 어떤 질문을 하고 싶은가요?"

학생들이 먼저 인터뷰 질문을 생각해보았습니다. 작가의 의도, 왜 자연환경에서 만드는가, 재료는 어디서 구하는가, 작품의 메시지는, 작품을 만들게 된 계기는 무엇인가 등의 질문이 나왔습니다. 그리고 질문에 대한 답변을 아이들과 교사, 아이들 상호간의 주고받기 질문과 대화로 풀어나갔습니다.

대지미술에 대한 비밀이 조금씩 드러나고 관심이 점점 고조되자 학생들은 실제 대지미술 작품을 만들어보고 싶어 했습니다. 지금까지 탐색한 조형요소와 원리를 적용하여 야외에서 대지미술 작품을 제작해보기로 했습니다.

– 대지미술 작품 구상하고 제작하기

모둠별로 조형요소와 원리를 활용하여 어떻게 표현할 것인지, 주제는 무엇으로 할 것인지 등 활발한 토의가 시작되었습니다. 구상한 작품을 서로 발표하고 다른 모둠의 의견을 듣고 보충하기도 했습니다. 미리 가지고 올 준비물도 정했습니다.

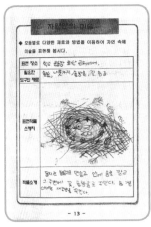

대지미술작품 구상하기

실제 작품

야외로 나가서 운동장과 화단, 학교숲 등을 꼼꼼하게 살피며 표현할 적당한 장소를 찾고 사용할 재료도 수집했습니다. 나뭇잎, 큰 돌, 작은 돌, 나뭇가지, 물, 모래, 열매, 꽃잎 등 야외에서 구할 수 있는 재료를 최대한 모았습니다. 이때 자연을 훼손하지 않는 범위 내에서 꼭 필요한 양만큼만 모을 수 있도록 하면 좋습니다.

대부분의 모둠이 잘 협력하며 작품을 만들었지만 의견이 잘 맞지 않거나 동료들과 잘 어울리지 못하는 학생이 있는 모둠은 제작과정에 어려움을 겪기도 했습니다. 혼자서 작품을 제작하는 학생도 있었습니다. 혼자서 작품 제작에 몰입하는 학생에게서 평소에 보이지 않던 작가 특유의 멋진 모습을 볼 수 있었습니다.

– 야외로 간 미술관

학생들은 교실을 벗어나 야외라는 확장된 표현공간에서 모둠별 협력 작업을 통하여 갈등 가운데 서로 배려하고 양보하는 협력의 필요성을 느끼며 작품을 만들어 나갔습니다. 작품이 모두 완성된 후에는 한 작품씩 이동하며 작가들의 표현의도와 설명을 듣고 감상소감을 이야기하는 시간을 가졌습니다.

시작 전부터 의견이 맞지 않아 갈등을 겪고 각자 따로 만들었는데, 어느새 하나로 합쳐지면서 더 훌륭한 작품이 되었다는 것을 아이들 스스로 깨달았다는 소감이 나온 작품입니다.
– 작품 제목 〈협력〉

이 작품은 학생들이 세월호 사건을 추모하며 제작한 대지미술 작품입니다. 추모의 길을 따라가면 꽃동산이 있고 기념비가 세워져 있습니다. 학생들은 작품의 설명을 들으며 숙연한 분위기가 되었습니다. – 작품 제목 〈세월호 추모의 길〉

프로젝트 수업 후 이런 점이 아쉬워요

학생들은 자연이 재료가 되고 도화지가 되고 작품을 멋있게 제작하기 위한 비법이 되는 것을 발견한 듯했습니다. 교사로서는 학생들이 조형요소와 원리를 어느 정도나 이해하고 적용할 수 있는지 확인할 수 있는 시간이었습니다. 흙을 만지고 자연물로 놀이하는 경험이 부족한 학생들에게는 자연친화적인, 어릴 적 소꿉놀이 같은 즐거운 체험이 되었습니다. 만든 작품은 보관하기가 쉽지 않으니 사진으로 담아 실내에서 사진 전시회를 열어도 좋을 것입니다. 그리고 여러 가지 자연물을 수집하는 과정에서 쓰고 남은 것을 처리하는 문제가 있습니다. 학교 상황에 따라 전시기간을 정하고 전시가 끝나면 작품으로 사용했던 돌, 나뭇가지, 잎 등의 자연물을 아이들 스스로 원래 있었던 자리로 되돌려 보내거나 정리하는 것이 중요합니다.

사후 이해 학습: 추상미술 감상하기

이제 여행의 마지막 종착역에 도착했습니다. 추상미술은 프로젝트 수업을 설계하게 된 계기이기도 합니다. 추상미술은 조형요소와 원리가 연주하는 오케스트라 음악과도 같습니다.

칸딘스키 작품 〈구성 No.8, 1923〉를 보면 다양한 조형요소와 원리를 발견할 수 있습니다. "동그라미, 세모 형태를 찾을 수 있어요, 노란색, 보라색, 주황색이 있어요, 선도 있어요, 강조, 대비, 반복, 조화, 변화, 율동, 움직임을 느낄 수 있어요, 도형의 나라 같아요, 행성 같아요, 음악을 연주하는 것 같아요." 아이들의 표현 역시 생생합니다.

고학년 학생들은 사실적인 표현을 선호합니다. 하지만 추상미술처럼 현대 미술의 다양한 양상과 비구상적인 표현도 훌륭한 작품이 될 수 있다는 시각으로의 확장이 필요합니다. 추상미술 수업은 작가의 작품을 단순히 따라잡는 것에서 벗어나 표현 대상과 주제의 핵심을 찾아 단순화하는 작업과정에서 조형요소와 원리를 사용한다는 것을 알아야 합니다. 조형요소와 원리는 추상미술로 가는 연결고리일 뿐만 아니라 모든 조형 표현의 기초입니다.

칸딘스키 〈구성 No.8〉

프로젝트 한눈에 보기

단계	수업주제	활동내용	차시	결과물
사전 이해 학습	조형요소와 원리 개념 도입하기	– 거미줄 사진을 보고 색연필과 사인펜으로 그리기 – 표현작품에서 차이점 찾아보기 – 선과 색, 형 개념 도입하기	1	거미줄 작품
	조형요소 탐색놀이	– 구슬 굴리기 – 점 연결하기, 점묘법으로 표현하기	1	다양한 점, 선 그림
		명암 나타내기 – 원과 구를 표현한 그림 비교하기 – 전등을 비춘 달걀 명암 표현하기	1	달걀스케치
		질감 탐색놀이 – 질감을 통해 물체 맞추기 – 질감을 찰흙으로 표현하기	1	다양한 질감의 찰흙 작품
	조형원리 탐색놀이	대칭과 균형 – 데칼코마니 제작원리 탐색하기 – 몸으로 대칭과 균형 체험하기 – 짝과 대칭그림 그리기 – 모빌의 제작원리 탐색하기 – 주변에서 대칭과 균형 찾기 – 풍경사진 속에서 대칭과 균형 찾기	1	데칼코마니 대칭그림 모빌
		반복과 운동감, 율동, 리듬감 – 옵아트 제작원리 탐색하기 – 움직임을 표현할 수 있는 방법 찾아보기 – 명화 속에 활용된 조형원리 발견하기 – 풍경사진 속에서 반복과 율동, 리듬감, 운동감 찾기	1	패턴그림
		대비와 강조 – 10색상환표 탐색하기 – 명화와 자연물에서 대비와 강조효과 알아보기 – 옷, 소지품에서 대비와 강조 찾기 – 풍경사진 속에서 대비와 강조 찾기 – 코르사주 만들어 패션쇼하기	1	코르사주

단계	수업주제	활동내용	차시	결과물
프로젝트 수업	조형요소와 원리 작품속의 주인공이 되다	– 모둠별로 작품구상하기 – 역할 분담하기 – 작품 제작하기 – 작품 전시 및 발표와 소감 나누기	3	작품구상도 조형요소와 원리를 활용한 작품
	자연 속에서 조형원리 찾기	– 자연물 수집하기 ; 조형요소와 원리 찾기 – 미니북에 붙이기 – 조형요소와 원리 용어 넣어서 문장 만들기	1	미니북
	대지미술 속으로	– 앤디 골드워시 작품과정 동영상 감상하기 – 인터뷰 질문 만들기 – 전체 토의를 통해 질문에 대한 답변 추론하기 – 대지미술에 대해 알아보기 – 모둠별로 대지미술 작품 구상하기 – 대지미술 작품 제작하기 – 대지미술 작품 감상 및 소감 나누기	3	인터뷰내용 대지미술 작품 구상도 대지미술 작품
사후 이해 학습	추상미술 감상하기	– 칸딘스키 작품 〈구성 No.8, 1923〉 감상하기 – 작품 속에서 조형요소와 원리 찾기 – 표현의도 생각해보기 – 칸딘스키의 다른 작품 감상하기	1	
총 차시			15	

[실과 프로젝트 수업]

내가 꿈꾸는 집

: 손으로 완성하는 오감만족 프로젝트

실과 교육 본연의 모습으로

실과 과목은 우리 실생활과 가장 밀접한 관련이 있는 과목입니다. 실과 교육은 일상생활에서 노작활동을 통하여 아이들에게 땀 흘려 일하는 노동의 가치와 그를 통해 기쁨을 느끼게 해주는 것이 중요한 교과이기도 하죠. 그러나 학교 현장에서 실과 교육은 현실적으로 많은 어려움이 있습니다. 빈 유휴교실은 늘어가지만 실과 교육을 위한 제대로 된 실습장이 있는 학교는 적습니다. 실제 목공수업을 한다 해도 직접 마름질하고 톱질하고 만드는 과정이 생략된 목공용 반제품을 사서 못을 박아 보는 수준의 활동에 그칩니다. 교실에서 못 박는 소리가 옆 반에 방해가 될까봐 운동장 스탠드에 나와서 목공용 반제품에 못을 박고 있는 아이들의 풍경이 쓸쓸하기만 합니다.

〈내가 꿈꾸는 집〉 프로젝트 수업은 어느 한 대안학교에서 진행되었던 수업에서 모티브를 얻은 수업입니다. 그 대안학교에서는 아이들의 노작활동을 통해 인지적 재능, 도덕적 재능, 실용적 재능의 조화로운 발달을 목적으로 한 수업이었습니다. 실제로 공교육 현장에 이런 대안교육의 가치들이 공존했으면 좋겠다는 생각을 하고 있었는데 때마침 알게 된 노작활동 방법을 프로젝트 수업화하여 진행해보니 많은 배울 점이 있었습니다.

〈내가 꿈꾸는 집〉 프로젝트 수업은 반제품을 이용한 선반이나 책꽂이를 만드는 수준에서 벗어나 자신이 미래에 살고 싶은 집을 구상하고 스토리를 만들어 직접 집을 만들어보는 노작과 실천 중심의 실과수업입니다. 이 수업을 통하여 자신의 정체성을 찾고 가정의 소중함을 느껴보는 시간을 갖도록 하고 싶었습니다.

○ 관련과목: 국어, 미술, 실과, 창의적 체험활동
○ 적용학년: 5학년
○ 수업차시: 32차시

프로젝트 수업의 흐름

프로젝트 수업 과정 알아보기

– 수업내용 스토리보드 짜기

일단 프로젝트 수업을 시작하기 위해서는 주제에 대한 스토리보드를 먼저 짜는 것이 좋습니다. 스토리보드를 짤 때는 한 편의 이야기가 될 수 있도록 자연스러운 흐름을 염두에 두어야 합니다. 스토리보드를 짜는 이 단계에서 교사의 창의력과 상상력을 최대한 발휘해야 합니다. 〈내가 꿈꾸는 집〉이 주제라면 어떤 집에서 살고 싶은지, 왜 그런 집에서 살고 싶은지, 누구와 살고 싶은지, 집은 어떻게 꾸밀 것인지, 어떤 재료를 이용할 것인지 등 프로젝트 수업의 흐름을 이야기처럼 짜두면 내용 구성이 쉽습니다.

그다음 과목별 성취기준을 스토리에 맞도록 찾아내는 겁니다. 물론 성취기준에 스토리가 맞지 않을 수도 있습니다. 그런 부분이 생기면 스토리를 성취기준에 맞춰 조금 바꾸면 됩니다. 스토리에 맞는 성취기준이 그래도 없으면 창의적 체험활동으로 적용하여 구성하면 성취기준에 구애받지 않을 수 있습니다. 수업내용을 짜는 것보다 성취기준을 먼저 분석해야 한다는 주장도 있을 수 있으나 순서가 조금 바뀌었다고 프로젝트 수업 본연의 모습이 바뀌지는 않습니다.

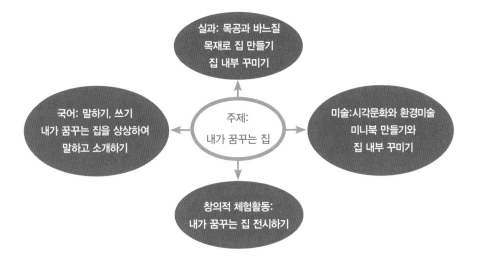

– 성취기준 분석하기

성취기준을 분석하는 일은 프로젝트 수업에서 가장 중요하지만 또 가장 어렵고 하기 싫은 작업이기도 합니다. 교육부 지침으로 내려온 성취기준의 양도 방대하거니와 성취기준과 성취기준에 대한 기준도 모호하여 성취기준 분석 자체가 부담으로 다가옵니다. 그렇다면 왜 교육부에서는 각 학교별, 교과목별 성취기준을 분석했을까요? 2009개정교육과정 초등·중학교 성취기준 개발 연구 총론에서 밝히는 성취기준 분석 이유를 소개하겠습니다.

> "교사와 학생의 역동적 상호 작용과 학생들 간의 협력 학습, 실질 의미의 체험학습이
> 가능하도록 하고, 교수 활동에 여유를 제공함으로써 교수·학습의 질을 높이기 위해서
> 는 과다한 학습 부담의 감축 또는 학습 부담의 적정화가 절실하다."
>
> — 2009개정교육과정 총론 중에서

위의 내용을 잘 들여다보면 결국 성취기준을 분석하는 이유는 교수·학습의 질을 높이기 위해 과다한 학습 부담을 감축하고 학습 부담을 적정화시키기 위해서입니다. 이러한 이유로 성취기준의 분석은 힘들고 어려운 일이지만 성취기준을 제대로 분석하여 버릴 것은 버리고 취할 것은 취해 아이들을 실질적인 배움으로 이끄는 것이 중요합니다.

프로젝트 수업에서도 먼저 해야 할 일은 주제 통합하고자 하는 교과의 성취기준을 뽑아내는 겁니다. 다음 표는 〈내가 꿈꾸는 집〉이라는 주제에 맞는 성취기준을 과목별로 뽑아서 정리해 놓은 표입니다.

교과	단원 및 성취기준	배정차시
국어	국1631-2. 쓰기의 계획하기 과정을 이해하고 목적, 주제, 독자 등에 따라 쓰기를 계획할 수 있다. 국1631-3. 쓰기의 내용 생성하기 과정을 이해하고 주제에 알맞게 생성한 내용을 정리할 수 있다. 국1631-4. 쓰기의 과정에 따라 한 편의 글을 쓸 수 있다.	6차시
미술	시각문화와 환경미술 – 나의 미래 공간 꾸미기	8차시
실과	일상생활에서 활용되고 있는 목재와 목제품의 종류 및 특성을 이해한다. 간단한 목제품을 창의적으로 구상하여 만들어 봄으로써 생활 속에서 사용되는 다양한 목제품의 제작 과정을 이해한다.	16차시
창체	내가 꿈꾸는 집 소개하기	2차시

일단 목재로 미니어처 집을 짓기 전에 내가 꿈꾸는 집은 어떤 집인지를 글로 써야 하기 때문에 국어과 성취기준이 꼭 필요합니다. 그러면 국어과 성취기준 중 쓰기 내용을 가져오면 됩니다. 또 미니어처 집의 내부를 꾸미기 위해서는 나만의 공간 꾸미기가 필요하므로 미술적 요소를 끌어오면 됩니다. 이런 식으로 하나의 주제 안에 필요한 과목의 성취기준을 가져와서 프로젝트 수업화하면 교과에서 따로따로 가르치지 않아도 되므로 학습 분량을 줄일 수 있습니다.

– 수업시수 추출하기

수업의 스토리를 짜면 필요한 수업시수를 파악할 수 있습니다. 예를 들어 내가 꿈꾸는 집에 대한 이야기를 쓰고 발표하는 시간을 4차시 정도 배정하고, 집을 완성한 후 소개하고 발표하는 시간을 4차시 정도 배치하여 국어를 8차시 정도 넣으면 됩니다. 그러나 실제로 프로젝트 수업을 진행하다 보면 차시가 늘어나는 경우가 많습니다. 아이들이 활동하다가 프로젝트 수업 시간을 늘려달라고 요청하기도 하고, 활동 결과에 따라 수업차시를 더 늘려주는 경우도 있습니다. 그럴 때는 창의적 체험활동 시간을 학급 자율활동 시간으로 남겨두었다가 쓰는 것도 좋은 방법입니다. 각 과목별 필요한 차시를 추출해내는 방법은 각 과목의 진도표를 보고 차시를 통합하거나 불필요한 내용은 삭제하면 됩니다. 저의 경우 한 프로젝트 수업당 32차시에서 40차시로 운영합니다. 이 시간은 제가 운영한 프로젝트 수업의 시수이므로 절대적이지 않습니다. 주제에 따라 프로젝트 수업 시수는 얼마든지 달라질 수 있으므로 시간에 구애받을 필요는 없습니다.

– 이지*듀 작업하기

위에서도 언급했듯이 저는 프로젝트 수업 시간을 특정시간으로 고정하여 운영했습니다. 이는 교과 전담 시간과 학교행사 시간을 고려하여 고정한 시간이며 고학년의 경우 5, 6교시, 저학년의 경우 1교시를 고정하여 운영했습니다. 고정된 시간을 이지*듀 프로그램 행사시수에 고정하여 넣어도 되고, 연간 시간표상에 '통합교과'라고 입력해도 됩니다. 그다음 진도표에 가서 정해 놓은 프로젝트 수업 스토리 내용을 입력하면 주간학습안내에 자동으로 입력되어 나옵니다.

주	기간	수업일수	월	화	수	목	금	비고
5	9.22–9.26	5	영국과과국미	수국사사실실	수국영체실	영창체국실실	수수창창실실	9.26(금) 동아리 활동
6	9.29–10.3	4	영국과과실국	수국사사실실	수국영체실	영창체국실실	개천절	10.3(금) 개천절
7	10.6–10.10	3	영창과과실실	수국사사실	미미체체미	한글날	수수창창실실	10.9(목) 한글날 10.8(수) 흡연음주 예방교육
8	10.13–10.17	5	영국과과미국	도도사사국국	수국영체국	영창체수미미	수수창창미미	10.17(금) 동아리 활동

내가 꿈꾸는 집 상상하기

〈내가 꿈꾸는 집〉을 만들기 위해서는 아이들이 평상시 자신이 살고 싶었던 집에 대한 이야기부터 시작해야 합니다. 우리 학교 주변은 대다수가 아파트여서 아이들이 살고 싶은 집에 대해 상상할 수 있을까 하는 의구심이 들었습니다. 그러나 놀랍게도 아이들은 미래에 자신이 살고 싶은 집에 대해 구체적인 밑그림을 그리고 있었습니다. 돌담으로 둘러싸인 정원이 있는 집, 천체 망원경이 있는 다락방집, 잔디가 깔린 축구장이 있는 집 등 나름대로 멋진 집을 상상하고 있었습니다. 이런 집에 살고 싶은 이유도 다양하고 특색이 있었습니다. 어떤 아이는 엄마가 건강이 좋지 않아 엄마의 요양을 위해 자연친화적인 집에서 살아야 한다고 했습니다. 또 어떤 아이는 동물을 좋아하기 때문에 마당이 넓은 집에 살아야 한다고도 했습니다. 아이들 한 명 한 명의 이야기를 듣다 보니 아름답고 멋진 집들이 떠올랐습니다.

한 땀 한 땀 바느질 수업과 뚝딱뚝딱 목공 수업

실과 수업 중 바느질과 목공 수업은 매우 중요하기 때문에 기초 수업으로 꼼꼼히 연습하도록 지도해야 합니다. 우선 기초 바느질인 홈질과 박음질, 단추 다는 방법 등을 익히도록 했습니다. 집 안 소품을 만들기 위해 기초 바느질이 꼭 필요하기도 하지만 5학년 실과 성취기준에 들어 있으므로 수업 과정에서 빠뜨리면 안 됩니다. 기초 바느질을 익힌 후에는 목재 활용에 대한 전반적인 이해 수업도 필요합니다. 구상도 그리는 방법, 목재의 특성, 공구 사용 방법, 공구 사용 시 유의할 점 등을 지도해야 창의적인 집을 설계하는 데 도움이 되기 때문입니다.

내가 꿈꾸는 집 만들기

기초 수업을 마치고 나면 자신이 상상하며 만들고 싶은 집을 구체적이고 세밀하게 구상하게 합니다. 〈내가 꿈꾸는 집〉 프로젝트 수업은 미니어처 제작으로 전체적인 집을 설계하고 내부의 살림살이 도구까지도 수작업으로 만들어야 합니다. 그러므로 여러 가지 매체를 활용하여 다양한 집의 형태를 찾아보고, 자신이 살고 싶은 집에 대한 구체적인 계획도 설계하도록 합니다. 설계도를 그리고 나면 설계도에 맞는 재료를 준비합니다.

이 프로젝트 수업의 포인트는 목재를 사지 않고 주변의 재활용품을 이용하여 새로운 미니어처 집을 만드는 것입니다. 그러다 보니 아이들은 학교 주변 황룡산에서 나무를 주워 오거나 재활용 목재를 모아서 재료를 준비했습니다. 내부 인테리어를 위한 소품은 천으로 직접 바느질하여 만들거나 가져오도록 했습니다.

처음엔 톱질과 망치질을 잘 못하는 아이들에 대한 걱정과 두려움이 컸습니다. 목공 수업에서 중요한 것은 안전입니다. 매 시간 안전 지도를 하고 시작하니 다행히 별다른 사고는 일어나지 않았습니다. 요즘 톱과 못, 망치를 사용하는 집이 드물어서 아이들이 과연 이 과정을 잘 해낼까 우려했는데 역시 아이들은 제가 생각한 것 이상이었습니다. 톱질과 못질을 못하는 여학생의 경우는 남학생들이 도와주고, 바느질을 못하는 남학생의 경우는 여학생에게 도움을 청하는 모습도 매우 인상적이었습니다.

이런 프로젝트 수업을 하게 되면 당연히 교실이 매우 어지럽고 혼란스럽습니다. 저도 처음엔 이 혼란한 상황이 적응되지 않아 신경이 많이 쓰였습니다. 교사는 본능적으로 정리벽이 있어서 이 상황을 견디기 힘듭니다. 하지만 활동적인 수업 상황을 편안하고 자유로운 시각으로 바라보면 어지럽고 정리 안 되는 상황이 점차 극복됩니다. 수업을 마치고 나서 모두 함께 깨끗이 정리하는 시간을 가지면 그다지 문제되지 않습니다.

내가 꿈꾸는 집 소개하기

아이들이 자신의 작품을 전시하고 발표하는 과정은 매우 중요합니다. 자신이 많은 노력과 시간을 들여 만든 작품을 칭찬받고 싶어하는 욕구는 누구에게나 있습니다. 그러므로 결과물이 잘 만들어졌든 아니든 노력과 시간을 투자해서 만든 작품이라면 여러 사람 앞에서 전시하고 발표하도록 하는 과정이 포함되어야 한다고 생각합니다. 이런 과정을 통해 아이들은 더욱더 성장하고 발전하게 되니까요.

〈내가 꿈꾸는 집〉을 다 완성한 후 복도에 전시하도록 했습니다. 아이들은 쉬는 시간마다 복도에 나가 자신의 집에 대해 묻는 후배와 선배에게 일일이 소개하고 설명하면서 뿌듯함을 느끼는 듯했습니다. 실용적이고 쓸모 있는 반목제품 책꽂이도 물론 나쁘지 않습니다. 그러나 나와 내 주변의 삶이 담긴 스토리가 있는 집, 그 집을 짓기 위해 열심히 생각하고 꾸미고 협력하여 만든 집이 있다면 아이들에게 어느 것이 더 소중할까요?

프로젝트 수업 후 이런 점이 아쉬워요

〈내가 꿈꾸는 집〉 프로젝트 수업에서의 아쉬운 점은 학교에 따로 목공실이나 작업실이 없어서 활동하는 데 많은 제약이 있었다는 것입니다. 책상과 의자를 뒤로 밀고 최대한 공간을 확보하여 작업하는 일이 매일 오후 시간에 이루어져야 하므로 공간을 마련하기 위해 버리는 시간이 꽤 많았습니다. 또 톱과 망치가 교실 한쪽에 쌓여 있다 보니 아이들의 안전이 항상 걱정이었습니다. 좁은 교실에서 30명이 넘는 아이들이 책상과 가방, 톱과 망치를 들고 목공 수업을 하는 학급 풍경이 무척 씁쓸하기까지 했습니다. 아이들이 마음 놓고 안전하게 노작활동을 할 수 있는 목공실이나 작업실이 각 학교에도 필수로 설치되어 있으면 좋겠습니다.

프로젝트 한눈에 보기

재구성 주제	활동 목표	배움 내용
내가 살고 싶은 집	내가 꿈꾸는 집 상상하기	주제학습 설명, 살고 싶은 집 상상하기 살고 싶은 집 이야기 나누기
	기초 바느질 익히기	기초 바느질 방법 익히기
	목재 활용과 특성 알기	목재 활용방법과 특성에 대해 알기
	내가 꿈꾸는 집 구상도 그리기	내가 살고 싶은 구상도 그리기
	집 제작하기	집 제작하기(목재 및 바느질법 이용하여 미니어처 꾸미기)
	완성된 집 전시 및 발표하기	발표에 필요한 준비물 제작하기 우리 집을 소개하는 미니북 만들기 우리 집 이야기 발표하기

버닝 맨 페스티벌과 프로젝트 수업!

출처: 위키피디아 커먼스

여러분은 버닝 맨 페스티벌(Burning Man Festival)에 대해서 들어본 적이 있나요?

뜨거운 태양이 이글거리는 사막 위에 트로이 목마를 닮은 조형물이 서 있고 탈것에 올라탄 사람들이 자유롭게 노니는 모습은 마치 영화 〈매드맥스: 분노의 도로〉를 연상시킵니다.

이 사진은 바로 미국 네바다 주에 있는 Black Lock 사막에서 8월 말에 시작해 미국의 노동절인 9월 첫째 주까지 펼쳐지는 버닝 맨 페스티벌의 한 장면입니다. 페스티벌 기간 중 행사 마지막 날에 거대한 나무조형물을 불태우기 때문에 '버닝(burning) 맨'이라는 이름이 붙었다고 합니다.

버닝 맨 페스티벌은 세계 최대의 인터넷 회사인 구글에서 신입사원을 채용할 때 이 행사에 참여한 경험이 있는 사람에게 인센티브를 준다고 공고하면서 대중에게 알려지게 되었습니다. 그리고 구글의 공동 창업자인 래리 페이지와 세르게이 브린, 아마존의 제프 베조스, 페이스북의 마크 저커버그 등 실리콘밸리의 유명한 창업자들이 버닝 맨 페스티벌에 참여해서 영감을 받아가는 것으로도 유명합니다.

유튜브에서 버닝 맨 페스티벌 동영상을 검색해보면 이색적인 장면들을 많이 볼 수 있습니다. 범상치 않은 개성을 가진 사람들이 뜨거운 열기가 넘치는 Black Lock 사막으로 하나 둘 모여듭니다. 참여자들은 그들의 끼와 재능을 한껏 발휘하며 춤을 추기도 하고 노래를 부르기도 하며 조형물을 만들어 전시하기도 합니다. 동영상을 보고 있노라면 너무나 자유분방한 광경에 오히려 불편한 마음이 들 정도입니다.

버닝 맨 페스티벌에는 10가지 원칙이 있습니다. 누구나 참여할 수 있고, 자기표현과 공동의 노력을 중요시하며, 재능 기부를 권장하고, 능동적 참여와 성숙한 시민의식, 환경보호를 강조하고 있습니다. 이처럼 버닝 맨 페스티벌이 지향하는 참여, 예술, 자기표현, 체험 등의 정신과 철학은 프로젝트 수업을 통해 얻고자 하는 목적과 많이 닮아 있어서 버닝 맨 페스티벌에서 프로젝트 수업의 또 다른 변형된 모습을 떠올렸습니다.

버닝 맨 페스티벌과 프로젝트 수업의 닮은 점은 무엇일까요?

첫째, 버닝 맨 페스티벌은 자발적인 참여자들에 의해 일시적으로 만들어진 가상의 사회입니다. 프로젝트 수업에서도 학생들의 자발적인 참여로 모둠이 구성되고, 모둠 구성원들의 협력을 통하여 문제해결의 가능성을 찾아가는 참여의 장이 만들어집니다.

미국 네바다 주 사막에 형성된 Black Lock city

둘째, 버닝 맨 페스티벌은 매년 하나의 주제가 주어지고 참가자들은 그 주제에 맞는 독특한 아이디어와 퍼포먼스를 준비하여 참가합니다. 테마 캠프 수백 개가 즉석에서 만들어져서 참가자들은 원하는 곳에서 다양한 체험을 해볼 수 있다고 합니다. 프로젝트 수업도 주제를 중심으로 다양한 탐색활동이 이루어지고 학생들의 창의적인 아이디어와 결과물 공유를 중요시합니다.

셋째, 다양성을 존중합니다. 버닝 맨 페스티벌의 10가지 원칙에서도 알 수 있듯이 누구나 참여할 수 있으며 창의적인 자기표현을 중요시합니다. 프로젝트 수업은 서로 다른 다양한 영역의 교과와 경험의 결합을 시도하며 창의적인 문제해결을 위하여 서로의 생각을 존중합니다.

넷째, 프로젝트 수업의 역할은 아이들이 주변의 삶과 관련된 주제를 탐구하고 다양한 경험을 할 수 있는 학습상황을 제공하는 것입니다. 다양한 학습상황에서 아이들은 참관자가 아니라 참여자로서 다양한 시도와 친구들과의 소통을 통하여 자기의 가능성을 발견하게 됩니다. 버닝 맨 페스티벌에 참가한 후 영감을 받아 우리나라에서 코리아 번(Korea Burn)을 운영하고 있는 정신엽 군(2016)은 다음과 같이 참가소감을 이야기합니다.

"저는 버닝 맨 페스티벌에 참여해서 참여가 주는 다양한 가능성을 발견했습니다. 엉뚱하게 불을 뿜는 문어, 섬 모양의 아트카(Art Car), 상어 등 엉뚱할 수도 있고 잉여 짓일 수도 있지만, 이런 참여들이 모여서 재미있는 Black Lock city를 만들었고 축제도 만들어냈습니다."

그는 만약 자신이 구경꾼으로 축제에 참여했다면 친구들과 소통이 없었을 것이고 비록 유치하지만 직접 제작한 결과물로 참여자 입장에서 참가했더니 축제에 다른 시각으로 참여할 수 있었다고 말합니다. 그래서 많은 친구들과 소통이 가능했다고 합니다.

다섯째, 프로젝트 수업은 교사와 학생 모두 도전과 용기가 필요합니다. 교사는 프로젝트 수업을 설계하는 단계에서뿐만 아니라 운영과정에서 많은 어려움을 경험할 수 있습니다. 학생들은 주도적으로 과제를 수행해야 하기 때문에 실수를 극복하고 서로 노력해야 합니다. 하지만 새로운 것에 대한 도전은 우리에게 더 많은 소중한 경험과 성취감을 안겨줄 수 있습니다. 버닝 맨 페스티벌도 뜨거운 사막에서 일주일 간 먹을 식량과 음료는 물론 잠잘 곳도 개인이 해결해야만 합니다. 이러한 악조건에도 불구하고 누군가 앞에서 리드하는 사람이 없이 자발적으로 모이고 자발적으로 축제에 참여하며 즐깁니다. 정신엽 군은 그 과정이 자신을 찾고 내가 좋아하는 것과 꿈을 찾아가는 과정이 되며, 세상과의 만남과 소통으로 나만의 아름다운 스토리가 만들어지는 소중한 경험이 되었다고 말합니다.

여섯째, 프로젝트 수업에는 운영의 묘미가 필요합니다. 얼마 전 함께 설계했던 프로젝트 수업을 마무리하는 자리에서 신규선생님이 프로젝트 수업을 진행하려면 교사는 결과물에 대한 욕심을 내려 놓아야 하며, 학생들 사이를 조율하는 과정에 많은 인내심이 필요하더라는 소감을 이야기했습니다. 우리는 신규교사의 막막한 심정을 충분히 공감할 수 있습니다. 프로젝트 수업을 설계하는 과정이나 학생들에게 기대했던 결과물에 대한 실망, 힘든 조율과정 등은 프로젝트 수업을 운영해본 선생님들은 누구나 겪었던 일입니다. 이러한 부분이 프로젝트 수업의 걸림돌이기도 하지요.

버닝 맨 페스티벌도 개최 초기에는 무법천지를 방불케 했습니다. 얼마 후 축제의 의미를 살리자는 참여자들의 공감의 소리가 확산되어 자생적으로 나름대로의 룰이 생기고 질서가 잡히고 자원봉사자들까지 생겼다고 합니다. 프로젝트 수업에서도 이질적인 아이들이 모여 수행과제를 해결하는 동안 처음에는 조율이 어렵고 힘들지만 교사와 아이들 간 공감이 확산되면 서서히 질서가 잡혀가고 경험이 쌓일수록 교사가 의도했던 교육목적에 보다 용이하게 다가갈 수 있을 거라 생각합니다.

국어, 수학, 역사, 미술, 실과...

교과가 무엇인가는 크게 중요하지 않다.

아이들이 나를 통해 더 큰 배움 속으로, 더 즐겁게 뛰어들 것이라는 것을 믿는다면

교사는 어디서든 출발해 원하는 곳으로 이끌 수 있는 자들이기 때문이다.

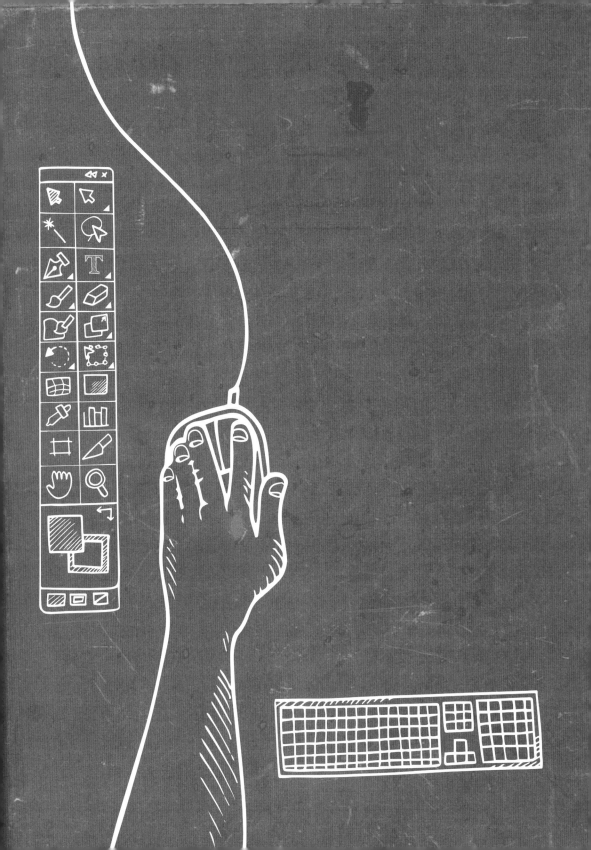

4부

프로젝트 수업은
담임 교사가
이끈다

[생태 프로젝트 수업]

그림책+자연, 자연과의 공존

저학년에게 프로젝트 수업이 가능한가?

저학년 아이들에게 프로젝트 수업이라는 정의에 맞는 수업을 할 수 있을까, 국가에서 정성들여 만들어준 잘 짜인 통합교과를 굳이 건드릴 필요가 있을까, 천방지축으로 날뛰는 아이들을 데리고 교실 밖의 활동이 안전할까 등 수없는 갈등 때문에 교육과정을 재구성하는 것이 망설여집니다. 사실 저학년 아이들에게 맞는 프로젝트 수업을 구상해내기가 쉽지는 않습니다. 프로젝트 수업의 기본 형식은 아이들 스스로 무언가를 구성하고 짜내야 하는 것인데 갓 유치원을 졸업한 1학년들의 프로젝트 수업이란 결국 교사 중심의 수업이 아닐까 생각되었기 때문입니다. 그래서 프로젝트 수업에 대한 고정관념을 버리고 고민을 시작했습니다. 그 결과 교사가 이끌어가되 아이들이 참여하고 활동한다면 저학년 프로젝트 수업도 무리가 없을 거라 생각했습니다.

그렇다면 1학년으로 입학한 아이들에게 자연스럽고 부담 없이 다가갈 수 있는 프로젝트 수업의 소재는 무엇일까? 그건 바로 그림책이었습니다. 그림책은 책과 문자의 세계로 안내하는 길잡이가 되며 초등 저학년 아이들에게는 즐거움과 호기심을 충족시켜주는 대상이기도 합니다.

그림책이라는 소재에 '봄' 통합교과를 재구성하여 '자연'이라는 주제를 잡았습니다. 1학년 아이들에게 자연과의 교감, 따뜻한 심성, 언어와 인지발달, 예술적인 심미안을 길러주고 상상력을 키워주기 위한 자연 관련 그림책은 매우 많아 책 선택에 큰 어려움은 없었습니다.

주제와 소재를 정하고 나니 프로젝트 수업 활동 시간에 대해 생각해보게 되었습니다. 대부분의 저학년 교육과정 재구성 사례를 보면 10차시 이내의 수업 시간으로 짜여 이벤트성 행사로 끝나는 경우가 많습니다. 그러나 프로젝트 수업은 장기적으로 꾸준히 길러져야 하는 과정 중심의 수업이므로 적어도 30차시 이상은 확보되는 것이 바람직하다고 생각합니다. 그래서 프로젝트 수업 시간을 매 1교시로 고정해두고 일주일에 4회, 8주간, 32차시의 프로젝트 수업을 짜보았습니다.

프로젝트 수업 시수 확보를 위해 불필요한 차시는 통합하여 축소하고 확보된 시간만큼 재구성하거나 통합교과 내용을 새롭게 구성했습니다. 자연에 관한 책을 읽고 그와 관련된 활동으로 확장하여 구성하는 독서 융합 형식의 프로젝트 수업을 만들었습니다. 이렇게 체계적으로 구성하고 나니 저학년의 프로젝트 수업도 가능해졌습니다.

프로젝트 수업 구성하기 - 그림책으로 하는 생태 프로젝트

이 프로젝트 수업은 국어, 바생, 즐생, 슬생, 창의적 체험활동이 골고루 들어가도록 차시를 배분했습니다. 더욱이 1교시를 주제 통합 시간으로 구성하여 진도표에 고정시켜두니 교육과정을 짜는 것도 매우 쉬웠습니다. 책 한 권을 4시간의 수업으로 구성하니 그림책을 조금 깊이 있게 다룰 수 있다는 장점이 있었습니다. 주당 4시간을 1차시에는 책 읽고 감상하기, 2차시에는 주제 확장하기, 3차시에는 주제 표현하기, 4차시에는 주제 마무리하기의 단계를 두어 다양한 활동이 들어갈 수 있도록 구성했습니다.

○ 관련과목: 국어, 바른 생활, 슬기로운 생활, 즐거운 생활, 창의적 체험활동
○ 적용학년: 1학년
○ 수업차시: 32차시

프로젝트 수업의 흐름

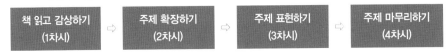

4차시의 활동내용은 아이들과 함께 정할 수도 있고 아이들이 어려워할 경우에는 교사가 구성해도 괜찮습니다. 단, 8주 동안 다룰 그림책들은 주제의 깊이에 따라 배치하는 것이 좋습니다. 예를 들어 '자연'이 주제라면 앞부분에서는 자연에 대한 경이로움과 고마움을 다루고 뒷부분에서는 자연을 파괴하는 사람들에 대한 반성과 자연의 소중함을 느낄 수 있도록 관련 책을 배열하면 프로젝트 수업의 목적이 자연스럽게 달성될 수 있습니다.

책 읽고 감상하기

책 읽고 감상하기는 아동에게 교사가 책을 읽어주고 책의 내용을 파악하여 이해를 돕도록 하는 단계입니다. 이 단계에서는 책에 등장하는 인물이나 배경, 떠오

르는 생각 등을 자유로운 형식으로 감상하도록 합니다. 주인공이 한 일이나 사건의 전개 과정을 이야기하며 내용을 파악해도 좋습니다. 예를 들어 『딸기』 책을 읽고 딸기가 태어나는 과정을 이야기하고 그 과정을 그림으로 그려보도록 했습니다. 또는 『WOW 동물이 정말?』이라는 책을 읽고 책 속에 있는 사실적 내용을 '협동 OX 퀴즈'를 통해 접근하는 것도 흥미로웠습니다.

고학년용 그림책인 경우라면 질문을 서로 만들어 친구들과 토의하는 하부르타 식 방식의 도입도 좋습니다. 이 단계에서는 책을 읽고 다양한 형식의 질문을 만들고, 이를 이용하여 활발한 토의를 벌인다면 더 심도 있는 감상 단계가 될 수 있습니다.

아이들이 책의 내용을 이해하기 어렵다고 하면 교사가 책을 한 번 더 읽어주는 것도 내용파악에 도움이 됩니다. 저학년 아이들의 경우는 아직 독해력이 부족하거나 독서량에 따라 이해도의 차이가 있으므로 여러 번 책을 읽어주는 데 시간을 투자해도 좋을 듯합니다.

주제 확장하기

주제 확장하기는 책과 관련된 활동이지만 주제 안에서 조금 더 깊이 있게 탐구하고 생각하도록 하는 단계입니다. 이 단계에서는 주제와 관련된 다양한 탐구활동을 할 수 있는데 주로 슬기로운 생활 영역의 내용들로 연계하면 활동을 쉽게 찾을 수 있습니다.

예를 들어 『딸기』 책을 읽고 주제를 확장한다면 딸기를 직접 심어보는 활동으로 구성하여 딸기가 자라는 과정에 대해 실제적으로 탐구할 수 있는 기회를 줄 수 있습니다. 또는 『민들레는 민들레』 책을 읽고 나서 민들레를 관찰하러 학교 밖 나들이를 나가기도 했습니다. 책 속에만 있었던 민들레가 우리 주변 여기저기에 존재한다는 사실에 아이들은 놀라웠는지 "선생님! 여기도 민들레가 있어요, 저기에도요."라고 소리치기도 했습니다. 길가에 흔하게 피어 있는 민들레가 책을 읽고 난 후의 아이들 눈에는 특별한 민들레로 보였던 모양입니다. 이런 특별한 민들레를 직접 만져보고 관찰하는 과정을 통해 생동감 있는 탐구활동을 할 수 있었습니다. 저 역시 돌 틈, 나무 사이 등에 끼어 무심히 자라고 있는 민들레를 보고 나니 민들레가 달리 보이기 시작했습니다. 아는 만큼 보인다고 했던가요?

주제 표현하기

주제 표현하기는 책을 읽고 난 후 책과 관련된 소재나 내용들을 그리기, 만들기, 오리기, 노래 부르기, 신체 표현하기 같은 다양한 독후 표현 방법을 사용하여 구성하는 단계입니다. 이 단계에서는 즐거운 생활 영역의 내용을 떠올리면 쉽게 활동 내용을 찾을 수 있습니다. 예를 들어 『나무는 참 좋다』의 주제 표현하기는 봄, 여름, 가을, 겨울 나무의 모습을 물감으로 찍어서 표현했습니다. 책에서만 감상하는 봄, 여름, 가을, 겨울 사계절 나무의 색을 직접 물감으로 찍어서 나타냄으로써 나무의 변화하는 모습을 생동감 있게 표현해볼 수 있습니다.

『민들레는 민들레』의 경우에는 민들레를 종이접기로 접어보고 민들레의 모습을 꾸며보는 활동으로 구성했습니다. 이는 민들레를 관찰하는 단계에서 더 나아가 관찰한 것을 세밀하게 표현해보는 심미안을 키워주기 위한 것입니다. 실제로 주제 표현하기 단계에서 색칠하기, 만들기, 종이접기를 무척 많이 진행했습니다. 1학년 갓 입학했을 때는 손에 힘이 없어서 미흡한 작품들이 많았으나 점점 수업이 무르익자 제법 멋진 작품을 접할 수 있었습니다. 주제 표현하기 단계에서 만든 여러 가지 표현 작품들은 학급환경을 구성하는 데도 많은 도움이 되었습니다. 학급 환경 구성을 위해 따로 작품을 만들지 않아도 자연스럽게 아이들의 작품을 전시할 수 있어서 좋았습니다.

주제 마무리하기

책에서 느낀 점을 내면화하는 단계입니다. 일상생활과 책에서 느낀 점을 자연스럽게 바른 생활 영역의 내용으로 연결시키면 책에서 배운 것을 내면화하기에 좋습니다. 자연에 대한 고마움을 편지나 동시 형식으로 지어보게 하고, 인간의 자연 파괴에 대한 미안한 마음 등을 적게 하여 큰 주제에 다가가도록 유도합니다. 마지막으로 읽은 책들은 전시하고 학급 아이들의 이름이 붙어 있는 책 표지를 출력하여 붙여둡니다.

책을 읽을 때마다 자유롭게 스티커를 붙일 수 있도록 하면 한 권을 여러 번 읽는 습관도 기를 수 있고 책에 대해 갖는 애정도 남달라집니다.

프로젝트 수업 후 이런 점이 아쉬워요

1학년 프로젝트 수업을 진행하다 보면 활동 내용의 구성에 제약이 많습니다. 1학년 아이들은 미숙하고, 외부에 위험한 요인이 많다는 이유로 교실 밖 수업을 부담스러워하는 동학년 선생님들과 관리자들이 있습니다. 아무리 좋은 수업이라도 안전사고가 나면 허망한 결과를 낳을 수 있기 때문이죠. 그래서 관리자들은 교실 밖 활동적인 수업에 대한 안전장치로 문서화하길 바라고, 그런 번거로움을 피하려고 교사들은 교실 밖 수업을 외면하는 실정입니다.

또한 발생할지도 모르는 민원에 대해 미리 걱정하는 분들도 있습니다. 실제로 학교 안 텃밭에서 딸기와 방울토마토를 기르기 위해 모종마다 아이들의 이름표를 꽂은 적이 있습니다. 책임감 있게 모종을 키우도록 하기 위해서였는데, 관리자들은 이름표를 꽂는 것이 개인정보 유출의 위험이 있고 민원의 소지가 된다며 이름표 대신 번호표나 별명을 붙이라고 한 적도 있습니다. 물론 안전한 활동이 보장된 속에서 활동적이고 자유로운 수업을 하는 것이 교사에게나 학생에게나 가장 좋은 수업이기는 합니다. 그러나 안전을 이유로 지나치게 활동을 제약하는 것은 구더기 무서워 장을 못 담그는 꼴이 될 수도 있습니다.

단원 및 성취기준

교과	단원 및 성취기준	배정시간
국어	〈국어 심화보충 시간〉 1255-1. 그림이 포함된 책을 읽고 내용의 흐름을 이해할 수 있다. 1251-3. 옛이야기나 짧은 동화를 읽은 경험을 선생님이나 친구들과 주고받을 수 있다.	10차시
바생	〈봄 1-1. 2. 새싹 – 생명은 소중해요〉 통바2221. 생명이 소중한 이유를 알아보고, 봄철 생활 주변의 생물들을 존중하며 아끼고 보호할 수 있다.	3차시
슬생	〈봄 1-1. 2. 새싹 – 새싹을 도와줘요.〉 통슬2221. 씨앗을 심고 싹을 틔워 가꾸면서 식물이 자라는 모습을 흥미와 관심을 갖고 관찰하여 그 특징을 그림으로 나타낼 수 있다.	2차시
즐생	〈봄 1-1. 2. 새싹 – 나는 누구일까요?〉 통즐2221. 꽃과 새순, 벌과 나비 등 봄에 볼 수 있는 동식물을 소재로 친구들과 다양한 표현 활동을 할 수 있다.	9차시
창체	동화책과 함께하는 자연생태교육	8차시

평가 계획

이 프로젝트 수업의 평가는 각 과목별 수행평가 계획을 세울 때 평가 기준을 넣어서 계획하면 됩니다. 국어과에서는 그림책을 읽고 내용의 흐름을 이해하는지를 관찰 평가합니다. 통합교과의 경우는 '봄' 단원과 관련된 평가로 식물이 자라는 과정과 자연의 아름다움을 다양한 방법으로 표현하며 생명의 소중함을 알고 실천하려는 마음가짐을 평가하면 됩니다.

과목	평가 기준	방법
국어	그림책을 읽고 내용의 흐름을 이해할 수 있다.	구술평가, 관찰평가
바생	생명의 소중함을 알고 실천할 수 있다.	관찰평가
슬생	생명이 자라는 과정을 관찰하여 그림으로 그릴 수 있다.	포트폴리오
즐생	자연의 아름다움을 다양한 방법으로 표현할 수 있다.	포트폴리오
창체	동화책을 읽고 자신의 느낀 점을 정리할 수 있다.	포트폴리오, 구술평가

프로젝트 한눈에 보기

책 제목 (출판사)	책 읽고 감상하기 (1차시)	주제 확장하기 (2차시)	주제 표현하기 (3차시)	주제 마무리하기 (4차시)
민들레는 민들레 (이야기꽃)	민들레가 피어난 곳은 어디인지 책 속에서 찾아보기	민들레를 관찰하고 민들레의 특징 알아보기	색종이로 민들레 접기	민들레 홀씨가 되어 가보고 싶은 곳은 어디인지 생각해보기
딸기 (한솔수북)	딸기가 태어나는 과정 알아보기	딸기를 심어 관찰하기	딸기 모양 그려보기	딸기 책 만들고 편지 쓰기
나무는 참 좋다 (키즈엠)	책을 읽고 나무가 부리는 요술 알아보기	학교 숲에서 나무이름 조사해보기	봄, 여름, 가을, 겨울 나무 물감으로 찍어보기	고마운 나무에게 칭찬의 편지 쓰기

책 제목 (출판사)	책 읽고 감상하기 (1차시)	주제 확장하기 (2차시)	주제 표현하기 (3차시)	주제 마무리하기 (4차시)
숲 (키즈엠)	책 내용 파악하기	숲이 우리에게 주는 이로운 점 알아보기	숲 책 표지 꾸미기	숲을 보호하기 위해 우리가 해야 할 일 알아보기
WOW 동물이 정말? (솔빛길)	협동 OX퀴즈 맞추기	좋아하는 동물 조사하기	동물 종이접기 책 만들기	동물소개 책 만들기
괴물들이 사라졌다. (책 읽는 곰)	사라진 괴물을 지도에 그려보기	멸종위기 동물 알아보기	앞으로 사라질 괴물들 이름 붙여보기	괴물들에게 사과의 편지 쓰기
사과나무 (은나팔)	사과나무가 친구들에게 한 일을 말해보기	사과나무에 열매가 열리는 과정 조사해보기	사과나무 꾸며보기	사과나무로 동시 지어보기
나무늘보가 사는 숲에서- 팝업북 (보림)	숲에 함께 사는 친구들은 누구인지 말해보기	나무늘보와 함께 살 수 있는 숲 이름 붙여보기	나무늘보가 사는 숲을 팝업으로 꾸며보기	인간과 동물, 식물이 함께 살 수 있도록 서로 노력해 야 할 점에 대해 이야기 나누기

4부. 프로젝트 수업은 담임 교사가 이끈다 ■ 171

[진로 프로젝트 수업]

내가 제일 잘 나가!

알파고와 빅데이터 시대의 진로교육

중학교에서는 요즘 한창 자유학기제가 시행되고 있습니다. '자유학기제'란 학생들이 한 학기 동안만이라도 시험 부담 없이 자신의 꿈과 끼를 찾는 진로 탐색의 기회를 가져야 된다는 취지에서 만들어진 제도입니다. 그러나 북유럽 나라들의 진로 체험활동 프로그램을 본 떠 만든 자유학기제가 과연 우리나라에도 실효성이 있을지는 의문입니다. 언제나 그랬듯이 좋은 취지로 들어오는 교육사조들이 한국에만 들어오면 변질되어 운영되는 현상들을 종종 보기에 자유학기제에 대한 기대도 그리 크지 않은 것이 사실입니다. 실제로 중학교 자유학기제 기간 동안 사교육 시장이 활성화되고, 성적 격차가 크게 벌어졌다는 기사들을 접할 수 있습니다. 또한 제대로 운영되는 학교의 경우에는 다양한 진로체험이 가능하지만 그렇지 못한 열악한 학교의 경우 수박 겉핥기식의 자유학기제를 보내고 있어 학교 간 질적 격차도 크다고 합니다.

한 학기 만에 자신의 꿈과 끼를 찾는다는 것이 그리 쉬운 일은 아님이 분명합니다. 그러므로 진로 탐색 활동은 초등학교 고학년부터 조금씩 접해야 중학교에 진학했을 때 자신의 진로를 탐색하는 활동에 더욱 더 진지한 태도로 다가갈 수 있다는 생각이 듭니다.

그러나 초등 현장에서 이루어지는 진로교육은 대체로 학교 특색 사업이나 노력 중점 사업으로 운영되는 경우가 많습니다. 학교 현장에서 행사처럼 진행되는 진로교육의 현장을 들여다보겠습니다. 우선 학부모 중 특색 있는 직업군을 찾아 아침 자습 시간이나 창의적 체험활동 시간을 이용하여 강의식 교육을 합니다. 그나마도 여의치 않으면 진로 부스 운영을 통해 직업 체험을 하도록 하는 등 형식적으로 운영되기도 합니다. 초등 5·6학년 때 진로 적성검사를 일괄 실시하는 학교도 일부 있으나 이 또한 검사로만 그칠 뿐, 아이들에게 꿈에 대한 진지한 고민을 해볼 기회를 주지는 않습니다.

미래사회에서는 지금 현재 존재하는 직업의 절반이 사라지고 새로운 직업들이 속속 생겨난다고 합니다. 알파고와 빅데이터를 논하는 시대에 자신의 적성과 소질을 발견하여 지속적인 역량을 키우고 올바른 직업을 선택할 수 있는 안목을 키워주는 진로교육이 절실히 필요합니다.

〈내가 제일 잘나가〉 프로젝트 수업은 자신의 꿈을 찾고 미래의 직업을 탐색하는 과정을 통해 자신의 진로에 대한 방향을 설정하고 자신이 선택한 직업에 관심을 갖도록 하는 데 목적을 두었습니다. 또한 자신의 적성과 다중지능검사, 흥미도를 객관적인 자료로 측정한 후 다양한 직업군을 찾아 그것들을 친구들에게 소개하며 알려주는 형식의 자기 주도적인 진로교육 수업입니다.

○ 관련과목: 국어, 도덕, 실과, 미술, 창의적 체험활동
○ 적용학년: 6학년
○ 수업차시: 32차시

프로젝트 수업의 흐름

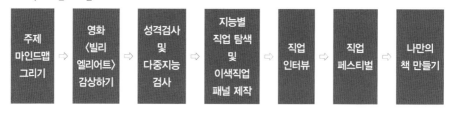

| 주제
마인드맵
그리기 | ⇨ | 영화
〈빌리
엘리어트〉
감상하기 | ⇨ | 성격검사
및
다중지능
검사 | ⇨ | 지능별
직업 탐색
및
이색직업
패널 제작 | ⇨ | 직업
인터뷰 | ⇨ | 직업
페스티벌 | ⇨ | 나만의
책 만들기 |

주제 마인드맵 그리기

    마인드맵이란 머릿속의 생각을 단어나 이미지를 통해 지도처럼 연결하여 정리하는 창의적인 사고 기법 중 하나입니다. 요즘은 '비주얼 씽킹(Visual thinking)'이라는 이름으로 생각을 시각화하려는 작업들이 이루어지고 있습니다. 프로젝트 수업에서 그리는 주제 마인드맵 역시 주제에 대한 생각을 이미지화하여 그려보면 전반적인 프로젝트 수업의 과정을 한눈에 알 수 있어 매우 유용합니다. 일단 교사가 주제에 대한 수업내용을 스토리보드 형식으로 간략하게 짜두고 아이들과 함께 주제 마인드맵을 그리면서 살을 붙여나가면 더 좋은 프로젝트 수업이 될 수 있습니다.

〈빌리 엘리어트〉 영화 감상하기

주제 마인드맵을 그린 후에는 주제에 대한 동기유발이 필요합니다. 동기유발은 영화, 동영상, 노래, 책 등 다양한 형식으로 진행해도 좋습니다. 〈내가 제일 잘나가〉 프로젝트 수업에서 영화 〈빌리 엘리어트〉는 동기유발로 매우 적합했습니다. 탄광촌 출신 소년이 편견에 맞서 발레리노의 꿈에 도전한다는 스티븐 달드리 감독의 영화입니다. 현실의 어려움을 극복하고 예술적
성취를 이루는 내용의 성장담을 다룬 영화여서 아이들이 꿈에 대해 생각해볼 수 있는 기회가 되었습니다. 영화를 보고 나서는 여러 가지 질문 형식으로 영화에 대한 각자의 생각을 표현해보도록 했습니다.

- 이 영화의 주인공이 발레를 할 수 없었던 사회적 편견에는 무엇이 있을까?
- 우리가 갖고 있는 직업의 편견에는 무엇이 있을까?
- 만약 내가 주인공이라면 사회적 편견에 맞서 내 꿈을 이룰 수 있을까?

나를 알아보자

〈내가 제일 잘나가〉라는 프로젝트 제목에서 느낄 수 있듯이 이 프로젝트 수업은 자신을 알아가는 과정을 한 편의 책으로 엮어내는 수업으로 기획되었습니다. 자신의 성격이나 기질, 흥미도 등을 측정하고 다중지능 검사를 통해 자신의 지능이 어느 부분에서 우세하게 나타나는지를 알아보는 과정이 담겨 있습니다. 객관적인 자료를 통해 자신을 알고 현실적인 진로를 생각해보도록 유도하기 위해서입니다. 아래의 검사들은 커리어넷(www.career.go.kr)이나 인터넷에서도 검사할 수 있으나 종이 질문지를 통해서 검사 결과를 한눈에 볼 수 있도록 했습니다. 검사 결과 유형별 이색직업과 지능에 해당하는 직업들을 소개하여 다양한 직업군을 알게 하는 과정도 포함시켰습니다.

- 성격 기질 검사
- 직업 흥미도 검사
- 다중지능 검사

나의 성격 기질과 흥미도, 다중지능을 파악한 후 같은 지능끼리 대화를 나누는 시간을 갖도록 했습니다. 비슷한 지능군끼리 모여 자신들이 좋아하는 과목이나 연예인, 노래, 속담, 단어 등을 찾고 발표하는 시간은 학급친구들의 단합에도 긍정적인 영향을 끼쳤습니다. 서로 관계가 좋지 않았던 아이들이 같은 지능군에 묶여 있다는 사실만으로도 친근감을 느끼기도 했습니다.

이색직업 패널 제작하기

각 지능별로 모인 아이들은 자신이 속한 지능군의 아이들과 이색직업을 자세히 조사하여 우드락에 패널을 제작하도록 했습니다. 이 활동은 진로를 탐색하는 아이들에게 다양한 지능의 이색직업군을 공유하게 하여 현재 가지고 있는 직업에 대한 고정관념을 버리고 새로운 직업군에 대한 인식을 변화시키기 위한 것입니다. 사실 이 과정을 통해 교사인 저 역시도 이렇게 다양한 직업이 있었는지 놀라울 따름이었습니다. 이색직업 패널은 학년 활동실에 전시하여 전체가 공유하도록 하는 시간을 가졌습니다. 또한 전시에 그치지 않고 직업 페스티벌인 '나는야~ 명탐정! 이색직업을 찾아라!'를 통해 다양한 직업에 대해 탐색하는 기회도 마련했습니다. 직업 페스티벌 활동으로 이색직업 스무고개 활동, 즉 다른 친구들이 제작한 이색직업을 문답형식으로 맞추는 게임과 학급단합대회도 함께했습니다.

직업인 인터뷰

진로활동 중 직업인 인터뷰 활동은 '면담 목적을 고려하여 효과적으로 면담할 수 있다'는 국어과 성취기준을 반영한 것입니다. 직업인의 생생한 인터뷰가 필요한 이유는 현재 직업인이 꿈을 이루기 위해 노력했던 점과 어려웠던 점을 아이들에게 들려주고 싶었기 때문입니다. 위에서 여러 활동을 통해 자신의 직업을 선택했다면 비슷한 직업군끼리 모아 인터뷰 활동을 계획하도록 했습니다. 인터뷰 계획 시 이색 직업군 위주로 방향을 설정해주었더니 다양한 직업인에 대한 인터뷰가 이루어졌습니다. 야구선수인 두산 베어스의 정수빈 선수, SBS 무대 디자인 감독, 플루티스트 등 다양한 직업인에 대한 인터뷰를 듣게 되었습니다.

주제 체험학습도 대학로 학전 소극장으로 다녀와 연극을 보고 난 후 연극인들과 인터뷰를 할 수 있는 자리도 마련했습니다. 대학로 학전 소극장의 경우 초등학교 아이들을 위한 상설 연극무대가 개설되어 언제든지 원하는 시간에 공연을 해주므로 진로에 관한 주제 체험학습에 안성맞춤이었습니다.

나를 디자인하라

직업에 대한 스크랩하기, 캘리그래피를 이용하여 명함과 도장 새기기, 나만의 책 표지 꾸미기 등 다양한 미술활동을 재구성하여 반영했습니다. 다양한 미술활동을 함께 하도록 구성하면 딱딱한 진로활동 수업에서 조금은 벗어날 수 있고 자신만의 진로활동 책을 구성하는 데 많은 도움을 줍니다.

– 직업 스크랩하기

자신이 하고 싶은 직업에 대한 사진을 출력한 후 콜라주 형식으로 구성하도록 했습니다. 사진을 합성해도 좋고 그 직업을 나타내는 특징적인 물건을 찾아올 수도 있습니다. 이때 저작권에 주의하며 자료를 찾도록 합니다.

– 나만의 명함 만들기

캘리그래피 형태의 글씨체로 도장을 새기게 한 후 20년 후 자신의 명함을 만들도록 했습니다. 자신의 명함을 만들어보면서 미래에 꿈을 이룬 뒤의 성취감을 미리 맛보는 시간을 가질 수 있었습니다.

– 20년 후의 나에게 편지 쓰기

20년 후의 나를 상상하며 편지나 일기를 쓰도록 했습니다. 구체적인 꿈을 갖고 쓰는 편지나 일기의 내용이 매우 진지하고 색다르게 느껴졌습니다. 꿈을 이루고 난 뒤 자신의 일상생활을 상상하여 생생하게 글로 표현한 것은 매우 재미있었습니다.

– 나만의 꿈을 담은 책 만들기

〈내가 제일 잘나가〉 프로젝트 수업 시작부터 마무리까지 자신들이 했던 과제들

을 한 권의 책으로 엮어내도록 기획했습니다. 이 공책은 발도르프식 공책으로 인쇄소에 주문제작하여 쓰도록 했습니다. 이 공책의 특징은 각 페이지마다 투명종이가 간지로 끼어 있어 그림이나 글씨가 다른 종이에 번지지 않는다는 장점을 가진 공책입니다. 아이들은 저마다 자신만의 독특한 진로활동 공책을 만들어 완성했습니다.

프로젝트 수업 후 이런 점이 좋았어요

〈내가 제일 잘나가〉 프로젝트 수업으로 실제 자신의 꿈에 대해 진지한 고민을 하는 아이들이 많아졌습니다. 기타를 재미로 치던 남학생이 기타리스트를 진지하게 고민해보고, 막연히 교사를 꿈으로 가졌던 여학생이 교사가 되기 위해 노력해야 할 점에 대해 현실적으로 생각해보고, 오직 경호원만이 꿈이었던 여학생은 오히려 꿈이 더 많아지기도 했습니다. 실제로 노래를 좋아하는 여학생은 오디션 프로그램에 접수하여 오디션을 보기도 했습니다.

미래 직업을 탐색하며 현재의 나를 변화시켜 가는 아이들의 모습이 진정한 프로젝트 수업의 결과물입니다.

단원 및 성취기준

교과	단원 및 성취기준	배정시간
국어	〈4. 면담하기〉 국1612-2. 면담 목적을 고려하여 효과적으로 면담할 수 있다. 국1631-2. 쓰기의 계획하기 과정을 이해하고 목적, 주제, 독자 등에 따라 쓰기를 계획할 수 있다.	14시간
도덕	〈1. 소중한 나〉 도613. 자긍심의 의미와 중요성을 명확하게 알고, 올바른 자긍심을 바탕으로 자기 삶의 목표를 세우며 이를 성취하기	4시간
실과	〈1. 나의 진로〉 실6261-2. 정보 매체를 활용하여 다양한 직업의 종류와 특성을 파악하여 일과 직업에 대한 긍정적인 태도를 가질 수 있다. 실6262-1. 자기 자신과 직업에 대한 이해를 바탕으로 자신에게 적합한 진로를 탐색할 수 있다.	8시간
미술	5. 우리도 서예가예요 – 캘리그래피 낙관 새기기	2시간
창체 (자율)	학전소극장 공연관람 후 연극인들과의 만남	2시간
창체 (진로)	학전소극장 공연관람 후 연극인들과의 만남	2시간

평가 계획

과목	평가 기준	방법
국어	면담의 특성과 주의할 점을 알고 면담할 수 있다.	실기평가
실과	자신의 진로를 계획하고 나만의 직업 포트폴리오를 만들 수 있다.	포트폴리오
도덕	나의 꿈을 이루기 위한 방법을 찾아 실천할 수 있다.	포트폴리오
미술	자기 글씨체의 조형적인 특징을 찾아보고, 자기 글씨체의 멋을 살려 낙관을 디자인할 수 있다.	실기평가

프로젝트 한눈에 보기

차시	배움 내용	비고 및 준비물
1차시	주제 마인드맵 그리기	배움공책
2-3차시	영화 〈빌리 엘리어트〉 감상 영화 감상 후 이야기 나누기	영화파일
4-5차시	성격 기질 검사, 흥미도 검사, 다중지능 검사	성격기질 검사지, 흥미도 검사지, 다중지능 검사지
6-7차시	비슷한 지능을 가진 친구와 모둠활동하기	4절 도화지, 매직
8-9차시	지능별 직업탐색하기	컴퓨터실
10-12차시	이색직업 패널 제작하기	우드락, 사진, 가위, 풀
13-13차시	나의 직업관련 스크랩 활동	신문, 잡지, 가위, 풀(안전교육)
15-17차시	직업 인터뷰 준비(직업군) (인터뷰 내용 선정하기, 방법 정하기)	
18-19차시	인터뷰 소개하기	PPT, 동영상, 음성파일
20-22차시	직업 페스티벌 (나는야~ 명탐정! 이색직업을 찾아라!)	이색직업 패널 전시(학년 활동실)
23차시	연극인들 인터뷰 내용 구상하기	
24-28차시	학전 소극장 공연 관람 후 연극인들과 인터뷰하기	체험학습(안전교육)
29차시	나만의 명함 및 도장 만들기(캘리그래피)	캘리그래피 도장(안전교육)
30차시	나만의 책으로 엮기(표지 꾸미기 등)	제본공책
31-32차시	20년 후의 나에게 편지 쓰기	제본공책

[인성 프로젝트 수업]

그림책+인성, 나눔 쏙쏙 배려 쑥쑥

나-너-우리

한때 우리 사회는 IQ(intelligence quotient, 지능지수)를 넘어 EQ(emotional quotient, 감성 지능지수)가 주목을 받았었습니다. 그러나 최근에는 SQ(social quotient, 사회 지능지수)가 세계적인 화두가 되고 있습니다. SQ란 사회적 관계 혹은 인간관계에서 타인을 이해하고 동시에 그 관계 속에서 적절하게 대처하고 행동하는 능력을 의미합니다. 즉 복잡하고 어지러운 세상에서 타인의 감정과 생각을 제대로 인식하고 우호적인 관계를 만들어가며 좋은 결과가 나올 수 있게 하는 능력을 말합니다. 사회지능이 다른 지능에 우선하며 현대 사회의 절대적인 성공 요소라는 것은 다양한 연구 결과나 책을 통해서 알 수 있습니다. 다니엘 골먼은 『성공 마인드의 혁명적 전환 SQ사회지능』에서 "성공하는 사람들은 무엇보다 상대의 이야기를 잘 들어주는 사람, 공감하는 능력이 있는 사람, 겸손한 사람, 격려해줄 줄 아는 사람, 즉 SQ가 매우 높은 사람"이라고 합니다. 이 능력은 어렸을 때부터 지속적이고 꾸준한 훈련과 반복을 통해 습득될 수 있다고 합니다.

〈나눔 쏙쏙, 배려 쑥쑥〉 프로젝트 수업은 아이들에게 나눔의 기쁨을 머리와 가습, 그리고 행동으로 느끼게 하고 사회지능을 키워주고자 구상한 프로젝트 수업입니다. 저학년 아이들은 나이 특성상 자기중심적이고 상대방의 말을 귀담아 듣지 않으며 친구들의 감정에 공감하지 못합니다. 매일 친구의 잘못을 이르고 '나' 먼저 해 달라는 유아기의 습성이 배어 있기도 합니다. 그러나 오히려 '나'를 향한 순수함이 타인을 받아들이기에 좋은 환경일지 모른다는 생각이 듭니다. 나눔 활동을 통해 배려심과 인내심을 기르고 '나'에서 '너'로 그리고 '우리'로 관계를 넓히도록 유도하는 것은 어떨까요?

프로젝트 수업 구성하기

〈그림책+자연, 자연과의 공존〉 프로젝트 수업처럼 〈나눔 쏙쏙, 배려 쏙쏙〉 프로젝트 수업도 매 1교시를 프로젝트 수업으로 고정시키고 8주 동안 8권의 인성교육 그림책을 읽어주었습니다.

그림책으로 하는 프로젝트 수업을 진행하면서 가장 힘든 부분은 차시별 내용을 구성하는 단계입니다. 책을 읽고 아이들과 내용을 공유하는 단계는 쉽게 접근할 수 있지만 주제 확장하기, 주제 표현하기, 주제 마무리하기 등의 단계에서는 내용 구성을 위해 동학년 선생님들과 많은 고민을 해야 했습니다. 아이들의 발달 단계나 성취기준 등을 고려하여 활동을 구성하는 것은 힘든 작업이었습니다. 매주 수요일 전문적 학습 공동체 시간을 이용하여 다음 주에 있을 프로젝트 수업의 활동 내용을 서로 공유하기도 하고, 아침에 출근하여 프로젝트 수업 시간에 만들어야 할 관련 작품들을 미리 만들어보기도 했습니다.

나눔장터나 UCC를 만들어 유튜브에 올리는 일들은 교사가 일일이 손을 대어 결과물을 만들어야 하기 때문에 동학년 선생님들과의 협동이 필요합니다. 또한 계획 단계에서는 가능할 것 같은 활동이 실행 단계에서는 안 맞는 경우도 종종 있으므로 계속 수정하고 보완해야 합니다.

○ 관련과목: 국어, 바른 생활, 슬기로운 생활, 즐거운 생활, 창의적 체험활동
○ 적용학년: 1학년
○ 수업차시: 32차시

프로젝트 수업의 흐름

책을 통한 나눔과 배려에서 실천을 통한 나눔과 배려로

– 프로젝트 수업에서 책 선정하기

아이들이 느끼고 알게 될 나눔과 배려에 대한 책이 생각보다 많지 않습니다. 특히 저학년의 경우는 자칫 잘못하면 바른 생활 같은 딱딱한 교과 내용의 반복으로 받아들일 수 있으므로, 교과서적인 내용보다는 일상생활에서 일어날 수 있는 내용의 책을 선정하는 것이 좋습니다. 나눔과 배려에 대한 소주제는 입학 초기 적응 활동 단계에서도 배우고, 1학년 1학기 통합교과 '우리는 친구' 단원에도 수록되어 있어 중복되는 교육과정이라는 느낌이 듭니다. 이런 반복적이고 중복되는 교육과정은 재구성 시 주제 통합 차시로 구성하여 진도를 조정하고 시기를 달리하여 지도하는 것이 바람직합니다.

- 실천을 통한 나눔과 배려

동화책을 통해 나눔과 배려에 대해 배웠다면 작은 것이나마 아이들이 실천할 수 있는 기회를 찾아봅니다. 나눔과 배려라는 주제는 실천을 목표로 하며, 실천이 없는 나눔과 배려는 빈껍데기와 같습니다. 실천적인 경험을 해보기 위해 나눔장터와 웃음 저금통활동을 했습니다.

나눔장터 활동은 가정에서 많거나 쓰지 않는 물건들을 가져와 친구들과 나누어 쓰고 바꾸어 쓰도록 하는 기회를 주었습니다.

웃음저금통의 경우는 통합교과 '가족'과 연계 지도하여 가족끼리 서로 대화하면서 유익하거나 즐거운 대화였다면 100원씩 저금하도록 안내하고 가정으로 보냈습니다. 이 두 활동 모두 꾸준히 실천하여 그 수익금은 굿네이버스에 기부하여 불우 이웃을 돕는 활동으로 쓰도록 했습니다.

책 읽고 감상하기

책을 읽고 읽은 책에 대한 내용을 파악하는 단계입니다. 책 읽고 감상하는 방법은 매우 다양합니다. 책의 내용을 시간의 흐름에 따라 이야기해보기, 등장인물의 이름 바꾸어보기, 질문 만들어 서로 대답하기 등 동화책의 성격에 따라 다양한 방법으로 책의 내용을 파악하는 것이 좋습니다. 이 단계에서 중요한 것은 교사의 책 읽어주기 능력입니다. 능숙한 동화구연까지는 아니더라도 등장인물의 성격에 맞게 목소리를 구분하여 읽어주면 아이들은 훨씬 더 책 내용을 잘 파악하고 쏙 빠져듭니다. 어색하지만 등장인물의 특징이나 성격을 잘 나타내도록 1인 다역을 해보는 것은 어떨까요?

주제 확장하기

책과 관련은 있지만 책 내용을 깊게 또는 넓게 확장하여 탐구하거나 더 알아보는 내용으로 구성하는 단계입니다. 예를 들어 『무지개 물고기』의 경우 무지개 물고기가 사는 바닷속을 꾸며보는 활동은 책 내용을 조금 다른 각도에서 생각해보도록 하는 활동입니다. 검정색 스크래치 페이퍼에 무지개 물고기가 사는 바닷속을 자유롭게 표현해보는 것도 아이들의 상상력을 자극할 수 있어서 좋았던 것 같습니다. 또 『토끼의 의자』를 읽고 우리 반 친구 아무나와 한 시간 동안 과자를 먹으면서 재미있게 놀게 해주는 활동이나 『거짓말 같은 이야기』를 읽고 이야기 속에 나오는 '인권'이란 단어를 생각해보는 활동이 주제 확장하기 단계에 적합했습니다.

나눔장터 활동은 아이들이 가장 좋아하는 활동 중 하나였습니다. 집에서 잘 안 쓰는 학용품이나 물건들을 매일 조금씩 모아 나눔장터를 통해 서로 바꾸어서 쓰는 기회를 주었더니 마치 시장놀이라도 나온 듯 즐거워했습니다. 더욱이 나눔장터의 수익금을 굿네이버스에 기부하고, 굿네이버스에서 전달해준 감사장을 아이들 한 명 한 명에게 주었더니 더 뿌듯해하는 것 같았습니다.

이렇듯 주제 확장하기 활동은 책 내용을 바탕으로 일상생활에서 아이들의 삶과 연결되는 활동으로 구성해주면 좋습니다. 책에 대한 거부감이 줄고 책과 더 친하게 지낼 수 있습니다.

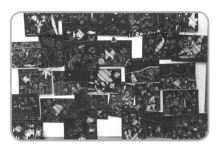 

주제 표현하기

아이들이 제일 재미있고 흥미로워하는 단계로 책을 읽은 후 책 내용과 관련된 활동을 다양한 기법으로 표현하는 단계입니다. 친구와 사이좋게 노는 모습 그리기, 무지개 물고기 만들기, 노래에 맞는 율동 만들기, 노래 배우기, 찰흙으로 빚어보기 등 다양한 활동들로 구성할 수 있습니다. 저학년 아이들이 재미있어 했던 활동은 노래 가사에 맞는 율동을 만들어보는 활동이었습니다. 동요 〈친구가 되는 멋진 방법〉이란 노래 가사에 율동을 창의적으로 만들어보라고 하니 남학생, 여학생 할 것 없이 열심히 만들었습니다. 늘 선생님이 가르쳐주던 동작만 따라 하다가 스스로 율동을 만드는 과정에서 즐거움과 보람을 느끼는 듯 했습니다. 또 『무지개 물고기』의 주인공이 되어서 친구들에게 서로 다른 색깔의 반짝이 비늘을 나누어주며 물고기를 완성해가는 활동도 매우 의미 있는 활동이었습니다.

주제 마무리하기

읽은 책에 대해 배울 점을 내면화시키는 단계입니다. 이 단계에서는 책을 읽고 느꼈던 생각을 이야기해보거나 어떤 가치나 덕목을 생각해보는 시간을 갖는 것이 좋습니다. 배려, 인권, 나눔 등은 저학년 아이들에게는 어려운 가치일 수 있으나 의미를 쉽게 설명하면 오히려 내면화가 더 잘 이루어질 수도 있습니다.

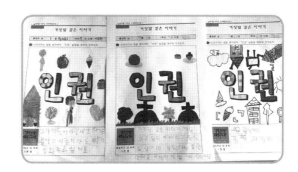

프로젝트 수업 후 이런 점이 아쉬워요

〈나눔 쏙쏙, 배려 쏙쏙〉 프로젝트 수업에서 가장 어려웠던 점은 동화책을 선정하는 일이었습니다. 직접 서점을 둘러보고 책을 구매해야 하는데 실제로 서점에는 너무나 많은 책들이 있어서 나눔과 배려에 대한 책을 찾기가 쉽지 않았습니다. 그러다 보니 인터넷이나 도서관 사서선생님의 도움을 받아 책을 선정하게 되었습니다. 학교 사서선생님이 추천해주는 책은 그나마 주제와 근접한 책이 많았으나 인터넷 블로그 추천도서들은 막상 수업하기에 적당하지 않은 책들도 많았습니다. 어떤 책은 저학년 아이들 수준보다 너무 낮은 유치원 수준이거나 수준이 너무 높아 프로젝트 수업 진행에 어려움이 있었습니다. 또 책은 주제에 잘 맞으나 활동 내용이 중복되어 흥미롭게 진행되지 못한 경우도 있었습니다. 그래서 동화책으로 하는 프로젝트 수업을 구상하기 위해서는 교사가 직접 책을 보고 활동 내용을 구상하는 것이 가장 좋은 방법이며, 주제에 맞는 책이라 하더라도 활동 내용이 중복된다면 다른 동화책으로 바꾸어서 구성하는 것이 좋을 듯합니다.

단원 및 성취기준

교과	단원 및 성취기준	배정시간
국어	〈국어 심화보충 시간〉 1255-1. 그림이 포함된 책을 읽고 내용의 흐름을 이해할 수 있다. 1251-3. 옛이야기나 짧은 동화를 읽은 경험을 선생님이나 친구들과 주고받을 수 있다.	12차시
바생	〈학교 1-1. 2. 우리는 친구〉 통바2121. 학급에서 친구와 도울 수 있는 일들을 살펴보고, 서로 도우며 공부할 수 있다.	2차시
슬생	〈학교 1-1. 2. 우리는 친구〉 통슬2121. 다양한 활동을 통해 친구에 대해 알아보고 친구의 자랑거리와 본받을 점을 찾아 설명할 수 있다.	3차시
즐생	〈학교 1-1. 2. 우리는 친구〉 통즐2121. 다양한 방법으로 친구를 표현하고 친구와 함께 할 수 있는 놀이를 할 수 있다.	7차시
창체	동화책과 함께하는 나눔과 배려	8차시

평가 계획

과목	평가 기준	방법
국어	책을 읽고 내용을 간추려서 말할 수 있다.	구술평가, 관찰평가
바생	친구를 배려하는 마음가짐과 태도를 가질 수 있다.	관찰평가
슬생	나눔을 실천할 수 있다.	관찰평가
즐생	책의 느낀 점을 다양한 방법으로 표현할 수 있다.	포트폴리오
창체	나눔을 실천하여 배려심을 가질 수 있다.	관찰평가

프로젝트 한눈에 보기

책 제목 (출판사)	책 읽고 감상하기 (1차시)	주제 확장하기 (2차시)	주제 표현하기 (3차시)	주제 마무리하기 (4차시)
안 돼, 내 사과야! (두레 아이들)	등장인물의 이름 바꾸어 보기	이야기 속 등장인물 글레이로 재미있게 표현해보기	친구와 사이좋게 노는 모습을 그려보기	나누고 싶은 것에 대해 이야기 나누기
무지개 물고기 (시공주니어)	등장인물의 성격 알아보기	무지개 물고기가 사는 바닷속 표현해보기	무지개 물고기의 비늘을 나누어 주며 물고기 비늘 꾸며보기	무지개 물고기에게 칭찬의 편지 쓰기
토끼의 의자 (북뱅크)	내용 순서 알아보기	아무나 친구와 과자를 먹으며 즐겁게 놀아보기	노래 〈친구가 되는 멋진 방법〉 율동 꾸며보기	양보에 대해 생각해보기
동생이 커졌어요 (생각자라기)	책 내용 확인하기	친구와 존중어를 쓰며 대화해보기	책 표지 그리기	친구나 가족에게 사과의 편지 쓰기
다 내꺼야 (종이책)	책 내용 생각그물 그리기	나눔장터 활동하기	나눔장터 활동에서 인상 깊은 점 그리기	나눔장터 후 느낀 점 이야기 나누기

책 제목 (출판사)	책 읽고 감상하기 (1차시)	주제 확장하기 (2차시)	주제 표현하기 (3차시)	주제 마무리하기 (4차시)
안줄 거야 (키즈엠)	친구들과 다툰 경험 이야기하기	등장인물이 되어 역할 놀이하기	〈나눔의 행복〉 노래 배우기	노래 〈나눔의 행복〉 UCC 제작하기
거짓말 같은 이야기 (시공주니어)	책 읽고 질문을 만들어 서로 대답하기	'인권'이란 무엇인지 책을 읽고 떠오르는 장면 그리기	아동인권에 관한 동영상 보기	'인권'에 대해 생각해보기
강아지똥 (길벗어린이)	책 내용 순서 맞추기	〈강아지똥〉 노래 배우기	강아지똥을 찰흙으로 빚어보기	'배려'란 무엇인지 이야기 나누기

부장별곡 '학년부장은 괴로워?'

부장이 뭐길래

내가 뭘 그리 잘못했나

교육과정 참신하게 다시 짜오래

내가 뭘 그리 잘못했나

현장학습 체험비용 품의 올리래

내가 뭘 그리 잘못했나

신규네반 학교폭력 다 책임지래

내가 뭘 그리 잘못했나

복도 뛰는 망나니들 다 내 탓이래

내가 뭘 그리 잘못했나

업무경감 교원복지 교장실서 핏대 올리래

내가 뭘 그리 잘못했나

여기 출장 저기 출장 다 참석하래

- 이현정 단편시집 〈부장이 뭐길래〉 중에서

부장은 괴로워

학교에서 부장의 위치는 일반 기업체의 부장과는 사뭇 다릅니다. 일반 기업의 부장은 부서장으로 월급도 많고 부하 직원도 많습니다. 그리고 그들에게는 부하 직원에 대한 인사 고가를 평가하는 권한이 있습니다.

그러나 학교에서의 부장은 업무분장을 쉽게 하기 위해 붙여 놓은 명칭일 뿐 실제로 그리 많은 권한이 있는 것은 아닙니다. 굳이 꼽자면 예산품의 권한이나 업무 결재 권한이 있다고나 할까요? 학교에서 가장 중요한 것은 수업임에도 불구하고 수업부장은 없고 연구부장이 수업장학을 비롯한 잡다한 업무들을 모두 맡고 있습니다. 특히 학년부장의 경우는 그 위치가 더 모호합니다. 학년부장은 학년의 교육과정도 운영해야 하고, 예산품의도 해야 하고, 학년의 생활지도도 담당해야 합니다. 가끔 학교 폭력사안이라도 생기면 학년부장이 일일이 신경 쓰며 관여해야 합니다. 학년부장과 업무부장이 겸임일 경우에는 각종 업무에 대한 출장이며 공문 처리까지 합니다. 관리자로서 승진하려는 교사가 많은 지역이나 학교에서는 부장을 원하는 교사들이 넘쳐나지만 일부 지역에서는 서로 부장 업무를 맡으려 하지 않아 관리자들이 골머리를 앓고 있습니다. 요즘 교육 흐름처럼 교육과정 재구성을 필수로 짜라는 압력이 들어오는 경우에는 부장 업무가 더 힘들고 과중합니다.

과연 무엇을 위한 부장일까요? 좋은 수업을 위해서 학년 공동체가 협력해야 한다면 당연히 학년부장은 업무에 시간을 낭비해야 하는 것이 아니라 수업연구에 매진해야 합니다. 업무에 대한 연간계획서가 아니라 학년 교육과정에 더 공을 들여야 합니다.

학년 공동체와 함께하는 프로젝트 수업의 경우 학년부장의 역할이 무척 중요합니다. 항해를 하는 데 선장의 역할이 매우 중요하듯 학년 프로젝트 수업을 전반적으로 운영하기 위해서는 학년부장의 진두지휘가 매우 중요합니다. 왜냐하면 학년부장의 역량에 따라 프로젝트 수업의 질이 달라질 수 있기 때문입니다.

　따라서 성공적인 프로젝트 수업을 위해서는 부장의 업무를 교육과정 업무에 집중하도록 개선해야 합니다. 학교 운영을 위한 실무적인 업무는 교육 실무사와 소수의 업무담당자로 한정하고 부장교사는 창의적인 교육과정 운영에 열과 성의를 다할 수 있도록 업무조직이 개편되어야 합니다.

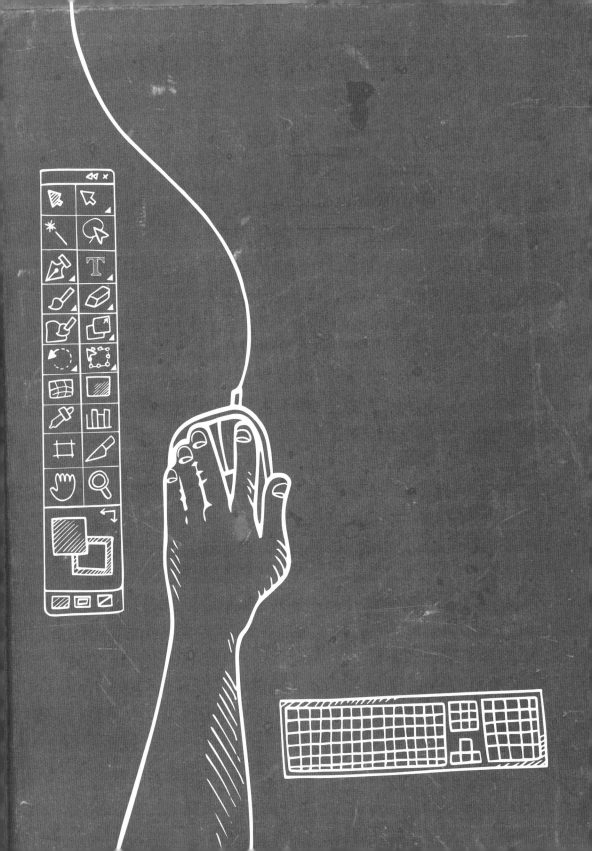

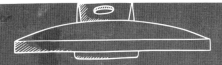

5부

주제 통합으로
빛나는
프로젝트 수업

[주제 통합 프로젝트 수업 1]

쓰담쓰담, 자연과 친해지기
– 국, 사, 과, 실, 미, 체, 창

달면 삼키고 쓰면 뱉는 교육과정 재구성

교육과정을 재구성하는 일은 매우 보람 있는 일이긴 하지만 힘든 일이기도 합니다. 교사용 지도서에 제시된 잘 짜인 교육과정을 주제에 맞게 쪼개어 이리 붙이고 저리 붙이는 작업이 만만치 않기 때문입니다. 교육과정을 제대로 재구성하려면 과목별 성취기준도 파악해야 하고 교육과정 전체를 꿰뚫어보는 안목도 필요합니다. 이렇다 보니 주제 중심 프로젝트 수업을 하려면 그만큼 많은 시간과 노력을 투자해야 하고, 교사로서는 부담이 아닐 수 없습니다. 이러한 부담 때문에 교사는 교육과정 재구성 필요성을 느끼긴 하지만 그것을 실행으로 옮기는 데는 무척 망설이게 됩니다.

그러나 어찌 보면 그 전부터 교사 스스로 교육과정을 임의적으로 생략하거나 대체하거나 하는 재구성을 해오고 있지 않았나 싶습니다. 그 대표적인 예로 실과 과목에 나오는 경제동물 기르기나 체육 과목의 야영 활동 등의 내용은 교육과정을 실현해보기도 전에 생략되거나 대체되어 왔습니다. 그때마다 우리는 여러 가지 여건을 이유로 힘들고 어려운 교육 내용에 대해 임의로 재구성해왔던 것입니다. 우리 스스로의 모순에 갇혀 새로운 교육과정 재구성은 불편해하고, 오히려 해야 할 교육과정에 대해서는 소홀히 하지 않았나 되돌아볼 필요가 있습니다.

왜 하필 동물 키우기와 식물 가꾸기인가?

실과 과목의 경제동물 키우기, 애완동물 키우기 단원을 가르칠 때마다 아이들은 "왜 동물은 안 키워요?"라고 자주 묻곤 했습니다. 그럴 때마다 당황하는 얼굴로 "교실에서 어떻게 동물을 키우니?"라는 대답으로 일관했었던 것 같습니다. 그런 당황스러운 상황들에 대한 고민에서 출발한 〈쓰담쓰담, 자연과 친해지기〉 프로젝트 수업은 "교실에서 동물을 키울 수 있을까?"라는 질문에서 시작되었습니다.

처음 "동물을 키워보면 어떨까?"라는 저의 제안에 동학년 선생님들은 정색을 하며 불가능하다는 반응을 보였습니다. 특히 동물을 싫어하는 선생님의 경우 동물을 가까이 두고 봐야 한다는 끔찍한 상황을 온몸으로 거부했습니다. 그러나 프로젝트 수업을 구상하기 전 아이들에게 동물 키우기에 대해 제안을 했더니 아이들의 반응은 가히 폭발적이었습니다. 아이들의 지지를 모아 동학년 선생님들을 설득해갔고 인근 학교의 〈유기견 키우기〉 프로젝트 수업을 벤치마킹하여 〈쓰담쓰담, 자연과 친해지기〉 프로젝트 수업을 구상하기 시작했습니다. 실제로 저는 1학년 담임을 할 때 동물 키우기와 식물 가꾸기가 아이들의 정서 교육에 매우 좋다는 사실을 경험한 적이 있습니다. 처음으로 낯선 학교에 입학한 1학년 아이들이 정서적으로 매우 불안해할 때 고슴도치 한 마리와 방울토마토를 학교 앞마당에서 키웠는데, 아이들에게 마음의 안정과 위안을 주었습니다. 여러 연구 결과에서도 나타나듯 동물 키우기와 식물 키우기는 아이들의 인내심과 배려심을 키워주고 정서적인 안정감을 줄 수 있는 좋은 교육내용이라고 생각합니다.

프로젝트 수업의 제목은 간판이다

주제 통합 재구성 수업을 구성하기 전이면 언제나 동학년 선생님들과 주제명을 정하는 데 시간을 많이 투자합니다. 왜냐하면 제목을 통해 그 수업의 전반적인 내용이 함축적으로 드러나고 프로젝트 수업의 방향도 설정되기 때문입니다. 그래서 동학년 선생님들에게 제목을 생각해오는 것을 과제로 내곤 합니다. 실제로 제목을 정하는 과제가 떨어지면 밥을 먹을 때도 길을 갈 때도 운전을 할 때도 제목을 생각합니다. 인터넷과 책을 뒤적거리며 주제에 적합한 제목을 찾기도 합니다. 이렇듯 주제에 대한 제목을 오래 생각하다 보면 나름 근사한 주제명이 나옵니다. '쓰담쓰담'이라는 친근한 의미를 담은 고유어와 자연이라는 단어가 조합되어 함축적인 의미의 주제명 〈쓰담쓰담, 자연과 친해지기〉를 정할 수 있었습니다.

프로젝트 수업 구성하기

이 프로젝트 수업은 실과 과목을 주제의 기둥으로 잡고 국어, 과학, 사회, 체육 과목의 내용들을 '자연'이라는 주제로 모았습니다. 사실 주제 통합 프로젝트 수업을 위한 주제를 뽑아내는 일은 그다지 어려운 것이 아닙니다. 주제를 정하고 나면 각 과목에서 주제에 맞는 내용과 차시를 뽑고 그다음 주제에 맞는 스토리보드를 짭니다. 주제 통합 스토리는 하나의 주제가 자연스러운 흐름으로 연결되도록 재구성하면 됩니다.

주제 통합 내용을 구성하고 나니 수업을 언제, 어떻게 해야 하는지 걱정이 되었습니다. 우리 학교는 혁신학교가 아니다 보니 전담 수업이 고정되어 있습니다. 프로젝트 수업을 위해 3학년부터 6학년까지 고정되어 있는 전담 시간표를 건드린다는 것은 큰 부담이었습니다. 또 동물 키우기와 식물 가꾸기는 꽤 오랜 시간동안 지속적으로 수업해야 하는 과정이므로 단 며칠로 끝낼 수 있는 것이 아니었기에 더 고민이 되었습니다. 그래서 선생님들과 고민 끝에 5, 6교시 수업으로 배치하는 것을 고안했습니다. 오후 수업으로 프로젝트 수업을 빼내니 전담 수업 시간을 조정하지 않아도 되고, 교육과정을 짤 때도 이지*듀에서 작업하기가 수월했습니다. 특히 오후 수업은 고학년 선생님들이 부담스러워하는 시간이고 아이들도 지루해하는 경우가 많으므로 5, 6교시를 프로젝트 수업으로 융통성 있게 운영하는 것은 운영의 묘를 살릴 수 있는 좋은 방법이었습니다.

○ 관련과목: 국어, 사회, 과학, 실과 , 미술, 체육, 창의적 체험활동
○ 적용학년: 6학년
○ 수업차시: 39차시

프로젝트 수업의 흐름

주제 마인드맵 그리기는 필수!

〈쓰담쓰담, 자연과 친해지기〉 프로젝트 수업은 주제 마인드맵을 작성하면서 시작합니다. 주제 마인드맵은 아이들과 함께 주제에 대해 전반적인 이야기를 해보며 무엇을 해야 할지를 안내하는 길잡이가 되는 과정입니다. 처음에는 크게 동물 기르

기, 식물 기르기, 야영하기를 대주제로 잡고 주제 마인드맵을 그리라고 했습니다.

주제 마인드맵을 만들 때마다 아이들은 제각기 앞으로 전개될 수업내용에 대한 자신의 의견을 내어 놓습니다. 다양한 의견을 잘 모아서 반영하면 더 좋은 프로젝트 수업내용이 구성되기도 합니다. 그런 내용들을 설명하고 주제 마인드맵을 그리라고 하면 각 활동내용에 대해 상상하여 그림으로 나타내든가 상징적인 그림을 그려 수업의 안내도를 그리기 시작했습니다. 그런 후에 각자 그린 주제 마인드맵을 친구들과 공감하고 감상하는 기회를 주었더니 언제인가부터 주제 마인드맵에 대해 남다른 애정을 쏟기 시작했습니다.

 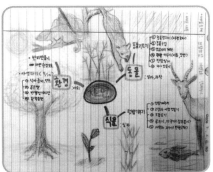

〈히마와리와 나의 7일〉 영화 감상하기

마인드맵으로 전반적인 수업의 흐름을 파악하고 나면 주제에 맞는 동기유발이 필요합니다. 그럴 때 관련 영화를 감상하면 프로젝트 수업의 시작이 매우 수월해집니다. 영화를 통해 교사가 담고 싶은 메시지를 미리 제시할 수 있기 때문이지요. 그러나 주제에 맞는 영화를 찾는 일은 그다지 쉬운 일이 아닙니다. 왜냐하면 초등 아이들의 수준도 고려해야 하고 앞으로 전개될 수업 주제에 영화가 딱 들어맞아야 하기 때문입니다. 다행히 온갖 인터넷 정보와 경험을 동원하여 〈히마와리와 나의 7일〉이라는 영화를 선정하게 되었습니다. 유기견을 살처분해야 하는 운명의 공무원과 인간으로부터 학대받아 상처 입은 유기견 사이의 사랑을 소재로 한 일본 영화여서 주제와 잘 맞았습니다. 아이들은 영화 보는 내내 강아지에 대한 감탄사를 연발하더니 유기견을 살처분하는 장면에서는 매우 충격을 받았는지 안타까워하기도 했습니다. 영화를 보기 전에는 '귀여운 강아지를 기르자', '고양이를 기르자', '이구아나를 기르자' 난리법석을 떨더니 영화를 보고 난 후에는 아이들의 생각이 조금씩 변하기 시작했습니다. 이 영화는 동물을 키울 때 가장 중요한 것은 키우는 사람의 즐거움이 아니라 '생명에 대해 책임'과 '동물에 대한 사랑'이라는 메시지를 던져주었기 때문입니다.

동물 기르기 찬반토론

영화를 보고 난 후에 아이들과 동물 기르기에 대한 찬반토론을 해보았습니다. 아이들은 교실에서 동물을 키우자는 쪽으로는 거의 모두 동의했습니다. 그러나 교실에서 키우는 동물의 종류를 정하는 것에는 매우 신중하게 접근했습니다. 아마 영화를 보고 난 후 아이들의 심경에 변화가 생긴 모양입니다. 아이들이 제시한 문제점은 다음과 같습니다.

첫째, 비용에 관한 문제입니다. 어떤 아이들은 애완동물의 가격이 매우 비싸므로 구입하기 어렵다는 입장을 내었습니다. 이에 대한 반론으로 학급에서 돈을 모으면 되지 않느냐는 의견을 내기도 했습니다. 그러나 돈을 모으는 것은 학교 규정상 어렵고 초등학생이 많은 돈을 내는 것은 부모님들에게 경제적인 부담을 줄 수 있다는 의견이 모아졌습니다.

둘째, 책임론에 관한 문제입니다. 1년 동안 동물을 키우고 졸업 후에는 이 동물들을 누가 데려갈 것인가 하는 문제가 대두되었습니다. 애완동물의 경우는 키우는 데 비용도 많이 들고 한 번 데려오면 10년 이상은 키워야 한다는 부담이 있으므로, 작은 동물을 키우자는 의견이 모아졌습니다.

셋째, 수업방해 문제입니다. 강아지나 고양이는 수업 중 소리를 내서 수업에 방해가 될 수 있다는 의견이었습니다. 반론으로는 개에게 성대수술을 시켜 소음을 줄이자는 의견도 나왔습니다. 그러나 성대수술은 비용도 많이 들고 동물 학대가 될 수 있으므로 현실적으로 어렵다는 입장이 많았습니다. 결국 동물을 키우는 즐거움을 주되 비용이 적게 들고, 생명력이 짧은, 작은 동물을 키우는 것으로 가닥을 잡아갔습니다. 서로 생각이 다르지만 충분한 논의를 통해 의사를 결정하는 모습을 보면서 서로의 주장만을 고집하는 어른들의 토론 문화가 부끄럽게 느껴진 시간이었습니다.

동물과 식물 기르기 계획서 작성하기

모든 프로젝트 수업에 있어서 계획서는 매우 중요합니다. 앞으로 진행될 프로젝트를 스스로 고안해내어 수업의 방향을 끌어가야 하는 주체가 아이들이기 때문입니다. 계획서의 틀은 되도록 교사가 세부적으로 짜주는 것이 좋고, 모둠별로 충분히 자료를 찾을 수 있는 시간을 확보해주어야 합니다. 필요하면 컴퓨터실이나 스마트폰을 활용하게 하는 것도 좋습니다. 저는 실제로 스마트폰을 많이 활용하는 편입니다. 모바일 핫스팟을 열어주면 모둠 중 한 대 정도는 스마트폰 검색이 가능합니다. 스마트폰의 자료 검색은 이동성과 스피드 면에서 계획서를 체계적으로 짤 수 있도록 해주는 좋은 기기입니다.

일단 계획서를 작성하기 전 각 모둠끼리 동물을 키울 환경과 조건들을 고려하여 작은 동물을 선정하라고 했더니 토의 끝에 '토끼, 햄스터, 기니피그, 거북이'로 결정했습니다. 특이한 점은 거북이를 키우겠다는 아이들의 모둠이었는데 프로젝트 수업 내내 불만이 많았습니다. 거북이의 특성상 사람이 다가가면 몸을 숨기는 특성이 있고 아이들과 교감이 잘 이루어지지 않았기 때문입니다. 모둠별로 동물을 결정하고 나면 동물 기르기 계획서를 작성하게 하고 그에 따른 역할 분담을 친구들 앞에서 발표하도록 했습니다. 이때 마지막 최종 분양자도 결정하게 하여 프로젝트 수업이 끝나도 끝까지 책임지고 기를 마음의 준비가 되어 있는 모둠에게만 동물을 구입해주기로 합의를 보았습니다.

동물 계획서 발표를 마치고 텃밭에 기를 식물 계획서도 작성하게 합니다. 이때 심을 식물은 프로젝트 마지막을 장식할 야영 활동에서 모둠 친구들과 나누어 먹을 채소였습니다. 모둠별로 텃밭에 기를 채소의 종류, 심는 방법, 역할 분담 등 계획서를 작성하고 직접 텃밭의 땅을 일구어 모둠원과 함께 정성껏 키우도록 했습니다.

동물 보금자리 만들기와 키우기

키울 동물이 오기 전에 동물 보금자리를 만드는 일은 아이들에게 설렘을 안겨주는 작업입니다. 동물 보금자리 만들기도 모둠별로 의견을 나누어서 체계적으로 만들도록 유도하는 것이 좋습니다. 동물을 키울 사육장이므로 자칫 허술하면 동물이 탈출할 수도 있고 위험한 상황에 직면할 수도 있기 때문입니다. 동물 보금자리 구상도를 만든 후 어떤 동물들이 올지 잔뜩 기대하면서 실제로 보금자리를 만들기 시작했습니다. 행여 작은 동물들이 자유롭게 움직이지 못할까봐 보금자리를 넓게 만들거나 따뜻한 방석을 깔아주기도 했습니다.

보금자리를 완성한 후에는 각자 동물들의 특성을 조사하여 사육 규칙을 토의하고 발표하는 시간을 가졌습니다. 동물을 맞이할 준비가 끝나고 동물들이 학급에 온 날 아이들은 너나 할 것 없이 동물들이 놀랄까봐 숨을 죽이며 맞이했습니다. 시끌벅적하던 복도에 단 한 명의 아이도 돌아다니지 않을 만큼 동물들에 대한 애정이 각별했습니다.

수업이 끝나면 쉬는 시간마다 아이들은 동물들에게로 달려갑니다. 쉬는 시간에 그 흔한 복도 질주도 없고 복도 연애 장면도 포착할 수 없었습니다. 동물에게 관심과 사랑이 옮겨간 탓일까요? 다행히 동물 키우는 내내 생활지도 걱정을 할 필요가 없었습니다. 이런 점을 볼 때 동물 키우는 활동은 생활지도 면에서도 긍정적인 효과를 발휘했습니다. 또 쉬는 시간마다 동물과 이야기하는 아이, 동물 먹이를 갈아주는 아이, 배설물을 치워주는 아이로 분주했습니다.

동물을 키우면서 나름의 즐거움과 보람을 느끼게 하기 위해 동물 캐릭터도 만들어보고 동물 기르는 과정을 UCC로도 제작했습니다. UCC 제작 콘티를 짜고 내용에 맞게 사진을 찍어 동영상을 만든 후 발표하는 시간도 아이들은 즐거워했습니다.

한 번은 토끼가 뛰어다니다 발톱이 꺾였는데 두 명의 여학생들이 울면서 토끼를 데려와서는 동물병원에 데려가고 싶다고 했습니다. 동물병원에서 토끼의 생명에는 지장이 없고 움직임이 다소 불편하지만 시간이 지나면 적응할 것이라는 의사의 말

을 듣고 환한 얼굴로 돌아와서는 가슴을 쓸어내린 적도 있습니다.

이처럼 동물 키우기는 아이들 감성 교육에도 매우 좋았던 활동이었습니다. 학급에서 동물을 키운다는 것 자체가 아이들의 마음에 새로운 세계로 와 닿고, 매일 아침 동물친구들을 보기 위해 일찍 등교하는 아이들로 학교와 교실이 즐거운 장소로 변한 것입니다.

텃밭 만들기와 식물 키우기

저는 개인적으로 텃밭 활용이 교육적으로 매우 의미가 있다고 생각합니다. 우리 땅에서 나는 우리 농산물에 대한 소중함을 알게 해주고, 힘든 농사일을 통해 수확의 기쁨을 맛볼 수 있으니까요. 물론 텃밭을 조성할 만큼의 땅이 없는 학교도 많습니다. 그럴 때는 거대한 텃밭이 아니더라도 큰 고무 화분에 식물을 심어 자라는 과정을 관찰하게 하는 것도 좋을 것입니다. 텃밭 활동을 해보면 유난히 밭을 잘 일구고 텃밭 일을 흥미로워하는 아이들이 있고, 농부가 되고 싶다는 아이가 생겨나기도 합니다. 생명을 키우고 가꾸는 직업에 대한 신성함도 함께 경험하는 시간입니다.

다행히 우리 학교 주변에는 주말농장이 있어 20평을 임대하여 1년 동안 농사일

을 할 수 있었습니다. 20평 밭에 거름을 뿌려주는 일부터 고랑과 이랑을 만드는 일까지 모두 아이들 손으로 직접 밭을 일구도록 했습니다. 상추와 방울토마토 모종을 심고, 주말마다 잡초도 뽑고 물도 주며 정성껏 키우는 일도 아이들의 몫입니다. 이렇게 열심히 키운 채소들은 야영 활동 때 함께 나누어 먹기도 했습니다.

별이 쏟아지는 밤 야영 활동

이 프로젝트의 백미는 학교 운동장에서의 야영 활동입니다. 여고괴담이나 학교 괴담 같은 학교에 관련된 무수한 괴담을 듣고 자란 아이들은 학교에서 잠을 잔다는 것만으로도 설레고 기대에 부풀어 있었습니다. 몇 년 전만 해도 스카우트 뒤뜰 야영으로 학교 운동장에서 텐트를 치고 자는 경우가 있었지만 아파트 단지에 입지한 학교의 경우 주변 주민들의 민원으로 이마저도 전문 야영장에서 하게 되어 학교 운동장에서의 야영은 꿈도 못 꾸는 일이 되어 버렸습니다. 프로젝트 수업의 마지막을 장식하는 이 활동을 위해 주변 아파트 관리사무소에 공문도 띄우고, 인근 파출소에도 협조 공문을 띄워 야영 활동에 협조해줄 것을 부탁했습니다.

아이들은 야영을 하기 전 모둠별로 야영 계획서를 짜고, 그 계획에 맞게 자신들의 준비물과 역할을 결정했습니다. 수업을 마치고 삼삼오오 텐트를 가지고 학교 운동장으로 모여 든 아이들은 자신들이 준비한 텐트를 척척 치기 시작했습니다. 설치가 복잡한 텐트의 경우는 선생님들과 학부모들이 도움을 주기도 했습니다.

텐트를 다 친 후 한 끼 저녁 식사를 위해 모둠별로 분주히 움직이는 아이들의 얼굴에서는 미소가 번졌습니다. 맛있는 카레를 만들겠다며 야심찬 계획을 세웠던 모둠은 결국 카레국으로 저녁을 때워야 하는 사태가 벌어지기도 했지만, 국적불명의 알 수 없는 음식도 자기들이 만들어서 맛있다며 열심히 먹었습니다.

꿀맛 같은 저녁 식사를 마친 후 반별 피구대회, 동물과 식물 키우기 골든벨, 장기자랑을 마치고 나서 아이들이 기다리던 담력 훈련을 했습니다. 학교 건물 전체의 불을 끄고 건물 안 특별실에 들어가서 모둠별 미션지를 가져오는 것이 목표였습니다. 미라로 변장한 선생님과 주무관님 덕분에 아이들은 짜릿한 공포 체험을 했습니다. 가슴을 쓸어내리며 학교 현관문을 나왔지만 잊지 못할 추억이라며 졸업하는 날까지 그날을 기억했습니다. 먼 훗날 초등학교 시절 학교 운동장에서 친구들과 텐트를 치고 하룻밤을 지새우며, 그 속에서 나눴던 재미있는 소소한 이야기들을 회상하겠지요.

자연과 함께하는 야영 활동 운영 예시

| 야영 활동 참가 희망 안내장 배부 | ⇨ | 야영 활동 세부계획 수립 및 역할 분담 | ⇨ | 야영 모둠 구성 및 준비물 정하기 | ⇨ | 야영 활동 안전교육 실시 | ⇨ | 야영 활동 실시 | ⇨ | 야영 활동 만족도 조사 |

날짜	시간	활동내용	담당자	장소	관련 교과	준비물
5월 13일 (수)	5교시	모둠구성, 야영 준비물, 식사 메뉴 정하기	담임	교실	체육	
5월 14일 (목)	5, 6교시	야영 시 안전교육, 야영장비 설치 시 주의할 점	담임	예절실	체육	메뉴 계획서
5월 15일 (금)	5, 6교시	운동장 집합, 교장 선생님 말씀, 안전교육, 모둠별 준비물 점검, 텐트 설치	담임	교실	체육	텐트 및 야영장비 (침낭, 이불, 텐트, 식기 등), 골든벨 판, 식재료, 구급약품, 소화기
	16:00~18:00	음식 조리 및 저녁식사	담임, 학부모봉사자	운동장		
	19:00~20:00	동물농장 (모둠별 동물들과의 만남)	담임, 학부모봉사자			
	20:00~21:00	도전! 골든벨 (동물, 식물 상식)	담임	체육관		
	21:00~22:00	반별 장기자랑	담임			
	22:00~23:00	담력훈련	담임, 학부모봉사자			
	23:00~01:00	취침 및 야간학생 안전관리	이00	운동장		
	01:00~03:00	취침 및 야간학생 안전관리	김00			
	03:00~05:00	취침 및 야간학생 안전관리	박00			
	05:00~07:00	취침 및 야간학생 안전관리	이00			
5월 16일 (토)	07:00~09:00	기상 및 간단한 아침식사	6학년 담임	운동장		
	09:00~10:00	텐트 정리 및 뒷정리, 해산	6학년 담임			

프로젝트 수업을 마치며

〈쓰담쓰담, 자연과 친해지기〉 프로젝트 수업은 동물과 식물, 그리고 자연이라는 공간적 배경 안에서 우리의 삶이 공존하고 있다는 의식을 느끼도록 의도한 수업입니다. 계획서 작성부터 실행 단계까지 아이들 스스로 문제해결을 위해 토의하고 토론하는 과정이 매우 중요합니다. 이를 통해 아이들은 협력적 문제해결 능력을 기르고 자연 친화력을 경험하게 되었습니다. 학년을 마쳐도 동물들을 데려가서 끝까지 키워야 한다는 원칙을 갖고 시작한 이 프로젝트는 지금도 진행형입니다. 아직도 토끼와 기니피그가 잘 자라고 있다는 문자와 사진을 받고 있으니까요.

프로젝트 수업 중 이런 점이 어려웠어요

동물을 키우면서 여러 가지 어려운 점도 있습니다. 처음 동물을 키운다고 했을 때 교감 선생님은 여러 면에서 우려했는데, 특히 동물 알레르기가 있는 아이들의 건강에 악영향을 끼칠 수 있다는 점과 이로 인한 학부모들의 반대가 민원으로 이어질 수 있다는 걱정이었습니다. 프로젝트 수업을 포기해야 하나 고민도 했지만 결국 아이들에게 의미 있는 수업이라는 확신을 가지고 좀 더 꼼꼼하게 진행하기로 했습니다.

먼저 아이들 중 특정 동물 알레르기가 있는지를 가정통신문을 통해 조사했습니다. 다행히 고양이털과 강아지털에 대한 알레르기를 가진 아이들은 있었지만 우리가 키우는 동물에 대한 알레르기는 없었습니다. 그다음 교육청 담당 장학사에게 학교에서 동물 키우는 것에 대한 법률적인 자문도 받아보았습니다. 교육법에는 '학교에서 동물을 키울 수 없다는 조항은 없다'는 말을 듣고 동물 키우기에 대한 프로젝트 수업을 시작하게 되었습니다.

동물 키우기에 대한 어려운 점은 이것만이 아닙니다. 동물들이 아이들의 정성과 사랑으로 잘 크는 반도 있었지만 낯선 환경에 적응하지 못하고 죽는 경우도 있었습니다. 옆 반의 경우 2주된 기니피그를 한 달 동안 정성껏 키웠는데, 아침에 교실에 들어가 보니 기니피그가 숨을 헐떡이고 있었습니다. 10분 이상 심폐소생술을 해보았지만 이미 숨이 끊어지려는 순간이었고, 아이들은 울면서 기니피그의 마지막 가는 길을 지켜주어야 했습니다. 혹자는 이런 과정을 동물 학대가 아니냐, 어린아이들에게 죽음에 대해 가르치는 것은 가혹하지 않느냐는 등의 이야기를 하기도 합니다. 하지만 생명을 키우면서 마주하게 되는 이런 결과들도 생명의 한 부분으로 자연스럽게 받아들일 수 있어야 하는 것이 현실이므로 교육적으로 가치가 있다고 생각합니다.

야영 활동을 할 때도 많은 제약이 있었습니다. 요즘 캠핑하는 가정이 많아 텐트를 쉽게 구할 수 있을 것으로 예상했지만 선뜻 텐트를 가져오겠다는 아이들이 많지 않았습니다. 고가의 텐트를, 그것도 아이들이 친다는 것에 대해 부모님들의 걱정이 많은 것은 당연했습니다. 그래서 각 반별로 학급도우미 학부모님께 일일이 전화를 걸어 학급당 6개의 텐트를 확보해 달라는 부탁을 했습니다. 교사의 부탁보다는 학부모들끼리의 커뮤니티가 더 확실할 것으로 생각되었기 때문입니다. 그 결과 텐트를 구하는 일은 그리 어렵지 않았고 무사히 프로젝트 수업을 마무리할 수 있었습니다.

동물 키우기나 야영 활동은 분명 학교에서 시행하기 힘든 프로젝트 수업입니다. 하지만 교육적으로 가치가 있다고 믿고 여러 사람들을 설득해간다면 분명 의미 있는 교육적 결과를 가지고 올 것입니다.

단원 및 성취기준

교과	단원 및 성취기준	배정시간
국어	〈5. 광고 읽기〉 1613-1. 설득하거나 주장하는 말을 듣고 주장과 근거를 파악할 수 있다. 1613-2. 설득하거나 주장하는 말을 듣고 주장과 근거의 타당성을 평가할 수 있다. 1626-1. 주장하는 글을 읽고, 주장과 근거, 문제 상황과 해결 방안 등을 파악할 수 있다. 1626-2. 주장하는 글에서 주장의 타당성에 대한 적절한 의견을 제시할 수 있다.	7시간
사회	〈2. 환경과 조화를 이루는 국토〉 사6034. 우리나라 국토수준에서 인간과 환경은 상호보완적인 관계임을 이해하고, 친환경적인 태도를 실천하기 위한 방안을 제시할 수 있다.	5시간
과학	〈2. 생물과 환경〉 과6114-1. 생태계 보전의 필요성과 생태계 보전을 위한 인간의 노력을 설명할 수 있다. 과6114-2. 생태계 보전 방안을 조사하여 설명할 수 있다.	5시간
실과	〈생활 속의 동.식물 이용〉 실6251-2. 생활에 필요한 꽃이나 채소 등을 가꾸고 이용할 수 있다. 실6252-2. 애완동물이나 경제 동물을 실제 생활에 이용할 수 있다.	12시간
미술	〈다색판화 찍어서 표현하기〉 반티 제작	4시간
체육	〈자연환경과 여가〉 자연형 여가활동(야영 활동)	6시간

프로젝트 한눈에 보기

차시	배움 내용	준비물
1차시	주제 통합 오리엔테이션('자연' 마인드맵)	배움공책
2-3차시	〈히마와리와 나의 7일〉 영화 감상 – 유기견과 인간과의 감동적인 실화극	영화파일
4-5차시	영화 감상 후 생각 나누기	

차시	배움 내용	준비물
6–7차시	기르고 싶은 동물 이야기 나누기 (동물의 종류, 기르는 환경, 방법, 사후관리)	도화지, 사인펜
8차시	동물 기르기 찬반토론	토론자료
9–10차시	가꾸고 싶은 식물에 대해 생각 나누기 식물 가꾸기 계획서 만들기(모둠별)	계획서
11–12차시	친환경적 태도 지니고 실천하기 텃밭 활동(모종 심기)	삽, 모종삽, 장갑, 채소모종 (안전교육)
13–14차시	동물 기르기 계획서 만들기(모둠별) 동물 기르기 준비하기(사육장 만들기, 당번 정하기)	A4 용지, 도화지, 사인펜
15–17차시	동물 집 만들어주기	나무, 철재, 도구 등 (안전교육)
18–19차시	내가 기르는 동물 소개하기 (특징, 먹이, 기르는 방법 등)	PPT 자료
20–21차시	내가 기르는 동물 캐릭터 만들기	찰흙, 지점토, 클레이
22–24차시	텃밭 활동(물주기, 잡초 뽑기, 관리하기)	모자, 물통, 장갑, 모종삽
25–28차시	동물 기르는 과정 UCC 만들기	
29–30차시	UCC 발표하기	
31차시	동물을 길러본 후 소감 나누기	
32차시	야영 계획하기(야영 장비, 주의할 점)	
33–34차시	모둠별 준비물, 식단 짜기 야영 때 입을 반티 디자인하기	
35–36차시	반티 제작하기(자연보호 캠페인)	흰색 티, 염료, 다리미 (안전교육)
37차시	야영 활동 준비하기	야영도구
38–39차시	자연과 함께 캠핑하기	(안전교육)

[주제 통합 프로젝트 수업 2]

오색빛깔 지구누리

– 국, 사, 도, 미, 체, 창

다문화 교육은 현지인만 할 수 있다는 오해

이주 노동자가 증가함에 따라 다문화가정이 확산되고 있는 요즘 다문화 교육에 대한 중요성 역시 높아지고 있습니다. 물적 지원은 물론 인적 지원도 적극적으로 이루어지고 있긴 하지만 학교 교육과정에서의 다문화 교육이 과연 실효성이 있는가에 대해 생각해볼 필요가 있습니다. 학교 현장에서의 다문화 교육은 창의적 체험활동 시간을 이용하여 학기당 2시간씩 반드시 이수해야 합니다. 다양한 문화에 대한 동영상을 보고 다문화 수업을 진행하는 학교도 있고, 많은 예산을 들여 외국인을 초청해 다양한 문화체험 행사를 통해 직접 듣고 보도록 하는 학교도 있습니다. 외국인을 초청해 다문화 수업을 진행해보니 사실 예산이 만만치 않았습니다. 23학급 기준으로 2시간에 400만 원 정도의 예산이 소요되는 다문화체험행사가 아이들에게 교육적으로 가치가 있는지, 또 다양한 문화에 대한 자료가 인터넷이나 다른 매체들을 통해 넘쳐나고 있는데 굳이 그 나라 현지인이 와서 설명해주는 다문화 교육만이 현실감과 생동감이 있는지도 의문스러웠습니다. 그래서 학년말 교육과정 반성회 때 이런 문제점을 성토하며 100만 원의 예산으로 6학년 아이들과 다문화체험행사를 주관해보겠다고 큰소리를 쳤습니다. 큰소리는 쳤지만 막상 다문화체험행사를 주관해보니 만만치 않은 일이었습니다. 그러나 아이들과 함께 다문화 프로젝트 수업을 구성하면서 하나하나 만들어가는 과정은 매우 신선하고 뜻깊었으며, 다문화 교육을 현지인만 하는 것은 아니라는 결론을 얻을 수 있었습니다.

왜 오색빛깔 지구누리일까?

다문화 프로젝트 수업 주제명을 정하려고 하니 다양성에 대해 생각하게 되었습니다. 다양성이란 모양, 빛깔, 형식, 양식 등이 특색 있고 다름을 의미합니다. 다양성을 생각하니 '오색빛깔'이라는 낱말이 떠올랐습니다. '지구마을? 온누리? 지구세상?' 등 여러 나라를 의미하는 낱말도 이것저것 스쳐갔습니다. 떠오른 생각의 조각들을 모아보니 '오색빛깔 지구누리'라는 주제 제목이 탄생했습니다.

교실 속 아이들과 교사 역시 각각 다양성을 가지고 있으며 그 다양함으로 인해 서로에게 영향을 주고받습니다. 가끔 이 다양함 때문에 갈등과 어려움이 존재하지만 그 차이를 인정하고 존중하지 못하면 작은 사회에서 도태되거나 왕따를 당해 적응하기가 어렵습니다. 사실 아이들은 서로 다양함을 인식하고 있지만 그것을 행동으로 옮기거나 내면화하는 데는 한계가 있습니다. 자신이 경험해보지 못한 것에 대해 깨닫는다는 것이 쉽지 않기 때문이겠지요. 그래서 이번 프로젝트 수업의 경험을 통해 아이들의 인식 속에 있는 다문화에 대한 서로 다른 생각들을 공유해보고자 했습니다. 다문화체험 부스 운영을 통해 다문화에 대한 이해와 인정, 타문화를 존중하는 태도를 몸소 체험하는 과정을 담고자 했습니다.

프로젝트 수업 구성하기

〈오색빛깔 지구누리〉는 다음 표에서 보듯이 6학년 2학기 사회 '이웃나라와 세계 여러 지역의 자연과 문화'를 토대로 구상된 프로젝트 수업입니다. 국어 과목의 '알맞은 매체를 활용하여 발표하기'와 도덕 과목의 '모두가 사랑받는 평화로운 세상'이라는 단원, 미술의 '우리나라와 다른 나라의 미술' 단원을 주제 중심으로 재구성했습니다. 전담시간을 고려하여 오후 5, 6교시에 수업을 집중적으로 배치했으며, 프로젝트 수업의 마지막에는 다문화 부스 운영을 통해 다양한 세계문화를 소개하는 세계문화축제로 마무리지었습니다.

○ 관련과목: 국어, 사회, 도덕, 미술, 창의적 체험활동
○ 적용학년: 6학년
○ 수업차시: 34차시

프로젝트 수업의 흐름

주제 마인드맵 그리기

〈오색빛깔 지구누리〉 프로젝트 수업을 위한 주제 마인드맵을 그립니다. 주제 마인드맵은 교사가 프로젝트 수업 내용을 미리 안내하는 길라잡이입니다. 수업 과정

을 미리 알고 있으면 아이들은 자신이 어떤 내용을 계획하고 어떤 내용을 실천해야 할지를 생각하는 시간을 갖게 됩니다. 실제로 주제 마인드맵을 통해 이번 프로젝트 수업에 대한 전반적인 내용을 한눈에 볼 수 있고, 교사의 시각으로 구성된 내용을 아이들의 시각으로 바라보게 되어 프로젝트 수업 과정을 새롭게 수정할 수도 있습니다. 주제 마인드맵 그리기는 일종의 피드백과 같기 때문에 이 시간은 매우 중요합니다.

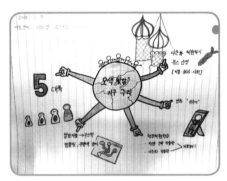 

〈완득이〉 영화 감상하기와 토의하기

동기유발로 영화를 택하면 아이들은 프로젝트 수업에 대해 친근감을 느끼고 딱딱한 수업이 아니라는 것을 직감적으로 느낍니다. 그래서 다문화 수업에 맞는 영화를 찾다보니 〈완득이〉라는 영화를 선택하게 되었습니다. 주인공의 나이는 고등학생, 필리핀 어머니와 장애인 아빠가 있고, 불우한 환경에서 자란 완득이를 세상 밖으로 나와 당당하게 함께 걸을 수 있도록 도와주는 선생님 등 현재 우리나라에서 겪을 수 있는 다문화가정의 현실을 잘 드러내는 영화라 선택하는 데 망설임이 없었습니다. 영화 내내 대사에 욕이 너무 많아 교사 입장에서 불편하긴 했지만, 아이들은 흥미롭고 재미있게 관람했습니다.

영화를 감상하고 나서는 영화에 대한 열띤 토의가 펼쳐졌습니다. 완득이의 행동과 주변 인물들의 행동, 다문화에 대한 우리의 인식, 인권에 대한 생각 등에 대해 이야기를 나누었습니다. 완득이가 학교를 가지 않고 방황하는 이유에 대해 아이들은 나름대로 완득이의 입장을 이해하는 듯했습니다. 우리나라 사람들이 다문화가정을 바라보는 편견 때문이라고 이야기하기도 하고, 장애인 아버지를 둔 완득이의 환경 탓이라는 말도 나왔습니다. 완득이를 도와주는 선생님에 대해서도 의리 있고 정의로운 사람이라는 평가를 하기도 하고, 너무 선생님 같지 않다는 이야기도 했습니다. 토의의 마무리는 다문화가정을 바라보는 우리의 시각과 인권에 대해 다시 한 번 생각해보는 것이었습니다. 이런 토의 과정 자체가 프로젝트 수업에서는 중요합니다. 서로 다른 생각들을 이야기하고 토의하는 과정에서 아이들의 생각과 사고의 틀이 바뀌기 때문입니다.

대륙 선정하기

대륙 선정하기는 다문화 부스 운영을 위해 대륙별 나라들을 선정하기 위한 초기 과정입니다. 대륙 선정을 위해 4개 반이 모여 제비뽑기를 하기로 했습니다. 공정을 기하기 위해 공개된 장소에 모두 모여 각 반 회장에게 대륙을 뽑도록 했습니다. 대륙을 뽑는 과정에서 놀라운 사실을 알 수 있었습니다. 아이들은 나름대로 각자 선호하는 대륙이 있다는 것입니다. 아시아, 유럽, 아메리카, 아프리카와 오세아니아 순으로 선호했는데 아시아와 유럽을 뽑은 반은 환호성을 지르고 아프리카를 뽑은 반 회장은 거의 역적 수준으로 구박을 받았습니다. 대륙 선정하기 결과 아이들도 선진국을 더 선호한다는 사실이 교사로서는 씁쓸한 느낌이었습니다.

나라 선정하고 자료 수집하기

대륙을 정하면 각 반으로 돌아가서 대륙에 속한 나라를 선정합니다. 모둠별로 5~6개 정도의 나라를 선정하면 정해진 나라에 대해 조사 학습을 시작합니다. 이때 자료 조사를 위해 다문화박물관이나 세계민속박물관 등을 견학하며 각 나라의 문화에 대해 자료를 수집할 수 있도록 주제 체험학습을 기획했습니다. 이전의 체험학습이 인솔자가 이끌며 설명해주는 것이었다면, 프로젝트 수업에서의 체험학습은 학생이 직접 주도적으로 참여한다는 점에서 차이가 있습니다. 각 나라의 특징이 잘 드러나는 자료를 모으기 위해 사진도 찍고 열심히 조사하는 모습이 매우 인상적이었습니다.

세계문화체험 부스 운영 계획하기

모둠별로 '세계문화축제의 날' 행사 준비를 위해 계획서를 작성했습니다. 계획서 안에는 소개할 나라의 자료와 행사 당일에 필요한 준비물, 교사에게 구입을 요청할 물품, 기대 효과 등을 기록하게 했습니다. 모둠별 계획서가 완성되면 발표를 통해 서로 부족한 점을 보완하도록 하고 세계문화체험 부스 운영을 위한 아이디어를 공유하도록 지도했습니다.

프로젝트 수업에서 가장 중요한 부분은 '계획서를 세밀하게 작성하는 일'입니다. 아이들이 계획서를 작성할 때 몇 가지 주의할 점이 있습니다. 우선 계획서는 반드시 모둠원의 의견이 반영되도록 해야 합니다. 한두 명의 우수한 아이들이 주도하는 계획서는 전체 모둠원의 협력적 수업 과정을 이끌어낼 수 없습니다. 실제 수업 과정에서는 참여율이 떨어지고 모둠이 불협화음을 일으키기도 합니다. 따라서 시간이 많이 걸리더라도 계획서를 작성할 때는 반드시 모둠원 모두가 함께 참여하도록 해야합니다.

또한 계획서 내용은 되도록 실현 가능한 것을 담도록 합니다. 추상적이고 이상적인 내용이 아닌 실제 운영하는 데 필요한 내용을 적어야 하며, 그러기 위해 다양한 매체를 활용하여 자료를 수집하도록 유도해야 합니다.

마지막으로 계획서는 변경과 수정이 가능하다는 점을 안내합니다. 프로젝트 수업을 실행하면서 더 좋은 아이디어가 나오면 언제든지 반영해야 더 좋은 결과물을 얻을 수 있기 때문입니다.

자료 만들기

이 프로젝트 수업에서 가장 많은 비중을 차지하는 것이 바로 자료 만들기입니다. 나라 소개 자료, 포토존, 나라를 상징하는 도장, 팸플릿, 안내 자료, 나라별 체험 코너, 갈런드(garland), 나라 소개 광고지 등 체험 부스에 운영될 자료를 만들도록 안내하고, 이때 자신들이 경험한 것과 창의적인 아이디어를 섞어서 자료를 제작하도록 했습니다.

또한 세계문화축제에 참가하는 동생들에게 나라별 체험 후에 도장을 찍는 이벤트도 넣었습니다. 중국을 대표하는 자금성, 베트남의 하노이, 프랑스 국기 등 각 나라를 상징하는 모양을 지우개로 파서 도장을 만들고, 클레이 점토를 이용하여 각 나라의 대표 음식을 만들거나 동생들에게 나누어줄 나라 소개 책갈피를 제작하기도 했습니다.

이 모든 과정이 아이들 스스로의 계획에서 비롯된 것이며, 자료를 제작하는 과정에서 서로의 의견을 교환하고 공유하는 모습을 볼 수 있었습니다. 이때 교사가 도움을 줄 수 있는 부분은 나라별 민속의상 대여해주기, 자료 제작을 위해 물건 구매해주기, 세계문화체험장 안내도 만들어주기 등 체험 행사에 필요한 물리적 여건들을 조성해주는 일입니다.

세계문화축제의 날 리허설

자료 제작을 모두 마치고 나서는 나라별로 역할을 나눕니다. 나라 소개 담당자, 문화체험 담당자, 체험학습 안내 담당자 등 다양한 역할을 분담하도록 했습니다. 사전 리허설은 저학년과 중학년, 고학년 버전으로 나누어 연습하도록 했고, 각 모둠에서 서로 모니터링을 해주는 과정도 넣었습니다.

우리가 주최하는 세계문화축제의 날

행사 당일은 아이들 스스로가 긴장하며 동생들을 맞이할 준비를 했습니다. 몇 주 전부터 꼼꼼히 준비한 자료를 힘들게 체육관으로 옮기면서도 행사의 주체가 된다는 설렘 때문인지 입가에 미소가 떠나질 않았습니다.

1학년부터 5학년 동생들이 한 시간씩 각 나라별 체험을 하도록 구성했습니다. 담임 선생님에게 협조를 구해 아이들에게 체험 여권을 들고 다니면서 세계문화체험 투어를 하도록 했습니다. 체험을 마치면 체험 확인 도장을 찍는 것도 잊지 않도록 당부했습니다.

첫 시간 1학년 동생들이 입구에 들어서자마자 기다렸다는 듯이 자신들이 소개할 나라를 외치며 동생들 유치 경쟁에 나섰습니다. 1학년 아이들은 선배의 친절한 모습에 살짝 당황했지만, 이내 세계문화체험 현장으로 빠져들었습니다. 미국을 대표하는 야구 체험, 브라질을 상징하는 축구 체험, 페이스 페인팅, 베트남 쌀국수 시식,

인도 카레 시식, 나라별 포토존 기념 촬영, 민속의상 체험 등 다양한 체험으로 다문화축제를 진행했습니다.

행사 후 활동 및 평가

체험활동 행사를 모두 마친 후 각 나라별 소개 자료는 프로젝트 수업 평가를 위해 학년 발표실에 전시해두었습니다. 요즘은 학급이 줄어드는 학교가 많아서 유휴교실이 많아지고 있는 추세입니다. 특기 적성이나 특별실로 활용되는 경우가 많으나 이렇게 학년 발표실로 만들면 학년 교육과정을 운영하는 데 많은 도움이 됩니다.

프로젝트 수업에서 빼놓으면 안 될 것이 프로젝트 수업 후 반드시 그 내용으로 평가를 해야 한다는 것입니다. 다행히 우리학교는 지필 평가가 논술형 평가 100%로 진행되어 프로젝트 수업에 대한 평가를 논술형으로 실시했습니다. 자신들이 소개한 나라에 대해 지리적, 문화적 특징을 소개문 형식으로 쓰게 하고, 다른 친구들이 조사했던 나라 중 가보고 싶은 나라에 대해 기사문 형식으로 써보도록 했습니다. 또한 정의적 평가 문제로 다문화 부스 운영을 통해 깨달은 점이나 알게 된 점을 기술하게 했습니다. 정의적 평가에 대해 아이들은 답안지에 "다른 나라 문화에 대해 이해할 수 있었던 좋은 기회였다."라는 내용을 빼놓지 않고 기술했습니다. 또 "남을 가르치는 일이 이렇게 어려운 줄 몰랐다. 교사가 꿈이었는데 다시 생각해봐야겠다."는 체험담도 남겼습니다.

평가의 목적이 배운 내용을 확인하고 다음 배움에 대한 반성의 기회를 주는 것이라고 한다면 프로젝트 수업 과정 중에 얻게 된 배움을 평가해야 하는 것이 맞습니다. 시험지에 알고 있는 지식과 답을 찾는 평가보다는 직접 경험하고 느낀 것, 과정 중에 얻게 된 배움 등을 평가하는 것이 진정한 배움에 대한 평가라고 생각합니다.

교사가 수업 과정 중 다문화의 차이와 문화의 상대성을 강의식, 교화식으로 설명하고 시험지로 평가했다면 아이들은 진정한 문화의 다양성과 상대성을 깨닫게 되었을까요?

프로젝트 수업 후 이런 점이 아쉬워요

〈오색빛깔 지구누리〉 프로젝트 수업은 세계 여러 나라의 소개를 통해 다양한 문화를 이해하고 차이를 인정하는 기회를 갖게 해주었으며, 체험 부스 운영으로 아이들 스스로 자료를 구성하고 행사를 기획하는 자기 주도적 협력 학습의 중요성을 일깨워준 수업입니다.

그러나 체험 부스를 운영하는 과정에서의 아쉬움은 남습니다. 학년 교육과정 재구성으로 진행된 이 프로젝트 수업은 아이들의 역량에 따라 반별로 다른 수준의 결과물이 나오기도 했습니다. 어떤 부스는 문화적 특성이 잘 드러나게 부스를 운영하는가 하면, 어떤 부스는 체험 위주의 부스 운영으로 치우치는 경우도 있었습니다. 체험 위주의 부스 운영은 아이들 기억에는 재미로 남을 수 있으나 알맹이 없는 배움과도 같습니다. 또 하나의 아쉬운 점은 나라에 따라 자료를 손쉽게 얻을 수 있고 없고의 차이도 분명히 있었습니다. 예를 들어 아시아나 유럽의 경우는 여러 매체에서 쉽게 자료를 수집할 수 있었으나 아프리카의 경우는 그렇지 않아 아프리카의 악기를 구하려고 아프리카 다문화 강사를 데려와야 하는 현실적인 문제에 직면하기도 했습니다.

재미와 흥미 위주의 체험 부스 운영보다는 그 나라의 지리적, 문화적 특성이 잘 반영되도록 내용과 체험이 함께 어우러지는 부스 운영이 바람직하리라 생각됩니다. 또한 아이들 스스로 자료 수집이 어려운 나라의 경우라면 교사가 지역사회나 인적, 물적 자원을 지원해주어야 나라별 결과물의 질적 차이를 좁힐 수 있습니다.

단원 및 성취기준

교과	단원 및 성취기준	배정시간
국어	〈2. 자료를 활용한 발표〉 국1616-2. 알맞은 매체를 활용하여 발표할 수 있다.	8시간
사회	〈2. 이웃 나라의 환경과 생활 모습〉 사6053. 우리나라와 중국, 일본, 러시아 간의 문화적 유사성과 차이점을 설명할 수 있다. 〈3. 세계 여러 지역의 자연과 문화〉 사6073. 세계 여러 지역 사람들의 다양한 삶의 모습에서 발견할 수 있는 유사성과 차이점을 지리적 관점에서 이해하고, 문화적 차이를 존중하는 자세를 가진다.	14시간
도덕	〈8. 모두가 사랑받는 평화로운 세상〉 도636. 인류가 서로 돕고 평화롭게 살아야 하는 이유와 중요성을 명확하게 이해하고, 인류를 사랑하고 평화로운 세상을 만들기 위해 노력하는 적극적인 태도를 가질 수 있다.	4시간
미술	〈12. 우리나라와 다른 나라의 미술〉 전통문화와 다문화 미술 비교하기	4시간
창체	세계문화체험의 날 운영	4시간

평가 계획

과목	평가 기준	방법
국어	매체를 활용하여 효과적으로 발표하기	관찰평가
사회	한 가지 주제를 정해 우리나라와 이웃 나라의 문화를 비교하기 세계의 다양한 문화를 소개하는 자료 제작하기	포트폴리오 구술평가
도덕	다문화를 이해하고 평화로운 세상을 만들기 위해 노력하기	관찰평가
미술	세계 여러 나라의 건축물 만들기	실기평가
창체	세계문화체험의 날 운영하기	관찰평가

프로젝트 수업 한눈에 보기

차시	교과	배움 내용	비고 및 준비물
1차시	사회	주제 통합 오리엔테이션(마인드맵 작성)	배움공책
2–3차시	도덕	영화 감상하기 〈완득이〉	영화 파일
4차시	도덕	감상평 나누기(다문화 관련해서), 인권교육 함께	
5차시	사회	반별 대륙 뽑기	반별 대륙 결정 후 학급 내에서 세부적으로 구성
6–7차시	국어	반별 나라 정하기 및 나라 조사하기	컴퓨터실 및 가정 과제
8–13차시	도덕 사회(2) 사회 창체(2)	대륙별 문화탐방(현장체험학습)	세계다문화박물관 (서울 은평구 소재) 지구촌민속박물관 (서울 중구 소재)
14–15차시	국어	나라별 발표자료 만들기	우드락, 조사자료, 꾸밀 수 있는 재료
16–17차시	국어	나라별 발표 및 공유하기, 체험 부스 계획하기	
18차시	사회	모둠별 부스 운영 계획서 완성하기	운영계획서
19–20차시	사회	모둠별 부스 제작하기	스탠딩 안내판, 의상, 문화체험 관련 놀이기구 제작 등
21–22차시	사회	모둠별 포토존 만들기	
23–24차시	미술	모둠별 상징물 만들기(도장 새기기)	
25–26차시	사회	모둠별 팸플릿 및 안내판 제작하기	팸플릿 제작판
27차시	사회	부스별 체험 리허설 및 행사활동 최종 마무리하기	
28차시	미술	대륙별 다양한 갈런드 만들기	A4 용지, 색칠도구
29차시	미술	나라 이름 팻말 만들기	
30–34차시	창체(2) 국어(2) 사회	세계문화체험의 날 행사	목요일: 1~3학년 금요일: 4~5학년

동학년 프로젝트 수업 성공의 조건

우선 학년 프로젝트 수업을 성공하기 위해서는 다음과 같은 몇 가지 조건들을 고민해봐야 합니다.

동학년의 교육철학이 있는가?

동학년 선생님들과의 소통이 원활한가?

우리 학교 실정에 맞는 실현 가능한 교육과정인가?

아이들의 삶이 중심이 되는 교육과정인가?

성취기준에 맞는 교수내용과 평가가 일치하는 교육과정인가?

첫째, 동학년의 교육철학은 학년 프로젝트 수업의 바탕을 이룹니다. 학년 교육과정에서 추구하고자 하는 교육 목표가 뚜렷이 반영되어야 합니다. 예를 들면 인성 덕목이 가장 중요하다고 생각하면 인성과 관련된 프로젝트 수업으로 구성하면 됩니다. 진로가 중요하다고 동학년의 합의가 이루어졌다면 진로활동과 관련된 프로젝트 수업으로 구성하면 됩니다.

둘째, 학년 프로젝트 수업에서 가장 중요한 것은 동학년 선생님과의 소통입니다.

동학년 선생님들과의 합의가 이루어지지 않은 상태에서 학년부장이 독단적으로 이끌어가는 교육과정은 반드시 불협화음을 일으킵니다. 학년부장은 기존의 교육과정을 완전히 뒤바꾸는 내용으로 구성하고 싶으나 선생님들이 그 부분에 부담을 갖고 있다면 과감히 내용을 바꾸어야 합니다. 실제로 학년부장의 독단적인 주도하에 짠 교육과정이 제대로 실행되지 않고 형식적인 수준에 머무르는 사례들을 종종 보았습니다. 따로따로 운영되는 교육과정이라면 그것을 학년 교육과정이라고 할 수 없습니다.

셋째, 학년에서 실행하고자 하는 프로젝트 수업이 우리 학교 실정에 맞는 실현 가능한 것인지 고민해보아야 합니다. 혁신학교의 경우는 프로젝트 수업을 위한 교육과정 재구성에 제약이 적습니다. 교사에게 과중한 업무도 없고 교육과정 실행 중에 해야 하는 절차도 간소화되어 있으며 교육과정 운영이 탄력적이고 유연합니다. 따라서 혁신학교 운영체제 자체가 일반학교와 다르기 때문에 혁신학교의 프로젝트 수업을 무조건 따라서 하는 우를 범하지 말아야 합니다. 일반학교라면 일반학교에서 할 수 있는 내용과 여건들을 고려하여 교육과정을 구성해야 합니다. 그렇지 않으면 남의 옷을 얻어 입은 것처럼 불편하고 어색합니다.

성공적인 프로젝트 수업을 위해 학교와 부딪히기

학년 프로젝트 수업을 진행하면 어려운 점이 매우 많습니다. 특히 관리자를 설득시키는 일과 다른 학년과의 보조 문제가 가장 어렵습니다. 다양하고 창의적인 내용으로 구성하고 싶지만 관리자의 성향에 따라 실현이 가능할 수도 있고 아닐 수도 있습니다. 예를 들어 안전을 강조하는 관리자는 학교 밖에서 활동하는 것을 무척 불안해합니다. 그럴 경우에는 사전 안전교육에 대한 내부계획을 철저히 세우고, 공문으로 결재를 받아두는 것이 좋습니다. 또 학년 프로젝트 수업을 위해 학교시설을 이용할 때나 학년 전체 행사를 할 때는 관리자와 학교 선생님들의 도움이 필요합니다. 프로젝트 수업을 위해 필요한 여러 가지 물품을 구입할 때도 행정실의 업무지원이 없으면 힘듭니다. 여기 학년 프로젝트 수업을 위해 학년부장이 학교와 부딪혀야 할 몇 가지 사례에 대한 해결방안을 조언합니다.

– 관리자와 조율을 할 때는 화내지 마라

프로젝트 수업의 궁극적인 목적은 아이들을 위한 의미 있는 수업입니다. 관리자와 사이가 좋지 않으면 진정으로 교사가 의도한 것을 얻을 수 없습니다. 교사가 아이들과의 의미 있는 활동을 위해 원하는 것을 얻으려면 부드럽게 대화하고 때로는 설득해야 합니다.

– 업무부장과 학년부장을 겸임하는 부장체제를 바꿔라

교사에게 가장 중요한 수업을 위해 학년부장으로서의 역할을 충실히 할 수 있도록 업무부장을 겸임하지 말아야 합니다. 언제부터인지는 모르겠으나 교육청 업무를 수행하기 위해 만들어진 업무부장체계가 이제는 바뀌어야 할 때라고 생각합니다. 이제는 업무 못 하는 교사보다 수업 못 하는 교사가 더 무능하다고 평가받는 시대입니다. 학교 업무는 각 선생님들이 얼마든지 분담할 수 있는 부분이므로, 학년부장이 교육과정에 충실할 수 있도록 배려해주어야 합니다. 학년 말 교육과정 반성회를 통해 구성원의 의견을 수렴하여 부장체제를 바꾸도록 건의하는 적극성이 필요합니다.

– 행정실과의 긴밀한 업무 협조를 이끌어내라

행정실은 교사가 교육적인 활동을 원활하게 할 수 있도록 업무지원을 하는 곳입니다. 누가 더 우위에 있다고 말할 수는 없으나 행정실 본연의 업무가 교육 업무지원임을 인식시키고, 학년부장의 예산사용 절차나 행정업무를 간소화하도록 협의해야 합니다. 이는 부장회의를 통해 관리자와 행정실이 함께 논의하여 업무분장을 하는 것이 좋습니다.

– 예산배분에 적극성을 갖고 참여하라

학년 말 예산 계획을 세울 때 학년 교육과정에 필요한 예산을 미리 확보해두는 것이 좋습니다. 전쟁에서 군인이 총알이 많아야 든든하듯 학년을 운영할 때 예산이 넉넉하면 그만큼 교육활동이 활발해집니다. 예산배분을 학년별 정액으로 1/n하는 방법이 아니라 학년의 특성을 고려하여 합리적으로 배분되도록 적극적으로 의견을 내야 합니다. 일률적으로 받아 놓은 예산이 어떤 학년에서는 사용하기 버거운 것으로 의미 없이 버려질 수 있기 때문입니다.

국어, 수학, 역사, 미술, 실과...

교과 하나하나가 흩어지고 모여들어

생태, 진로, 인성, 자연, 문화라는 큰 흐름으로 바뀐다.

아이들이 교사라는 징검이를 통해,

협동과 배려라는 뗏목을 타고,

각자의 개성과 특성이라는 노를 힘차게 저어,

도착해야 할 바로 그곳이다.

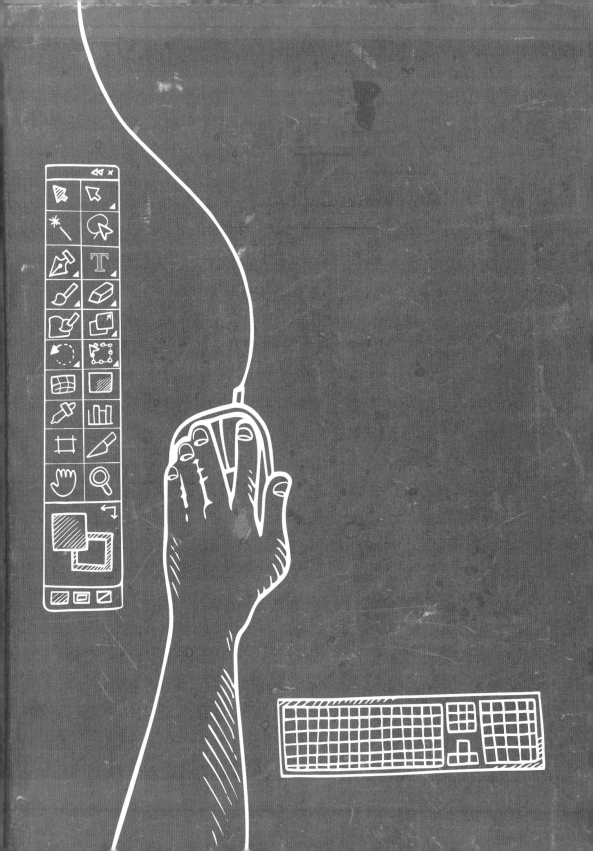

6부

창의적 체험활동, 프로젝트 수업으로 만나다

[진로, 봉사활동 프로젝트 수업]

내 꿈을 펼쳐라!

모의 회사를 만들다

학급을 운영하다 보면 아이들의 재능은 제각기 다르다고 느낄 때가 많습니다. 어떤 아이는 수학적 재능이 뛰어나고, 어떤 아이는 악기를 쉽게 연주하며, 또 어떤 아이는 그림을 특징적으로 잘 그립니다. 하워드 가드너 교수는 인간의 지능이 서로 다른 특징을 지닌 여러 유형의 능력으로 구성되어 있으며, 개인이 특정 상황이나 맥락에서 문제를 해결해내는 능력, 혹은 개인이 살고 있는 문화에서 가치 있다고 생각하는 것을 만들어내는 능력이라고 보았습니다. 다중지능의 관점에서 보면 다양한 지능을 가진 아이들을 교실이라는 막힌 공간 속에서 한 가지 교과서를 들여다보며 일률적으로 가르치는 것이 매우 모순이라는 생각이 듭니다.

〈내 꿈을 펼쳐라〉 프로젝트 수업은 아이들이 가진 이런 다양한 재능들을 모아 회사를 설립하고, 직접 수공품으로 물건을 제작한 후 박람회를 통해 판매하여 그 수익금을 불우한 이웃에게 기부하는 것을 목적으로 기획되었습니다. 회사를 만들고 유지하는 데는 서로 다른 사람들의 재능이 필요합니다. 회사를 설립하고 운영하는 사람, 물건을 만드는 사람, 홍보하는 사람, 판매하는 사람 등 다양한 재능을 가진 사람들이 모여서 경제 활동을 하는 곳입니다.

프로젝트 수업 구성하기

〈내 꿈을 펼쳐라〉 프로젝트 수업은 이런 다양한 역할 분담 과정을 통해 아이들이 가진 재능을 발휘해보고, 자신이 모르고 있던 소질을 계발하는 기회를 제공하기 위해 재구성되었습니다. 다음의 표와 같이 국어, 사회, 도덕, 실과, 미술, 창체 등 다양한 과목의 내용을 추출하여 〈내 꿈을 펼쳐라〉라는 주제 안에서 재구성했으며, 프로젝트 수업은 주로 5, 6교시에 시행되고 5주에서 6주간 진행됩니다.

○ 관련과목: 국어, 사회, 도덕, 실과, 미술, 창의적 체험활동
○ 적용학년: 6학년
○ 수업차시: 34차시

프로젝트 수업의 흐름

주제 이야기하기 ⇨ 사업 계획서 작성 및 사업 설명회 ⇨ 사전 광고 만들기 ⇨ 물건 제작하기 ⇨ 기업윤리 교육 ⇨ 박람회 사전준비 ⇨ 희망드림 박람회 개최

사업설명회 개최하기

〈내 꿈을 펼쳐라〉 프로젝트 수업에 대한 전반적인 흐름을 이야기한 후 사업설명회에 참여할 사장님을 모집합니다. 창업할 사장님들은 사업을 구상하여 사업계획서

를 제출합니다. 이때 사원들은 각 창업주가 모집하며, 창업할 수 있는 기업의 영역은 수공업으로 물건을 제작할 수 있는 형태로 제한을 둡니다.

사업계획서를 작성할 때는 구성원들과의 회의를 통해 협의하고 계획서 안에는 창업의 목적, 사훈, 구성원들의 조직도, 역할 분담, 제작할 물건, 재료 등 자세한 내용을 적도록 합니다. 이때 회사의 이름도 함께 정하도록 합니다. 사업계획서의 자료 수집을 위해 컴퓨터실을 이용하거나 스마트폰을 이용하여 사업 내용을 구상하도록 할 수도 있습니다.

사업계획서를 파워포인트로 작성하게 하여 회사를 소개하는 사업설명회를 갖습니다. 사업설명회를 통해 창업의 목적을 밝히고 사훈, 조직도, 역할 분담, 판매 전략 등을 소개하여 앞으로의 활동에 대해 로드 맵을 제시하도록 합니다.

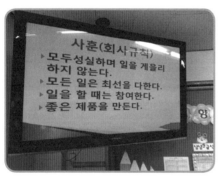

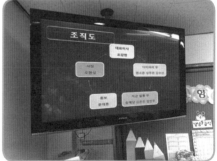

회사 운영 규칙 정하기

첫째, 프로젝트 수업이 시작되는 5교시부터는 책상을 회사별로 배열하고, 시작 전에 부서 회의를 하도록 규칙을 정했습니다. 사장이 직접 회의를 주관하거나 업무 부장이 회의를 진행하여 그날 해야 할 업무를 공유하는 시간을 갖도록 했습니다. 처음에는 이 쑥스러운 상황에 아이들이 당황하기도 했지만 시간이 지나면서 마치 어른 역할 놀이를 하는 듯 부서별로 회의가 순조롭게 진행되는 모습을 볼 수 있었습니다. 또 어떤 때는 어른들보다 더 진지하게 회의에 임하기도 했습니다. 이 과정은 어떠한 일을 결정할 때 기업주와 사원이 회사의 발전이라는 목표를 위해 서로 의견을 교환하고, 각 구성원들의 의사를 반영하게 하는 등의 민주적 절차를 배우게 하기 위한 것입니다.

둘째, 회의를 할 때마다 회의록을 남겨 다음 회의 때 반영되도록 했습니다. 회의록을 꼼꼼히 남겨두니 회의 때 부족한 부분이나 추진해야 할 업무에 대해 전달이 원활하게 이루어지고 프로젝트 수업도 계획적으로 진행되었습니다.

셋째, 제품의 제작은 미완성 제품이나 반제품을 사용하여 만들도록 권장하였으며 정성과 노력을 담아 만드는 것을 원칙으로 했습니다. 이미 완성된 물건을 사서 판매하는 것은 노동에 대한 가치를 느끼지 못할 것으로 생각되었기 때문입니다. 조금 완성도가 떨어지더라도 정성과 노력으로 만든 제품을 판매하여 수익금의 전액을 기부할 때 더 뜻깊고 의미 있게 느끼도록 하기 위해서입니다.

넷째, 수익금 전액을 기부단체에 기부하게 하여 기업이 이윤만을 추구하는 곳이 아니라 사회공익을 위해 기여해야 한다는 의식을 심어주려고 했습니다. 요즘 우리 사회를 보면 기업이 자신들의 이익을 위해 수단과 방법을 가리지 않고 부정을 저지르는 모습을 쉽게 접하게 됩니다. 기업이 사회적 윤리를 지켜야 올바른 기업으로서 성장할 수 있다는 건전한 사회의 모습을 인식시켜 주고자 했습니다.

재료 고르기와 제품 만들기

일단 각 회사에서 만들 제품을 정하고 제품 제작을 위해 재료를 고르게 합니다. 재료는 학교 예산으로 구매해야 하므로 학교 인터넷 장바구니를 이용하면 편리합니다. 제품을 수공업이나 반제품 등으로 한정했기 때문에 아이들은 허브비누, 머리핀이나 액세서리, 연필꽂이, 부채, 수세미 등 생활용품 위주로 제작했습니다. 필요한 재료를 모두 인터넷 장바구니에 담고 재료가 배송되기 전까지 기다리는 기간 동안 사전 광고지를 제작하도록 했습니다. 사전 광고지에는 각 기업이 만들 제품들을 홍보하는 문구를 넣어 소비자가 제품에 대한 사전 지식을 갖게 하고 물건 판매량을 늘리는 데 도움이 될 수 있도록 했습니다. 사전 광고지는 학교 게시판에 붙여 창업박람회에서 많은 아이들이 물건을 사게 할 목적으로 만들었습니다.

인터넷 쇼핑몰에서 주문한 재료들이 도착하면 재료를 가지고 물건을 만드는 시간을 갖습니다. 물건을 만드는 데 드는 시간은 거의 10차시 이상이며, 아이들은 각 회사별로 모여 열심히 물건을 제작합니다.

유니세프의 '기부 나눔 교육' 특강과 감자 수확하기

물건을 만드는 시간을 많이 배정하다 보니 다소 지루할 수도 있을 것 같아 굿네이버스에서 주관하는 특강을 마련했습니다. 유니세프와 함께하는 '기부 나눔 교육'이라는 특강을 통해 세계적인 기업들의 기부 현황을 알아보고 기부를 통해 나눔을 실천하는 사례들을 소개하며 기부 활동에 대한 동기를 부여하고자 했습니다.

학년을 처음 구성할 때 가장 먼저 했었던 일은 텃밭을 임대하는 것이었습니다. 다행히 우리 학교 주변에는 주말농장이 있어 반마다 5평 이상 되는 텃밭을 분양받

을 수 있었습니다. 아이들과 함께 땅의 이랑과 고랑을 만드는 작업부터 시작했습니다. 감자싹이 있는 씨감자를 잘라 텃밭에 심고 주말마다 당번을 정해서 반별로 텃밭을 관리했습니다. 열심히 키운 결과 수확할 때 보니 감자가 20kg 박스로 네 상자나 되었습니다. 수확한 감자는 희망드림박람회에 내놓아 판매했고, 판매 수익금은 모두 유니세프에 기부했습니다.

행사 전 회사 단합대회와 역할 분담

물건 만들기가 모두 끝나면 그동안 고생한 사원들과 함께 회사 단합대회를 개최하도록 계획했습니다. 마지막으로 있을 희망드림박람회를 앞두고 과자와 음료수를 먹으며 그동안 함께 고생한 구성원들과 화합을 다지는 시간이었습니다. 나름대로 어른들을 흉내 내고 싶었는지 음료수를 마시며 가무를 즐기는 아이들도 있었습니다.

단합대회를 마치고 행사 당일 서로가 해야 할 일에 대해 역할을 나누었습니다. 물건을 판매하는 일, 잘 팔리도록 홍보하는 일, 손님을 모셔오는 일, 돈을 관리하는 일 등 행사를 원활하게 진행하기 위해 다양한 역할을 분담했습니다. 이때 물건의 가격을 산정하는 일과 가격 라벨 붙이는 작업도 함께 진행했습니다.

내 꿈을 펼쳐라 – 희망드림박람회 개최

행사 전날 체육관에 테이블을 설치하고 현수막을 걸었습니다. 아이들은 마지막 홍보 전략으로 동생들에게 자신들의 회사를 알리려는 활동으로 활기찼습니다. 회사마다 판매 전략회의를 통해 다양한 아이디어를 고안하였고 각종 명함과 할인권도 등장하여 손님 유치 경쟁을 하는 모습도 인상적이었습니다. 후배, 선배 반에 돌아다니며 자신들이 만든 물건의 샘플을 보여주고 적극 구매하도록 독려했습니다.

행사 당일 아이들은 자신들이 판매할 물건을 진열하고 역할 분담을 확인한 후 판매를 시작했습니다. 학년별로 시간을 달리하여 판매 시간을 정해두었으며 23개의 회사가 다양한 물건들을 판매했습니다.

이 날 행사는 동네 장터 같은 분위기였는데, 교사와 학부모는 물론 유치원 동생들도 참석하여 물건을 구경하고 구입했습니다. 직접 제작한 물건과 각자 가정에서 쓰지 않는 학용품이나 물건들을 함께 판매하여 수익금을 더 올렸습니다. 특히 이날 아이들이 수확한 감자는 교사와 학부모에게 인기 최고의 상품이었습니다. 판매금 전액을 불우 이웃에게 쓰겠다는 아이들의 고운 마음에 모두 지갑을 활짝 열었습니다.

박람회 참여 기업 및 판매 물품

5학년 1반		5학년 2반		5학년 3반		5학년 4반	
회사명	판매물품	회사명	판매물품	회사명	판매물품	회사명	판매물품
BEST	수제비누, 주머니	COOL	부채, 캐릭터 자석	클로버	팔찌	PG상사	피규어
뷰티몰	핸드폰 고리, 팔찌	디웹톡 (DWT)	필통, 부채	동화나라	이어캡, 열쇠고리	ML게임	주사위게임
평등회사	머리핀, 머리띠, 머리끈	오이들의 액세서리 세상	이어캡, 캐릭터 자석	뷰티풀걸	립밤, 뜨개작품	미니월드	미니어처
우드메이커	연필꽂이	눈꽃송이	스노우볼, 화분	우드월드	나무공예 소품	문구봉봉	캐릭터문구
		골든키스트 (GK)	빵끈 공예품, 부채	테크노	움직이는 장난감	반짝반짝 리본	헤어 액세서리
				데이큐브	펠트 컵받침	DH 덕후	캐릭터달력
				조은부채	부채		
				올스타	미니어처		

물건에 대한 만족도를 평가하는 기업 평가표도 전시하여 소비자의 의견도 반영하도록 했습니다. 기업이 소비자의 의견을 반영하는 과정은 아이들에게도 꼭 인식시켜주고 싶었습니다. 소비자들의 우수 기업 평가는 후에 수행평가에도 반영했습니다. 박람회를 마친 후 기업에서 판매한 수익금을 계산한 후 전액을 유니세프에 불우 이웃을 위해 기부했습니다.

아이들이 꾸미고 아이들이 주체가 되는 축제 장터

〈내 꿈을 펼쳐라〉는 아이들이 꾸민 축제 장터와도 같았습니다. 비록 힘들게 만들어 자신들에게 돌아가는 이득은 없었으나 자신들의 땀과 노력으로 누군가에게 나눔을 실천할 수 있었다는 기쁨과 뿌듯함은 무엇과도 바꿀 수 없는 경험일 것입니다.

회사라는 큰 조직 안에는 다양한 능력을 가진 사람들이 함께 모여 있으며 이들이 각자의 위치에서 최선을 다할 때 기업이 성장하고 발전할 수 있습니다. 희망드림 박람회에서 얻을 수 있는 또 다른 성과는 이 프로젝트를 통해 아이들의 소질을 찾을 수 있었다는 점입니다. 전교 왕따를 당하는 아이가 물건을 만드는 것에서만큼은 다른 아이들에게 최고라고 인정받는 수업, 교과목 수업에는 흥미가 없는 아이지만 제품 홍보에서만큼은 누구보다 뛰어난 능력을 발휘할 수 있는 수업, 시험 성적은 높지 않은 아이지만 회사를 기획하고 구성원을 이끄는 역할만큼은 누구보다 뛰어난 소질을 발휘하는 수업, 바로 이 프로젝트 수업에서 얻고자 하는 최고의 목표였습니다.

단원 및 성취기준

교과	단원 및 성취기준	배정시간
국어	국1618–3. 자신의 말이 상대에게 미칠 영향이나 결과를 예상하여 적절한 표현 방식을 사용하여 말할 수 있다.	8차시
사회	사6023. 경제 성장 과정에서 정부, 기업가, 근로자가 수행한 역할을 이해하고 그 중요성을 설명할 수 있다.	4차시
도덕	도623. 함께 살아가는 주위사람들에 대한 공감과 배려의 필요성과 의미를 종합적으로 이해하고 봉사하는 삶을 실천하려는 일관된 태도를 지닐 수 있다.	5차시
실과	정보 기기의 종류, 특성, 기능을 이해하여, 생활 속에서 다양한 방법으로 활용할 수 있다.	4차시
미술	생활 속에서 디자인 살펴보고 글과 그림으로 전달할 수 있다.	4차시
체육	생활환경과 여가를 통해 공동체 의식을 가질 수 있다.	4차시
창체	나의 적성에 맞는 가상회사를 설립할 수 있다.	4차시

평가 계획

과목	평가 기준	방법
국어	매체를 활용하여 회사의 사훈과 조직, 설립의도 발표하기	포트폴리오 및 보고서
도덕	남을 배려하고 더불어 살아가는 방법 알아보기	동료평가(유니세프 기부)
실과	생활 속에서 정보기기(프레젠테이션) 활용하기	실기 평가
미술	다양한 기법을 활용하여 기업 홍보 자료 및 광고지 만들기	포트폴리오 평가, 관찰 평가

프로젝트 수업 한눈에 보기

차시	배움 내용	비고 및 준비물
1차시	주제학습 설명, 창업과 관련된 이야기하기	
2-4차시	설명회 개최, 구성원 모으기, 기업이름 정하기, 사업계획서 쓰기	사업계획서 A4 3장 회사푯말, 직급명함판 만들기, 회사 아침조회 계획
5-6차시	구매내역 정하고 물품 구입 (G마켓을 이용해 일괄 장바구니에 담기)	수공업 제작이 가능한 물품 구입 (반제품 및 수공품) – 컴퓨터실
7-9차시	사전광고 만들기	사전광고를 만들어 중앙계단 철문에 게시 우드락, 이젤
10-15차시	물건 제작하기	도구 사용 시 안전에 유의하여 물건 제작하기
16-17차시	기업윤리교육(민주시민교육) – 기부에 대한 내용(도덕 2시간)	기부형태(유니세프에 기부)
18-22차시	물건 제작하기	도구 사용 시 안전에 유의하여 물건 제작하기
23-24차시	회사별 단합대회, 회식(간식 가져와서 나눠 먹기)	대표이사가 준비함
25-26차시	가격산정, 판매당일 역할 분담 나누기, 초대장 제작	부모님과 친구들에게 초대장 보내기
27차시	아나바다장터 물건 정하기	보너스 상품이나 플러스 상품으로 사용
28-29차시	광고패널, 광고지 만들기	우드락, 사인펜
30-31차시	물건 판매하기	회사홍보지, 홍보패널
32-33차시	평가 및 시상(자체평가, 분야별 만족도 1위 선정)	

[적응활동 프로젝트 수업]

두근두근 나의 감정

교사의 감정은 아이들에게 영향을 미쳐요

"선생님이 바쁘고 스트레스를 받고 있다는 것을 아이들도 아는 것 같아요. 이상하게 그런 날이면 평소보다 아이들이 더 산만해지거든요."

교사가 업무로 바쁘고 컨디션이 좋지 않을 때면 유독 아이들도 더 어수선해지고 사고를 일으키는 경우를 많이 봅니다. 이러한 현상은 심장과학으로 설명할 수 있습니다. 심장과학 분야에서 최근에 밝혀진 사실에 의하면 아이의 심장이 성인인 교사의 심장보다 작아서 심장이 더 큰 쪽을 따르기 때문이라고 합니다. 심장은 규칙적으로 뛰면서 전자기장을 생성하는데 이때 심장에서 나가는 전자기장은 1.5미터에서 1.8미터 거리까지 이른다고 합니다. 그래서 선생님이 스트레스를 받아서 심장이 불규칙하게 뛰면 그 파장이 아이들에게 전달되어 아이들의 마음도 불편해진다는 내용입니다.

이처럼 교실에서 선생님과 아이들의 심장 활동은 눈에 보이지는 않지만 서로 영향을 주고받습니다. 마찬가지로 심장 활동은 아이들 간에도 서로 영향을 주고받을 수 있습니다. 충동적이고 감정조절이 힘든 아이가 교실에 있다면 담임 선생님은 생활지도가 힘들 수밖에 없습니다. 그 아이로 인해 다른 학생들까지 동반상승하는 효과가 생겨 교실 분위기가 엉망이 되고 말기 때문입니다. 아이들이 감정에 대한 자기조절능력을 키워서 차분하면서 밝고 건강한 교실 분위기가 형성될 수 있다면 얼마나 좋을까요?

'하트스마트 프로그램'을 적용해 프로젝트 수업 구성하기

우연한 기회로 감정코칭 연수를 접하면서 감정조절을 위해서는 자신의 감정을 알아차리고 심장호흡을 하는 것이 효과적이라는 사실을 알게 되었습니다. 최성애 저자의 『청소년 감정코칭』을 보면 심장은 감정에 아주 민감하게 반응하며, 짜증이나 좌절감을 느낄 때는 심장이 불규칙하게 뛰고, 감사와 편안함을 느낄 때는 규칙적인 리듬을 보인다고 합니다. 그래서 거꾸로 심장의 반응을 통해 감정과 정서를 다스릴 수 있는 방법을 생각하게 되었고, 그 해법으로 미국의 하트매스 연구소(HeartMath Institute)에서는 '하트스마트(heart-smart) 프로그램'을 개발했습니다.

이 프로그램을 접하면서 감정조절을 힘들어하는 아이들과 그 아이를 지도하는 데 더 힘들어하는 선생님들의 모습이 생각났습니다. 교사와 학생 간의 갈등은 감정의 도미노 현상을 일으키며 학교 현장을 점점 더 어려운 상황으로 몰고 갈 수 있습니다. 감정조절이 되지 않을 때 말과 행동이 거칠어지고 교사와 학생 서로가 스트레스의 원인이 되기도 합니다.

하트매스 연구소는 심장호흡을 통해 감정을 조절할 수 있는 교육은 어릴 때부터 이루어질수록 유리하다고 했습니다. 특히 저학년 시기는 자기중심적인 성격이 강하여 학교에서 친구들과 원만하게 소통하며 적응하는 과정이 매우 중요하다고 할 수 있기에 저학년을 대상으로 수업을 설계하여 적용해보고 싶은 생각이 들었습니다.

〈두근두근 나의 감정〉 프로젝트 수업은 '하트스마트 프로그램'을 적용하여 저학년 시기의 아이들이 심장호흡을 통해 감정에 대한 자기조절 능력을 키우기 위한 프로그램으로 재구성한 것입니다.

○ 관련과목: 여름, 창체

○적용학년: 1·2학년

○수업차시: 7차시

프로젝트 수업의 흐름

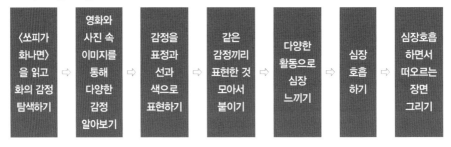

화가 나면 어떻게 하나요?

− 다섯 고개 놀이하기

"어벤저스(The Avengers) 중 가장 힘이 세다.

평소에는 온순한 과학자이지만 화가 나면 녹색 괴물로 변한다.

매일 청바지를 입으며 힘만 세고 무식하며 근육맨이다."

누구일까요? 이미 눈치챘겠지만 화가 나면 성격이 거칠어지는 캐릭터 '헐크'입니다. 헐크는 화가 났을 때 폭력적으로 반응하는 가장 극단적인 모습을 보여주는 캐릭터입니다. 정도의 차이는 있지만 화가 났을 때 참지 못하고 공격적으로 변하는 요즘 우리 아이들의 모습이기도 합니다. 아이들과 다섯 고개 놀이를 하며 헐크 캐릭터 맞히기로 동기유발을 했습니다. 그리고 표정과 몸짓으로 헐크가 화가 났을 때의 모습을 흉내 내어 보기도 하고, 그때 우리 몸에 일어나는 변화를 살펴보았습니다.

– 『쏘피가 화나면, 정말 정말 화나면』을 읽고 '화'의 감정 탐색하기

다양한 감정을 탐색하기 위해 아이들과 친근한 그림책으로 접근했습니다. 감정에 관한 동화책은 많이 소개되어 있으니 잘 활용하면 학생들의 흥미를 유발할 수 있고, 감정과 관련된 아이들의 생생한 이야기를 이끌어낼 수 있습니다.

그중 『쏘피가 화나면, 정말 정말 화나면』을 아이들과 같이 읽으면서 화의 감정을 탐색했습니다. "쏘피처럼 화가 난 적이 있나요? 언제 화가 났었나요?" 아이들은 주로 동생이나 형, 누나 때문에 화가 난다고 합니다. 재미있는 현상은 "화가 나면 어떻게 하나요?"라는 질문에 행동으로 먼저 보여주는 아이가 있는가 하면 교과서적인 답변을 하는 아이들도 제법 있다는 것입니다. '화가 가라앉을 때까지 참는다'든가 '운동을 한다, 친구에게 차분하게 화가 나는 행동을 하지 말라고 얘기한다' 등이 교과서적인 답변입니다. 몇몇 여학생들은 화가 났을 때 상대방에게 큰소리도 내지 않으며 인상도 쓰지 않는다고 합니다. 아마 화뿐만 아니라 슬픔, 짜증이라는 감정에 대한 부정적인 인식이 강하기 때문에 내색하지 않고 참는 것이 '착한 어린이'라는 생각을 가지고 있는 듯했습니다.

이런 아이들은 불편한 감정을 억누르고 회피하면서 지쳐가거나 계속 스트레스가 쌓이게 되겠지요. 최성애 저자의 『회복탄력성』에 의하면 화가 분노로 변하여 극적 행동을 하기 전에 자기 감정을 알아차리고 감정을 정확하게 표현하여 이해나 공감을 받을 수 있다면 감정이 악화되거나 극적 행동으로 나타나는 것을 방지할 수 있다고 합니다. 아이들과 함께 '화'라는 감정을 부정적인 감정이 아닌 자연스러운 감정으로 받아들이고, 이를 조절하여 건강하고 안전하게 해소하는 방법을 알아보기로 했습니다.

다양한 감정 알아보기

기쁨, 슬픔, 화, 우울, 짜증, 행복, 외로움, 편안함, 안전함, 불편함, 실망 등 감정을 나타내는 단어는 많습니다. 하지만 아이들은 화나도 짜증, 우울해도 짜증, 불편해도 짜증, 귀찮아도 짜증난다고 합니다. 저학년 아이들에게 자신의 감정을 풍부한 감정 용어로 표현하기란 쉬운 일이 아닙니다. 그래서 디즈니와 픽사가 제작한 영화 〈인사이드 아웃〉을 감상하고 상황이 담긴 이미지 카드를 제시하여 학생들이 자신의 경험과 관련지어 서로 이야기해보는 시간을 가졌습니다.

– 〈인사이드 아웃〉 영화 감상하기

영화 〈인사이드 아웃〉에는 기쁨이, 버럭이, 까칠이, 소심이, 슬픔이로 불리는 5가지 감정 캐릭터들이 등장합니다. 아이들은 교사가 제시하는 이미지 카드를 보고 감정 캐릭터와 맞추어 가며 이미지에 등장하는 인물의 기분과 그 이유에 대해 추측해보았습니다. 그리고 각자 비슷한 감정을 경험한 일들을 이야기했습니다.

신나게 놀던 경험과 그때의 감정, 친구가 놀렸을 때의 감정 등 아이들은 삶 속에서 경험한 다양한 감정을 털어놓았습니다. 당시 상황과 기분을 서로 이야기하고 공감하는 것만으로도 아이들은 감정 발산이 되었는지 많이 편안해진 표정이었습니다.

– 감정 그래프에 오늘의 감정 나타내기

다양한 감정 중에서 크게 4가지 감정 즉 기쁨, 슬픔, 화남, 편안함을 이모티콘으로 시각화하여 감정 그래프를 만들었습니다. 감정 그래프는 최성애 저자의 『회복탄력성』에서 소개한 '감정 날씨그래프'를 응용하여 제작했습니다. '감정 날씨그래프'를 크게 출력하여 칠판에 붙인 후 아이들이 지금, 이 장소에서 느낀 감정을 생각하고 해당되는 감정에 스티커를 붙이도록 했습니다. 아이들은 자신의 감정뿐만 아니라 서로의 감정 상태를 궁금해하기도 했습니다. 어떤 감정이 제일 많았을까요? 기쁨이 많았지만 화도 무시하지 못할 숫자였습니다. 특히 남학생들에게서 화의 감정이 많이 나타났습니다. 학원에 가느라 놀지 못해서, 친구가 놀려서, 엄마에게 야단을 맞아서 등 활동적인 남학생들이 제약을 받고 참아야 할 일이 더 많았나봅니다.

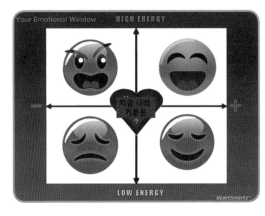

감정 날씨그래프

– 감정과 관련된 노래 부르기

이렇게 감정 찾기 활동을 한 후 이와 관련된 노래와 율동으로 분위기를 전환했습니다. 영어 노래 〈If You Happy〉를 아이들과 율동을 하며 신나게 부른 후 각자의 감정을 표정과 선과 색으로 표현하는 활동으로 이어나갔습니다. 인터넷에 검색해보면 애니메이션으로 제작된 동영상도 찾을 수 있습니다.

이프 유 해피 해피 해피 손뼉을 짝!짝!

이프 유 앵그리 앵그리 앵그리 발굴러 쾅!쾅!

이프 유 스캐어 스캐어 스캐어 소리쳐 오우!노!

이프 유 슬리피 슬리피 슬리피 잠이와 쿨!쿨!

감정 표현하기

– 표정과 선과 색으로 감정 표현하기

선과 색은 감정에 민감하게 반응합니다. 낙서하듯이 자유롭게 그린 선에는 아이들의 감정이 여과 없이 반영됩니다. 지금의 감정을 나타내는 색을 골라 선택한 이유와 감정을 모둠별로 이야기했습니다. 그리고 빈 얼굴에 자신의 감정을 나타내는 표정을 그리고 선과 색으로 자유롭게 표현했습니다. 표현활동이 끝난 후 같은 감정을 가진 친구끼리 모여서 이야기를 나눈 후 큰 종이에 표정과 선 그림을 모아서 붙여보도록 했습니다.

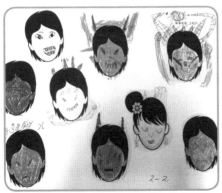

'화'의 감정을 나타낸 그림

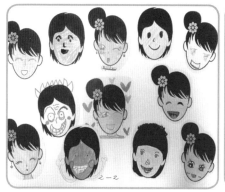

'기쁨'의 감정을 나타낸 그림

– 감정 선과 표정을 보고 느낌 나누기

아이들은 기쁨, 슬픔, 화남, 편안함을 모은 감정 선과 표정을 '감정 날씨그래프'에 붙였습니다. 그리고 그 느낌을 나누어보았습니다. 아이들은 천둥 번개가 연상되는 날카롭고 거친 선이 마음을 불편하게 만든다고 했습니다. 반면 하트 모양과 함께 밝고 경쾌하게 표현된 선은 왼쪽의 웃는 얼굴처럼 보기만 해도 마음이 따뜻해지고 행복하다고 했습니다.

– 심장박동선과 감정선 비교하기

감정에 따른 선의 느낌과 모양을 이야기한 후 심장박동선을 제시했습니다. 그리고 아이들과 함께 심장박동을 나타내는 선과 감정을 표현한 선을 비교해보았는데, 신기하게도 감정을 나타내는 선은 우리의 심장 박동을 선으로 나타낸 그래프와 무척 닮아 있다는 것을 찾아낼 수 있었습니다. 편안하고 안정된 심장은 규칙적이고 안정된 선을 그리지만, 화가 나거나 마음이 불편하면 심장도 불규칙적이고 어지러운 선을 그리게 됩니다.

'화' 감정선

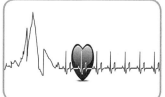
심장박동선

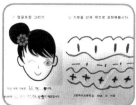
'기쁨' 감정선

심장 느끼기

아이들은 심장에 호기심이 생기기 시작했습니다. 아이들의 호기심과 흥미를 더 고조시키기 위하여 심장 모형을 보여주며 직접 만져볼 수 있도록 하고, 아이들과 함께 다양한 방법으로 심장 느끼기를 해보았습니다.

– 청진기로 심장소리 들어보기

심장은 보통 자기 주먹보다 조금 크고 가슴 중앙에서 약간 왼쪽으로 치우쳐 있습니다. 아이들에게 두 손을 가슴에 대고 심장이 뛰는 것을 느껴보라고 했습니다. 대부분의 아이들은 심장이 뛰는 것을 느낄 수 있지만 잘 찾지 못하는 아이들도 있습니다. 그럴 때는 청진기를 통해 심장이 뛰는 소리를 들려주면 느낄 수 있습니다. 모둠별로 청진기를 나눠주고 한 사람씩 돌아가며 자신의 심장소리를 들을 수 있도록 했습니다. 심장소리를 들은 후 자신의 심장이 뛰는 소리를 흉내 내어 보기도 하고 심장소리를 들은 느낌을 이야기해보았습니다.

– 다양한 방법으로 심장 느끼기

심장 느끼기는 다양한 방법으로 접근할 수 있습니다. 청진기로 직접 소리를 들을 수도 있지만 느낌이 다른 소리를 통해 감정과 연결하고 심장이 뛰는 모습을 상상할 수도 있습니다. 편안하고 잔잔한 음악이나 물소리, 새소리를 들려주면 심장이 편안함을 느낍니다. 자동차 소음이나 금속성의 날카로운 소리를 들려주면 학생들은 불편해하고 심장이 불규칙적으로 뛰는 것을 느낍니다. 그리고 주먹을 쥐었다 펴면서 심장이 뛰는 모습을 흉내 낼 수도 있지요.

다른 방법도 있습니다. 두 명이 한조가 되어 천 위에 앵클벨 같은 소리 나는 악기를 올려놓고 아기를 재우듯이 조용히 천천히 좌우로 흔듭니다. 조용한 음악에 맞추어 흔들기도 하고 빠른 음악에 맞추어 흔들기도 합니다. 하나 둘 하나 둘 정말 진지하게 아기처럼 조심스럽게 흔듭니다. 그러다가 거칠게 흔들면 악기는 시끄러운 소리를 내며 이리저리 흔들리다가 바닥으로 쿵 떨어지기도 합니다. 마음이 불편합니다.

이처럼 다양한 활동을 통해 심장 느끼기를 경험해볼 수 있습니다.

2인 1조로 앵클벨 흔들기

심장모형과 청진기

– 심장을 편안하게 할 수 있는 방법 찾아보기

다양한 심장 느끼기 활동을 경험한 후 아이들과 심장이 편안할 때와 불편할 때의 기분, 그리고 활동 후 소감을 이야기해보았습니다. 심장이 편안해지면 좋은 점과 심장이 계속 불규칙하게 뛴다면 어떻게 될지도 이야기 나누었습니다. 또 심장이 편안하게 뛸 때가 언제인지, 심장을 편안하게 하는 방법을 찾아보았습니다. 아이들은 엄마 품에 안겨있을 때, 잠잘 때, 애완동물과 함께 있을 때 심장이 편안하게 뛴다고 했습니다. 그리고 심장을 편안하게 하는 방법으로 조용한 음악 듣기, 책 읽기, 그림 그리기, 친구와 이야기하기, 산책하기 등 아이들 나름대로의 방법을 찾아내기도 했습니다.

심장호흡하기

심장 느끼기 활동으로 우리의 감정은 심장에 영향을 준다는 것을 직접 체험한 후 감정을 조절하기 위해 심장을 편안하게 해주는 여러 방법 중 하나인 심장호흡법을 아이들과 함께 연습해보았습니다.

눈을 감고 조용히 심장소리를 들어봅시다.

화가 나서 심장이 빨리 뛰면 심장을 진정시켜주면 편안해져요

주먹을 쥐어보세요. 심장은 여러분 주먹만 하답니다.

심장의 위치는 여러분의 가슴 중앙에서 왼쪽으로 살짝 기울어져 있어요.

심장이 있는 곳에 손을 대어 봅시다.

들이마시고 내쉬고~

천천히 들이마셨다가 천천히 내쉬었다가…

하나 둘 셋 들이마셨다가 하나 둘 셋 내쉬었다가…

좋았던 일, 즐거웠던 일을 떠올려봅시다.

좋아하는 친구, 가족, 동물을 떠올려봅시다.

가장 편안했던 장소를 떠올려봅시다.

두 손을 가슴에 대고 심장이 뛰는 것을 느껴보았습니다. 심장호흡을 하며 감사한 일, 행복했던 경험, 편안한 장소, 좋아하는 사람, 물건, 갖고 싶은 것 등을 떠올립니다. 포근한 인형이나 쿠션을 안고 한다면 더 효과가 있겠죠.

심장호흡하면서 떠오르는 장면 그리기

따뜻한 기운이 감돌고 학생들의 표정은 편안해보였습니다. 그리고 각자 떠올린 장면을 간단한 그림으로 표현하고 서로 공유하는 시간을 가졌습니다. 그리고 감정조절이 힘들 때 심장호흡을 꾸준히 실천해보기로 했습니다.

갖고 싶은 고슴도치

친구와 놀던 장면

사랑하는 부모님

프로젝트 수업 후 이런 점이 아쉬워요

하루에도 감정은 수십 번 수백 번 변하지만 저학년 아이들을 대상으로 〈두근두근 나의 감정〉 프로젝트 수업을 진행하면서 많은 아이들이 '화'라는 감정을 가지고 있음을 알게 되었습니다. 아이들에게 화의 감정을 선과 얼굴 표정으로 표현하게 했을 때 그 거친 기운에 섬뜩함을 느꼈습니다. 뭔가에 억눌려 있고 학업에 대한 스트레스를 많이 받고 있음을 느낄 수 있었습니다.

저는 수업이 있을 때마다 수업시작 전에 분위기가 어수선하면 꾸준히 심장호흡을 해보았습니다. 이제는 아이들이 제법 심장호흡을 잘 따라합니다. 그러면 이내 차분하게 수업분위기 모드로 바뀌어갑니다.

한 번은 심장호흡을 하는 중이었는데 갑자기 과거의 일이 떠올랐는지 책상 위에 엎드려 힘들어하는 남학생이 있었습니다. 그래서 편안하게 진정할 수 있도록 도와주었는데 여기가 안전한 장소임을 인식시키는 것이 중요함을 깨달았습니다. 혹시나 슬픔이나 화 등의 감정이 나쁜 거라는 잘못된 인식을 심어주지 않았는지 우려도 남습니다. 진지하게 심장호흡을 하는 아이들을 보면서 신중하게 수업을 설계해야겠다는 생각이 들었습니다.

감사하는 마음을 느낄 때 심장이 가장 편안함을 느낀다고 합니다. 아이들과 꾸준히 감사일기나 칭찬일기를 쓰거나, 꼭 심장호흡이 아니더라도 편안한 음악을 들려주고 아이들과 차분하게 하루를 시작하는 것도 좋은 방법입니다.

어떤 선생님은 일주일에 한 번씩 가족이 모여서 심장호흡을 한 후 쿠션을 돌리며 일주일간 느꼈던 감정이나 소소한 일들을 이야기하는 시간을 가진다고 합니다. 그 후 가족 간에 분위기도 따뜻해지고 갈등도 많이 줄어들었다고 합니다. 친구와의 갈등이 생기거나 어떤 일로 화가 나거나 떨리거나 슬플 때도 천천히 편안하게 심장호흡을 하면서 감정을 조율하는 것이 몸에 배일 수 있도록 꾸준하게 실천하는 것이 필요합니다. 그리고 무엇보다도 아이들의 감정과 의견이 존중받고 있다는 느낌을 주는 교실문화를 만들어가는 것이 더 중요할 것입니다.

단원 및 성취기준

주제명			두근두근 나의 감정	
학년	영역	활동	활동목표	활동내용
1·2 학년	자율활동	자치·적응	성숙한 민주시민으로 살아갈 수 있는 역량을 함양하고, 신체적·정신적 변화에 적응하는 능력을 길러 변화하는 환경에 적극적으로 대처한다.	다양한 감정을 알고 심장호흡을 통해 감정조절하기

프로젝트 한눈에 보기

〈두근두근 나의 감정〉 프로젝트 수업 계획			
수업주제	활동내용	차시	결과물
화가 나면 어떻게 하나요?	– 캐릭터 인물(헐크) 알아맞히기 – 『소피가 화나면, 정말 정말 화나면』을 읽고 화가 난 사연과 화에 대한 반응 알아보기 – 화가 났을 때 어떻게 하는지 이야기해보기	4	감정그래프에 스티커 붙이기
다양한 감정 알아보기	– 감정을 나타내는 말 찾아보기 • 영화 〈인사이드아웃〉 감상하기 • 사진 속 인물들의 감정 알아보기 – 감정그래프에 감정 붙이기		
감정 표현하기	– 표정과 선과 색으로 감정 표현하기 • 친구들과 감정 나누기 – 심장 박동선과 감정선 비교하기	1	감정을 나타낸 표정과 선 그림
심장 느끼기	– 심장 느끼기 • 손으로 느껴보기, 청진기로 심장소리 들어보기 • 편한 소리와 불편한 소리로 느껴보기 • 놀이로 느껴보기	1	
심장호흡하기	– 심장호흡법 알아보고 연습하기 – 떠오르는 장면 그림으로 표현하기 – 꾸준히 실천하기	1	심장호흡하면서 떠오르는 장면을 표현한 그림
총 시수		7	

[자치와 봉사활동 프로젝트 수업]

우리는 안전 수사대

위기탈출 넘버원 – 의식 속의 안전교육

학교 안팎에는 크고 작은 많은 안전사고가 존재합니다. 노후 시설로 인한 안전 관리 소홀뿐만 아니라 학생 생활 속에서 일어나는 안전사고까지 각양각색의 원인이 있으며, 해를 거듭할수록 점점 증가 추세입니다. 안전사고에 대한 중요성이 부각되다 보니 교육과정 속에 안전교육에 대한 시수 역시 증가되고, 1학년 교육과정에 '안전생활'이라는 교과가 신설되기까지 했습니다.

교실에서는 안전사고 교육을 위해 동영상을 자주 보여주기도 합니다. 실제로 학교에서 아이들이 가장 좋아하는 동영상 1위는 KBS의 〈위기탈출 넘버원〉입니다. 〈위기탈출 넘버원〉은 안전사고에 대한 의식을 높이고 학생들에게 안전에 대한 중요성을 강조하기 위해 만들어진 프로그램입니다. 그러나 이 동영상을 두고 어느 선생님은 안전에 대한 실제상황을 강조하다 보니 재연하는 상황이 아이들에게 너무 자극적이라는 비판을 하기도 하고, 또 다른 선생님은 실제상황에 가깝게 보여주는 것이 일상생활에 훨씬 더 교육적이라고 선호하기도 합니다. 일본의 경우 초등학교 아이들을 대상으로 자전거 안전교육을 강조하기 위해 스턴트맨을 이용해 실제 교통사고 현장을 재연해 보여주는 것을 인터넷에서 접한 적이 있습니다.

그러나 한 번 생각해볼 일입니다. 안전교육에 대한 중요성과 안전의식을 심어주기 위해 보여주는 동영상 매체나 교육자료가 정말 아이들에게 안전의식을 심어줄 수 있을까요? 개인적으로 아이들은 직접 자신의 경험과 체득을 통해 얻은 것을 깊은 내면 의식 속에 남긴다고 생각합니다. 자극적이든 아니든 동영상이나 교육자료는 간접적이며, 시간이 지나면 그 교육적인 효과가 반감됩니다. 이런 이유로 아이들이 직접 우리 학교 안팎, 우리 마을, 우리 지역사회의 안전사고 위험이 있는 곳을 찾아 다니며 그곳의 실체들을 들여다보는 프로젝트 수업을 계획하게 되었습니다.

프로젝트 수업 구성하기 – 안전 수사대는 우리의 지킴이

〈우리는 안전 수사대〉 프로젝트 수업은 지금까지 실행된 적이 없는 것이라 조심스럽긴 했지만, 실제 학교 현장에서 아이들에게 좋은 효과를 거둘 수 있다는 확신을 가지고 구상했습니다. 〈우리는 안전 수사대〉 프로젝트 수업은 창의적 체험활동 중 자치활동과 봉사활동을 주 교육과정으로 하고 국어, 사회, 도덕, 미술 등의 교과를 함께 재구성하여 만들었습니다. 또 어른이나 교사, 또는 학교에서 주입하는 수동적인 입장의 학습자가 아니라 아이들 스스로 자신의 주변환경에 눈을 돌려 안전하지 않은 곳이나 환경이 오염된 곳을 찾아 능동적인 자세로 문제점을 개선하고 바꾸어 보려는 의식을 심어주기 위해 기획하였습니다. 시청이나 구청 등 정부기관이나 공공기관에 민원을 제기하고 그 민원이 해결되는 과정을 통해 민주 시민 의식을 높여주고 참여 민주주의의 중요성도 함께 배울 수 있는 기회가 될 것입니다.

○ 관련과목: 창의적 체험활동(봉사활동, 자치활동), 국어, 사회, 도덕, 미술

○ 적용학년: 6학년

○ 수업차시: 32차시

프로젝트 수업의 흐름

프로젝트 수업 속으로

– 안전 수사대 결성하기

먼저 모둠이나 그룹으로 안전 수사대를 만듭니다. 같은 아파트나 지역으로 모둠을 만들면 지역적 유대감이 있어 자기가 살고 있는 지역에 대한 애착이 더 커질 수 있습니다. 모둠이 결성된 후에는 모둠별 수사대 이름을 만듭니다. 그다음 안전 수사대 수사 계획을 세웁니다. 세부계획서에는 수사대 구성원, 취재 목적, 취재 지역, 역할 분담, 취재 시기, 취재 기법, 취재 후 기대되는 점 등 자세한 내용을 계획하게 합니다.

– 취재하기

학교 밖이나 교내를 돌아다니며 주변의 안전하지 않은 곳이나 위험한 곳을 찾아 취재를 합니다. 사진, 동영상, 인터뷰 등 다양한 취재 기법을 사용할 수 있으며, 취재 시에는 개인정보보호에 어긋나는 취재 행위를 금지하고 반드시 취재를 하는 기관명, 본인의 실명, 취재하는 이유 등을 밝히고 취재하도록 지도해야 합니다. 학교 밖이나

수업 시간 이외의 취재에는 반드시 학부모 도우미와 동행하도록 합니다.

– 안전 사각지대 지도 그리기

모둠별로 안전하지 않은 곳을 취재한 후 그 지역을 지도에 표시합니다. 안전 사각지대를 표시한 지도를 전시하여 다른 모둠 친구들과 서로 공유합니다.

– 안전 사각지대 사진 전시하기

취재한 안전 사각지대를 사진으로 출력한 후 패널로 제작하여 전시합니다. 친구들과 함께 안전 사각지대의 문제점이 무엇인지 토의합니다.

– 안전 사각지대 선정하기

친구들과 함께 취재한 곳 중에서 많은 공감을 받은 지역을 안전 사각지대로 선정합니다.

– 시청이나 경찰서, 구청에 민원글 작성하기

모둠원과 함께 선정한 안전 사각지대에 대한 개선점을 민원글로 작성합니다. 민원글을 작성할 때는 논리적으로 설득력 있게 작성하는 연습을 충분히 한 후 올립니다.

– 민원글 올리기

시청이나 경찰서, 구청의 홈페이지 민원 게시판에 글을 올립니다. 민원글을 올릴 때는 민원자의 소속을 밝히고 개선점을 명확히 표현하도록 합니다.

– 민원 진행상황 확인하기

올린 글에 대한 시청이나 경찰서 민원 담당자의 답변과 추후 진행상황을 수시로 확인합니다.

　－ 민원으로 변화된 곳 취재하기
관계기관의 민원 해결로 우리 지역이 변화한 곳을 취재합니다.

　－ 변화된 우리 마을 사진으로 전시하기
민원으로 바뀐 우리 마을을 사진으로 전시한 후 서로 공유합니다.

의미 있는 활동을 기대하며

〈우리는 안전 수사대〉 프로젝트 수업은 평상시 제가 꼭 해보고 싶었던 내용입니다. 프로젝트 수업을 기획하면서 우연히 길을 가다가, TV를 시청하다가, 수업 중 아이들과 대화하다가 불현듯 떠오르는 아이디어를 적어 놓는 습관이 생겼습니다. 이 프로젝트 수업 역시 우연히 시청에 민원글을 올리다가 아이들과 함께 우리 지역을 변화시켜 보면 어떨까 하는 생각에서 만들어본 것입니다. 활동 내용이 검증되지 않아 이 책에 싣는 것이 다소 부담스럽기는 했으나 분명 프로젝트 수업에 적용하면 아이들과 의미 있는 수업을 할 수 있으리라 기대하면서 소개해봅니다.

〈우리는 안전 수사대〉 프로젝트 수업은 아이들과 밖으로 나가서 활동하는 시간이 다소 많이 계획되어 있습니다. 안전이 확보되지 않고 아이들을 데리고 학교 밖으로 나간다는 점이 부담스러울 수 있으나 철저한 안전교육과 학부모 도우미를 적극적으로 활용하면 안전에 대한 불안감을 덜 수 있을 것입니다.

시청이나 구청, 경찰서 등 관공서에 민원을 제기하는 것이 미성숙한 아이들에게 부정적인 영향을 끼치지 않을까 우려하는 시각이 있을 수 있습니다. 하지만 안전하지 않은 곳에 대한 신고나 민원의 제기는 지역 주민이라면 누구나 남녀노소 가릴 것 없이 할 수 있다고 생각합니다. 우리가 살고 있는 지역에 대한 관심과 참여는 어렸을 때부터 교육되어야 하며, 무조건 주변 상황을 나쁘게 보는 편견을 심어주는 것이 아니라 우리 지역, 우리 학교의 발전을 위해 구성원의 건전한 비판과 민주적 의견 수렴 과정을 가르쳐야 하는 것이 옳을 것입니다.

이 프로젝트 수업은 아직 누구도 검증해보지 않은 수업이므로 이 책을 읽는 선생님들이 교육과정에 적용해보고 함께 문제점과 개선할 점을 만들어 갈 수 있기를 바랍니다.

단원 및 성취기준

교과	단원 및 성취기준	배정시간
국어	국1617-2. 온라인 공간에서 언어 예절을 지키며 대화할 수 있다. 국1618-3. 자신의 말이 상대에게 미칠 영향이나 결과를 예상하여 적절한 표현 방식을 사용하여 말할 수 있다. 국1634-2. 주변에서 일어난 문제에 대하여 이유나 근거를 들어 주장하는 글을 쓸 수 있다. 국1636. 다양한 매체에서 조사한 내용을 바탕으로 쓰기 윤리를 지키며 글을 쓸 수 있다.	10시간
사회	사6064-1. 인터넷 등 새로운 매체의 특징을 이해하고, 이를 올바르게 사용하는 방법을 제시할 수 있다. 사6034. 우리나라 국토 수준에서 인간과 환경은 상호보완적인 관계임을 이해하고, 친환경적인 태도를 실천하기 위한 방안을 제시할 수 있다.	8시간
도덕	도623. 함께 살아가는 주위 사람들에 대한 공감과 배려의 필요성, 의미를 종합적으로 이해하고, 봉사하는 삶을 실천하려는 일관된 태도를 지닐 수 있다.	4시간
미술	알리는 것 꾸미기	4시간
창체(자치, 봉사활동)	우리 마을의 안전을 위해 우리가 할 수 있는 일 알아보기	6시간

프로젝트 수업 한눈에 보기

차시	배움 내용	비고 및 준비물
1–2차시	주제 마인드맵 그리기	배움공책
3차시	동영상 감상하기	동영상
4–5차시	안전 수사대 수사 계획 세우기 (수사대 이름 정하기)	계획서
6–7차시	안전 수사대 로고 및 티셔츠 만들기	티셔츠, 염색물감
8–13차시	우리 주변 지역 취재하기 (환경오염 및 위험지역)	카메라, 수첩, 필기도구
14–17차시	자료 공유하고 정리하기	컴퓨터실 이용
18–19차시	우리 지역 위험존 지도 그리기	우드락, 풀, 가위, 색지
20–21차시	취재한 사진 전시하기	이젤, 패널
22차시	구청이나 시청에 민원글 작성하기 (부탁해요! 시장님)	컴퓨터실
23–24차시	민원글 친구들과 공유하기	컴퓨터실
25–26차시	구청이나 시청에서 온 민원 답변 공유하기	답변내용 캡처, 자료 수집
27–30차시	달라진 우리 지역 수사하기	카메라, 수첩, 필기도구
31–32차시	우리 지역 before와 after 사진 전시 및 정리	이젤, 패널

[동아리 활동 프로젝트 수업]

우!와! 우리가 만드는 와글와글 축제

기존 동아리 활동의 문제점은 이렇습니다

– 아이들이 원하는 부서가 없다!

학교 현장의 동아리 활동은 대부분 교사 위주의 편성으로 교사의 능력에 맞게 개설되며, 아이들 스스로 선택하고 아이들의 흥미와 요구가 반영되어 편성되거나 운영되는 동아리 활동은 극소수에 불과합니다. 공정성을 기한다면서 가위바위보나 제비뽑기로 동아리 부서를 정하는 구태의연한 방식을 택하고 있으며, 아이들의 꿈과 끼를 펼치고 자기의 소질과 잠재력을 계발하는 창의적 체험활동 본연의 취지에 맞지 않습니다.

– 매주 일정한 날, 한두 차시로 이루어지는 동아리 활동은 연계성이 없다!

1학기와 2학기로 나누어져 매주 정해진 요일에 한두 차시로 시행되는 동아리 활동은 활동의 연계성이 없어 시간 때우기 식으로 넘어가는 경우가 많으며 연속성이 떨어집니다.

– 아이들이 소극적으로 활동한다!

교사가 짜 놓은 계획에 맞춰 활동해야 하는 아이들은 동아리 활동에 대한 흥미가 떨어집니다. 시간이 좀 지나면 동아리 활동을 위해 부서별로 이동하는 시간을 곤혹스러워하는 아이들이 생기는데, 스스로 원해서 들어간 부서가 아니기 때문에 점차 적극성이 떨어지면서 슬슬 다른 부서를 기웃거리기 시작합니다.

학생 중심의 동아리 활동은 이렇게 바뀝니다

– 아이들이 원하는 부서를 개설합니다.

동아리 활동 계획서에 맞게 동아리를 개설하고 희망하는 학생은 누구나 동아리를 개설할 자유가 있습니다. 자신이 하고 싶은 동아리를 계획하고 4명 이상 동아리에 가입하면 부서를 개설할 수 있습니다.

에피소드 1) 동아리 활동을 주도할 동아리장이 계획서를 만들어서 정해진 장소에 붙이도록 했습니다. 처음에는 24개의 동아리 계획서가 게시되었습니다. 아이들에게 동아리를 선택할 기간을 3일 정도 주고 원하는 부서에 학년과 반을 쓰도록 했습니다. 아이들은 저마다 동아리 계획서를 보고 나름대로 자신이 하고 싶은 동아리 부서를 결정했습니다. 동아리 선택 기간이 종료되어 4명 이상 가입된 동아리를 선정했더니 결과적으로는 12개의 동아리 부서가 개설되었습니다.

– 학예회 시기에 맞춰 동아리 시간을 집중으로 배정합니다.

학예회를 위해 교육과정이 파행으로 이루어지는 경우가 많습니다. 교육과정 내에 학예회 준비까지 할 수 있다면 따로 시간을 낭비할 필요가 없습니다. 따라서 학예회 시기에 맞춰 동아리 활동 시간을 재구성하면 한 달 집중운영, 두 달 집중운영, 한 주 집중운영 등 다양한 형태로 운영할 수 있습니다. 집중이수는 시간의 연계성으로 동아리 활동시간에 집중할 수 있고 자기의 소질과 잠재력을 계발하는 창의적 체험 활동이라는 본연의 취지에도 맞습니다.

에피소드 2) 학예회에 맞춰 창의적 체험활동인 동아리 활동을 2학기에 집중운영하도록 교육과정을 짰습니다. 그러나 교감 선생님은 1학기에 동아리 활동 시간이 상대적으로 적고 2학기에 집중운영하는 것은 교육과정 운영상 맞지 않아 나이스 기록에도 문제가 있을 수 있다는 점을 지적했습니다. 이 점에 의문을 갖고 교육청 교육과정 지원단 Q&A에 문의한 결과 창의적 체험활동 운영 시간은 교사의 재량으로 융통성 있게 운영할 수 있다는 답변을 받았습니다. 그리하여 1학기에는 동아리 부서만 개설하고 동아리 활동은 2학기부터 시행했습니다. 2017년부터 개정되는 교육과정에서도 이 점이 강조되어 창의적 체험활동의 4가지 영역은 학교의 자율적인 교육과정으로 융통성 있게 운영할 수 있습니다.

– 동아리 활동 계획은 아이들이 계획하도록 합니다.

배움의 주체는 아이들입니다. 동아리 활동이란 공동의 관심사를 가진 학생들이 단체에서 하는 활동을 의미합니다. 동아리 활동의 근본 취지에 맞추려면 동아리 활동은 아이들이 계획하고 그에 따라 활동해야 합니다. 아이들 스스로 주체적인 활동을 구성할 때 아이들의 자발성과 적극성이 실현될 수 있습니다.

– 교사는 조력자로서의 역할이면 충분합니다.

아직까지 우리나라 교육에서 교사는 가르침의 주체라고 생각하는 경향이 있습니다. 그러나 이제 교사는 가르침의 주체가 아닌 배움의 조력자로서의 역할을 다해야 합니다. 이런 변화하는 교사관에 따르면 교사는 동아리 활동에서 아이들 스스로 구성하고 계획하고 활동하도록 도움을 주는 역할을 하면 됩니다. 이것은 방임자가 아닌 조력자로서의 역할입니다.

프로젝트 수업 구성하기

○ 관련과목: 창의적 체험활동(동아리 활동)
○ 적용학년: 6학년
○ 수업차시: 23차시

학년 동아리 활동의 세부 운영 내용

동아리 계획서 작성 및 동아리 활동 부서원 모집 공고

동아리 활동 부서를 개설하고 싶은 아동은 누구나 동아리 활동 계획서를 제출할 수 있습니다. 단, 부원이 4명 이상이어야 합니다. 최소한 4명 정도는 되어야 동아리 활동의 계획과 역할 분담이 가능하기 때문입니다. 따라서 4명 미만일 경우는 개설이 불가함을 알립니다. 동아리 부원의 최대 인원수를 제한하지는 않는데, 폐쇄적인 동아리로 변질될 우려를 막기 위해서입니다. 부서 모집기간은 일주일 정도로 공고합니다. 들어가고 싶은 동아리 공고판에 자신의 반, 이름을 기록합니다.

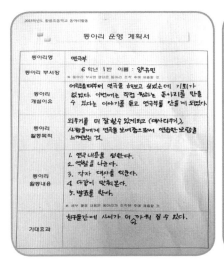

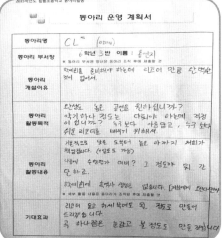

동아리 부서 조직

부원이 4명 이상인 동아리를 선정하여 조직합니다. 4명 미만의 동아리는 개설이
불가합니다. 친한 아이들끼리 동아리를 독점할 수 있으니 동아리 최대 인원을 제한
하거나 선착순 규정을 두지 않습니다. 이때 하루 정도 동아리 부서 이동 시간을 주
고 부서를 결정하도록 합니다.

동아리 담당 교사 배정

동아리 개설 부서 수보다 교사의 수가 적으므로 비슷한 군의 동아리를 한 교사가 담당하여 관리하며, 학년에 속해 있는 전담교사나 보건교사, 외부 강사의 협조를 받을 수 있게 합니다. 이는 각 학교의 여건에 맞게 배정하면 됩니다.

동아리에 따라 장소를 배정하고 담당 교사는 순회하며 지도합니다. 예를 들어 팝송 동아리, 노래 부르기 동아리는 음악실에 함께 배정하고 댄스 동아리 1, 2, 3은 체육관에 배정했습니다. 난타, 기타, 우쿨렐레 등 기술 습득을 요하는 동아리의 경우는 강사를 초빙하여 동아리 활동의 질을 높일 수 있습니다.

A동아리군	담당 교사	B동아리군	담당 교사	C동아리군	담당 교사	D동아리군	담당 교사
난타 동아리		기타 동아리		마술 동아리		K팝댄스 동아리	
팝송 동아리	장○○	오케스트라 동아리	최○○		이○○		최○○
연극 동아리		우쿨렐레 동아리		컵타 동아리		라인댄스 동아리	
합창 동아리		리코더 동아리		카드마술 동아리		태권무 동아리	

동아리 세부 활동 계획서 작성

구성된 동아리 부서원이 함께 동아리 세부 활동 계획서를 작성하도록 합니다. 이때 정해진 차시에 맞춰 주제, 준비물, 세부 활동 내용을 부서원과 협의하여 작성하도록 해야 부서원 간의 갈등이 최소화됩니다. 또한 동아리장에게 동아리 운영의 권한을 위임하여 매 차시마다 계획된 세부 내용들을 실천하도록 독려하는 것도 좋습니

다. 매 차시 활동 후 활동 내용을 점검하고 부서별 실천 정도를 스스로 평가하도록

합니다.

2015학년도 황룡초등학교 동아리활동

(CL HS)동아리 세부 활동 계획서

회차	시기	활동주제	활동내용	준비물	비고
1		낮은음 + 높은음을 마스터 하기	낮은음과 높은음을 끊임없이 반복한다.	음을 낼 수 있는 머리와 좋은리코더	
2		'붉은노을' 1줄 반복 불기	(3마디) 1줄 마스터	끈기 있는 흡연력과 노력 + 리코더	
3		' " ' 2줄 반복 불기	10분간 1줄 복습, 나머지는 2줄 연습	복습이 가능한 머리, 리코더	
4		' " ' 3줄 반복불기	10분간 1,2줄 복습, 나머지는 3줄 연습	리코더	실력이 늘지 않나, 노는 사람은 과 개지도, 예정
5		' " ' 4줄 반복불기	10분간 1,2,3줄 복습, 나머지는 4줄 연습	리코더	
6		' " ' 5줄	10분간 1,2,3,4줄 복습, 나머지는 5줄 연습	리코더	
7		'산책' 외우기	2시간동안 연습	"	
8		'산책' 외우기	2시간 연습	"	
9		산책 + 붉은노을	연습	"	
10		"	연습	"	

(리코더) 동아리 세부 활동 계획서

◎: 매우잘함, ○: 잘함, □: 보통, △: 노력요함

회차	시기	활동주제	활동내용	준비물	실천도 평가			
					◎	○	□	△
1	9/4	낮은음+높은음을 마스터하자	낮은음과 높은음을 끊임없이 반복한다.	음을 외울 수 있는 머리와 좋은 리코더				
2	9/11	'붉은 노을' 1~2줄 반복불기	1~2줄 마스터 (높은음, 낮은음)	끈기 있는 호흡력과 리코더				
3	9/18	'붉은 노을' 3~4줄 반복불기	지난 시간 내용 복습 3~4줄 마스터 (높은음, 낮은음)	복습가능한 머리와 리코더				
4	10/2	'붉은 노을' 5줄 반복불기	지난 시간 내용 복습 5줄 마스터 전체 연주해보기 (높은음, 낮은음)	리코더				
5	10/12	'산책' 1~2줄 반복불기	1~2줄 마스터 (높은음, 낮은음)	리코더				
6	10/16	'산책' 3~4줄 반복불기	지난 시간 내용 복습 3~4줄 마스터 (높은음, 낮은음)	리코더				
7	10/19	'붉은 노을,''산책' 반복연습하기	두 곡을 이중주로 화음 연습하기	리코더, 녹음기				

동아리 활동 한눈에 보기

주제	활동주제	배움 내용
우리가 만드는 동아리 예술제	애들아~ 모여라~	동아리 활동 부서 개설 신청(동아리 계획서 작성)
		동아리 활동 부서원 모집
	생각을 공유하라~	동아리 세부계획서 작성
	와글와글 우리들의 축제	각 부서별 동아리 활동
		최종 리허설
	꿈과 끼를 펼쳐라~	동아리 예술제 발표

동아리 활동 지도계획서(교사용)

날짜	20○○년 ○월 ○일 ~ ○월 ○일	차시	21차시
활동주제	자신의 꿈과 끼를 펼칠 무대 계획하기	운영 방법	두 달 집중운영제
배움목표	동아리 활동을 통해 학예회 발표를 할 수 있다.		
준비물	동아리 부서별 세부 활동 계획서, 부서별 준비물, 출석부, 컴퓨터		
9월 4일	동아리 세부계획서 작성하기 – 동아리 부원들의 의견 공유를 통해 동아리 세부계획서를 작성하게 함. – 매 차시 활동내용을 세분화하여 작성하도록 유도함.		
9월 11일	동아리 출석부 만들기 – 동아리 출석부를 만들고 동아리장이 매 시간마다 자율적으로 출석을 체크하도록 함.		
9월 18일~ 10월 19일	동아리 준비물 및 유의사항 안내하기 – 동아리 준비물은 반드시 매 시간에 철저하게 검사하고 동아리 활동시간 2일 전에 동아리장이 공지하여 챙겨오도록 함. – 동아리 활동 시 활동에 적극 참여하지 않는 학생들에 대한 사후 조치를 부원들의 협의를 통해 정하도록 함. 동아리 활동 후 활동내용 평가하기(체크리스트 작성) – 동아리 활동 종료 20분 전에 활동 내용을 점검하고 세부계획서에 맞는 활동을 했는지 체크함.		

날짜	20○○년 ○월 ○일 ~ ○월 ○일	차시	21차시
활동주제	자신의 꿈과 끼를 펼칠 무대 계획하기	운영 방법	두 달 집중운영제
배움목표	동아리 활동을 통해 학예회 발표를 할 수 있다.		
준비물	동아리 부서별 세부 활동 계획서, 부서별 준비물, 출석부, 컴퓨터		
10월 23일	학예 발표회 프로그램 작성 및 소품 준비하기 – 동아리장에게 제비뽑기를 하여 학예 발표회 순서를 정하고 중복되는 발표 내용을 상호 부서별 협의하에 결정하도록 함. – 학예회 때 필요한 소품들은 리스트를 작성하고 미리 주문, 제작하여 최종 점검일에 체크함.		
10월 27일	동아리 활동 최종 점검하기(리허설) – 학예회 3일 전에 동아리 부서별 활동 내용을 최종 점검하고 부족한 부분을 보완 지도함.		
10월 30일	동아리 활동 학예 발표회 무대 공연하기 – 프로그램 순서에 따라 원활한 공연이 되기 위해 대기실에서 미리 대기하여 다음 공연을 준비하도록 지도함.		
11월 3일	공연 후 느낀 점 공유하기 – 공연 후 자신과 친구들의 활동 내용을 상호 평가하고 느낀 점을 공유하게 함.		
주의사항	– 되도록 아이들 스스로 모든 활동을 구성하도록 유도함. – 활동에 소극적인 아이들에게 관심을 갖고 적극적인 활동을 하도록 독려함. – 동아리별 준비물 이외의 준비물은 원활한 동아리 활동을 위해 교사가 적극 조력해줌. (복사, 음원 재생, 인터넷 검색 등)		

각 부서별 동아리 활동

각 부서별 동아리 활동 시간은 아이들이 계획한 대로 운영되도록 교사가 가이드라인을 잘 정해주어야 합니다. 실제로 자율 동아리가 구성된 경우 동아리 회장의 운영능력에 따라 동아리 활동의 질이 결정되기 때문입니다. 동아리 회장이 카리스마 있고 추진력이 있는 동아리는 계획서에 맞게 순조롭게 진행되고 아이들 간의 잡음도 적습니다. 그러나 동아리 회장의 리더십이 부족하면 동아리 활동이 잘 이루어지지 않고 계속되는 갈등으로 표류하는 경향이 있습니다. 특히 남학생들이 많은 동아리의 경우는 동아리 활동 시간 내내 몸 장난이나 잡담으로 일관하기도 합니다. 그러므로 교사가 동아리 활동 시간에 적절하게 개입하여 갈등을 해소해주고 독려해줄 필요가 있습니다.

학예회 준비 및 최종 리허설

계획된 활동과 연습이 충분히 이루어졌다면 학예 발표회를 준비합니다. 발표회 일주일 전쯤에는 학예회 프로그램이 완성되어야 합니다. 우선 사회자는 학생대표로 구성하고 프로그램에 대한 소개와 멘트는 미리 준비하도록 했습니다. 학예회 발표 순서는 동아리 부서장들의 제비뽑기 형식으로 정하면 됩니다. 만약 중복된 발표 내용이 있다면 청중을 고려하여 부서별 협의하에 결정하도록 자율적으로 맡겨둡니다. 교사는 학예회 준비를 위해 필요한 물품을 미리 신청받아 구입해주는 것이 좋습니다. 특히 연극부의 경우 소품과 음성 더빙 등의 시간적 여유가 필요하므로 충분한 시간을 두고 준비해야 합니다. 그다음 최종적으로 무대에 서보고 각자의 위치나 동아리 부서원 간의 호흡을 맞추는 리허설을 진행하여 학예회 때 우왕좌왕하는 시간 낭비를 줄여야 합니다.

학예 발표회

　아이들이 준비한 학예 발표회는 교사가 주도한 학예 발표회와 분위기부터 다릅니다. 교사가 주도한 학예회가 주어진 프로그램 순서에 따라 질서정연하게 진행되는 특징이 있다면 아이들이 준비한 학예 발표회는 다소 산만하고 소란스럽습니다. 그러나 자신들이 직접 동아리를 만들고 활동한 결과를 발표한다는 점에서 매우 능동적이고 적극적입니다. 학부모에게 보여주기 위한 학예 발표회가 아니라 아이들 시선에서 바라보는 축제라고 보면 더 맞을 듯합니다. 댄스 음악이 나오면 시키지 않아도 같이 따라 부르고, 재미있는 장면이 나오면 함께 박장대소하며, 실수하면 다시 해보라고 격려해주는 모습 등 공연자와 관객으로서 서로 공감하고 즐기는 축제의 장이 연출됩니다. 학예회의 원활한 진행을 위해 이리 뛰고 저리 뛰는 교사가 아니라 아이들과 함께 축제를 즐길 수 있는 관객이 될 수 있어 더 행복했습니다.

동아리 활동 평가하기

학예 발표회를 마치고 동학년 선생님들이 연구실에 모여 발표회에 대한 뒷이야기로 퇴근시간이 지나는 줄 몰랐습니다. 교사가 주도하던 학예 발표회가 아닌 아이들 중심의 발표회에 대한 우려가 뿌듯함과 보람으로 바뀐 시간이었습니다. 아이들 또한 자신들 손으로 완성해낸 동아리 활동에 대해 매우 긍정적인 반응을 보이며 그날의 재미있었던 에피소드로 이야기꽃을 피웠습니다. 동아리 활동에 대한 평가는 교사평가와 동료평가, 자기평가로 정리할 수 있습니다. 교사는 창의적 체험활동 동아리 활동 시간에 수시로 참여도와 과정평가를 하는 것이 좋습니다. 자기평가와 동료평가는 동아리 활동에 참여한 아이들 스스로가 작품에 대한 창의성과 완성도 등을 평가하도록 했습니다.

동아리 활동 평가 예시

영역	관점	평가 내용	자기평가				동료평가			
			매우 잘함	잘함	보통	노력 요함	매우 잘함	잘함	보통	노력 요함
과정평가	창의성	작품을 창의적으로 표현하였는가?								
	구성력	작품의 구성이 자연스러웠는가?								
	협동심	동아리부원들과 서로 협력하였는가?								
	준비성	작품발표 준비에 노력하였는가?								
결과평가	발표력	작품발표가 원활히 이루어졌는가?								
	만족도	스스로의 발표에 만족하는가?								
태도평가	적극성	동아리 활동에 흥미를 갖고 적극적으로 참여하였는가?								

동아리 운영의 비법!

　동아리 운영 방법은 학교마다 다를 수 있으나 일반적으로 1학기, 2학기에 걸쳐 고정된 기간, 고정된 요일에 운영하는 동아리 활동이 대부분입니다. 그러나 여기 소개하는 동아리 활동은 학예회를 앞두고 시행하는 학생 중심 동아리 활동의 운영 방법입니다. 대체로 학예회가 열리는 학기에 시행하면 좋을 운영 방법을 장단점으로 구분해보았습니다. 학교의 여건에 맞는 동아리 운영 방법을 선택하여 아이들에게 의미 있는 학예회가 되었으면 합니다.

– 한 주 집중운영

　한 주 집중운영의 장점은 교과와 행사로 구분 지을 수 있어 동아리 활동에 집중도를 높일 수 있다는 점입니다. 다른 교과를 신경 쓰지 않아도 되므로 학생들의 관심도가 집중되어 동아리 활동의 효과가 극대화될 수 있습니다. 그러나 학교 전체 전담시간표의 조정이 필요하며 연습량이 부족하면 동아리 활동 결과물에 대한 완성도가 떨어질 수 있습니다. 또한 지속적인 배움이 필요한 활동은 동아리 활동으로 구성될 수 없습니다. 예를 들어 악기를 다루는 활동을 한 주 집중운영으로 구성하면 발표회의 질이 저하될 수 있습니다.

주수	기간	수업일수	월	화	수	목	금	비고
1	10.26–10.30	5	동동동동동	동동동동동	동동동동동	동동동동동	동동동동동	10월 30일 예술제

– 한 달 집중운영

한 달 집중운영은 동아리 활동을 지속적으로 할 수 있어서 활동에 연계성이 있습니다. 동아리 활동 시간을 5, 6교시 활동으로 고정해 활동하면 전담 시간표를 바꾸거나 학교 전체 시간표를 바꾸지 않아도 됩니다. 이 운영 방법은 한 달 정도의 숙련기간이 필요한 동아리 활동에 적합합니다. 그러나 매일 동아리별 모임을 위한 이동시간이 필요하기 때문에 실제 활동시간이 줄어드는 경우가 있으며, 기술을 요하는 동아리 활동의 경우 강사투입이 쉽지는 않습니다. 매일 5, 6교시에 강의를 해줄 만한 강사를 찾기가 현실적으로 어렵습니다.

주수	기간	수업일수	월	화	수	목	금	비고
1	10. 5–10. 9	4	수수실체동동	영체수도동동	영사과과국	수국국음동동	**한글날**	
2	10.12–10.16	5	국국창체동동	영체수도동동	영사과과미	수수사음동동	국실영국동동	
3	10.19–10.23	5	국수실체동동	영체국도동동	영수과과체	수수사음동동	국체영수동동	
4	10.26–10.30	5	국국실체동동	영체수도동동	영사과과체	수수사음동동	미미영사동동	10월 30일 예술제

– 두 달 집중운영(1, 2학기 중 정해진 요일에 집중이수)

두 달 집중운영 방법은 두 달 동안을 동아리 활동 기간으로 잡고 7주 정도는 일주일에 한 번씩 동아리 활동을 하고 학예회가 있는 일주일만 집중운영하는 방법입니다. 이렇게 운영하면 충분한 연습 시간이 주어져 다음 차시의 동아리 모임이 원활하게 진행될 수 있고, 다른 교과에 영향을 받지 않으며 강사 투입이 쉽습니다. 이 운영 방법은 오랜 시간 연습이 필요한 동아리 활동에도 적합합니다. 그러나 동아리 활동 기간이 두 달이고, 일주일에 한 번 시행되므로 다음 동아리 활동 시간까지 길어져 다소 연계성이 떨어집니다. 또 동아리 활동이 분산 운영되므로 집중도가 낮아 부서원이 단합하지 않으면 효율성이 떨어질 수도 있습니다.

주수	기간	수업일수	월	화	수	목	금	비고
1	8.31– 9. 4	5	국국수체음	실영체수	국도영사과과국	수도도음미미	국국영사동동	
2	9. 7– 9.11	5	국국수체음	실영체수도	국국영사과과국	수수사음미미	국국영사동동	
3	9.14– 9.18	5	국국수체음	실영체수도	국국영사과과실	수수사음국국	국실영사동동	
4	9.21– 9.25	4	국국수체음	국영체수체	국국영사과과국	수수사음국국	**학교재량휴업**	
5	9.28– 10. 2	3	**추석연휴**	**추석대체휴일**	영국과과미	수수사음국국	국국영사동동	
6	10. 5– 10. 9	4	수수국체음	국영체수도	국국영사과과국	수국국음국국	**한글날**	
7	10.12– 10.16	5	국국창체음	실영체수도	국국영사과과미	수수사음국국	국실영국동동	
8	10.19– 10.23	5	국수실체음실	실영국도국	국영수과과체	수창창음국국	국체영수동동	
9	10.26– 10.30	5	국국실체동동	영체수도동동	영사과과체	수수사음동동	미미영사동동	10월 30일 예술제

|에필로그|

교육과정과 마주서다,
수업을 다르게 보다

수업의 변화를 꿈꾸는 우리는 모두 자랑스러운 대한민국의 受·思·慕(수·사·모: 아이와 수업을 열렬히 사모하는) 교사입니다.

3인 3색의 선생님이 모여 모둠을 만들었습니다.

프로젝트 수업을 통해 얻은 소중한 경험을 책을 통해 알리려 시도하다 실패한 선생님, 학교 현장 속에서 직접 몸으로 부딪히며 프로젝트 수업을 제대로 실천 중인 달려라 하니 선생님, 가르칠 것은 가르치자는 신념으로 프로젝트 수업을 스스로 구상하고 찬찬히 운영하고 있는 선생님. 이 세 교사가 이제 프로젝트 수업에 대해 이야기하려고 합니다.

프로젝트 수업에 대한 첫 논의는 누가 먼저랄 것 없이 '유감스럽다'는 것으로 시작되었습니다. 시간 문제, 업무 문제, 관리자 문제, 학생 문제, 동료 문제…. 역시 프로젝트 수업을 실천하는 데는 걸림돌이 많았나봅니다. 그래서 프로젝트 수업에 대한 이야기는 프로젝트 수업을 실천하면서 겪는 현장 선생님들의 어려움을 공감하는 데서 시작하기로 했습니다. 무조건 사례 중심으로 나열하기보다는 프로젝트 수업을 실천하는 데 방해가 될 수 있는 장애물들을 하나씩 하나씩 정리하고 작은 것부터 시작할 수 있는 도전과 용기를 드리고 싶었습니다.

잔잔한 호수에 작은 돌 하나를 던지면 어떻게 될까요?

하나의 돌에 의해 생긴 동심원은 점점 많아지고 커집니다. 돌이 떨어지는 주변환경에까지 울림이 전해져 변화가 생깁니다. 밖으로 드러나 보이는 것보다 물 속 환경의 변화가 더 클 수도 있습니다. 그동안 망설여왔던 선생님들에게 이 책이 터닝 포인트가 되었으면 좋겠습니다. 처음 시작이 어렵지 두 번째는 해볼 만합니다. 두렵기만했던 프로젝트 수업이 아이들과 함께 기대되고 설레는 수업으로 변합니다. 좋아하는 교과로 시작해보세요. 가까운 동료선생님과 함께 시작해보세요. 좋은 아이디어가 있다면 동학년 선생님들과 함께 나누어보세요.

우리의 삶은 매 순간이 프로젝트인 것 같습니다. 연일 대통령 탄핵 시위와 청문회가 열리는 민감한 시기에 동네 카페에 앉아서 한고비 한고비를 넘깁니다. 3인 3색의 색깔이 너무 강해서일까요? 때로는 혼자만의 글을 쓰고 싶기도 하고, 때로는 포기하고 싶기도 했지만, 그러면서도 서로 격려와 힘이 되고, 성찰과 충고로 서로가 조금씩 성장해가는 것을 느꼈습니다. 함께 해서 책임감이 중요함을 알았습니다. 마치프로젝트 수업을 하는 우리 아이들과 유사한 모양새입니다. 그래! 이것이 바로 프로젝트 수업이 주는 가치구나.

다시 바꾸어보겠습니다.

프로젝트 수업을 시작하려는 선생님,

좀 더 체계적인 프로젝트 수업을 꿈꾸는 선생님,

동료 선생님들과 프로젝트 수업을 함께 설계하고 실천하려는 꿈을 꾸는 선생님,

새로운 학교에서 물고기가 물을 만난 듯 신나게 프로젝트 수업의 꿈을 펼칠 선

생님,

　시야를 넓혀 다양한 교과와의 통합을 시도해보고 싶은 꿈을 꾸는 선생님,

　프로젝트 수업으로 수업의 작은 변화를 꿈꾸며 이 책을 읽는 모든 선생님.

　좋은 수업에 대한 고민은 영원히 해결할 수 없는 교사들의 숙제인 것 같습니다. 아이와 수업을 열렬히 사모하는 우리는 모두 자랑스러운 대한민국의 受·思·慕(수·사·모: 아이와 수업을 열렬히 사모하는) 교사입니다.

　이 책이 나오기까지 같이 했던 선생님들, 누구보다 프로젝트 수업에 애정을 갖고 있지만 마지막까지는 함께하지 못한 허선명 선생님, 귀한 소재를 나눌 수 있도록 기꺼이 허락해준 고양 백석초·신촌초·황룡초 선생님, 따뜻한 지지와 격려를 보내준 가족들, 이 책을 선택하고 끝까지 읽어준 선생님들께 감사의 마음을 전합니다. 그리고 그 누구보다 프로젝트 수업의 가능성과 보람을 느끼게 해주었던 아이들에게 애틋한 사랑의 마음을 전합니다.

　새로운 아이들과 함께할 또 다른 새로운 프로젝트 수업을 설레는 마음으로 꿈꾸어봅니다.